집중투자의 정석

집중투자의
정석

거대한 부를 창출한
대가들의 진짜 투자 기법

앨런 베넬로·마이클 밴 비머·토비아스 칼라일 지음 | 이건·오인석 옮김

에프엔미디어

일러두기

1. 참고문헌은 '1, 2'와 같이 번호로 표기한 후 책의 뒤쪽에 후주로 처리했고, 옮긴이와 편집자의 주석은 기호 '*'로 표기하고 해당 쪽 아래에 각주로 붙였다.
2. 단행본은 《 》, 잡지와 신문은 〈 〉 부호를 사용했다.
3. 외국 도서 중에서 국내 번역서가 있는 경우는 《현명한 투자자(The Intelligent Investor)》 식으로, 없는 경우는 《Margin of Safety (안전마진)》 식으로 표기했다.

집중투자를 이야기하는 데 책 한 권이 필요한 이유

몇 종목에 분산투자하는 것이 적절한가?

많은 투자자가 자주 하는 질문이다. 이 질문에 대한 답은 의외로 간단하다. 약 20종목이다. 8종목이어도 충분하고, 20종목을 넘어가는 건 그다지 의미가 없다.

종목이 하나일 때의 위험을 100%로 했을 때, 종목이 두 개가 되면 위험이 24%포인트 감소하여 76%가 되고, 네 개가 되면 추가로 16%포인트 감소하여 60%가 된다. 종목이 8개가 되면 단일 종목 포트폴리오 대비 위험이 절반 이하로 줄어들어 49%가 되지만, 이후는 종목을 추가할 때마다 위험이 줄어드는 정도가 현저히 작아진다. 종목이 20개인 포트폴리오는 단일 종목 포트폴리오 대비 44%의 위험을 지닌다. 종목이 50개가 되어도 위험은 여전히 41%나 된다. (여기서의 위험은 단일 종목 포트폴리오의 표준편차 대비 해당 포트폴리오 표준편차의 비율을 뜻한다. 자세한 내용은 본문 [표 4.1]을 참고하자.)

종목 수와 위험(표준편차)의 관계는 이렇듯 통계적으로 결론이 났기 때문에 길게 말할 필요가 없다. 그럼 왜 '집중투자'를 이야기하는 데 책 한 권이 필요할까?

이 책에서 이야기하고자 하는 '집중투자'를 단순히 '종목 수를 기준으로 한 분산투자'의 반대말로 이해하면 모순이 생긴다. 책에서 집중투자의 대가로 등장하는 워런 버핏이 경영하는 버크셔 해서웨이는 상당히 다각화된 지주회사다. 버핏의 스승인 벤저민 그레이엄 또한 광범위한 주식에 분산투자하여 큰 성과를 거두었다.

버핏은 한 인터뷰에서 "투자의 첫 번째 원칙은 돈을 잃지 않는 것이고, 두 번째 원칙은 첫 번째 원칙을 잊지 않는 것이다"라고 했다. 널리 알려지지 않은 그다음 발언이 더욱 의미심장한데 "가치보다 훨씬 낮은 가격에 사고, 그걸 묶음으로 사면, 웬만해서는 돈을 잃지 않는다"라고 했다.

"가치보다 싸게 사되, 묶음으로 사라." 가치를 잘 분석해서 가치보다 가능한 한 싸게 사는 것은 훌륭한 투자의 핵심 요소지만 그것만으로는 부족하다. 아무리 가치를 철저히 분석하더라도 해당 투자에서 실제 이익을 거두기에는 여러 불확실성이 존재하기 때문에, 가치보다 싼 가격에 살 수 있는 좋은 투자 건을 다수로 '묶어서', 즉 포트폴리오를 구성하여 투자해야 좋은 투자가 될 수 있다.

집중투자의 대가로 꼽히는 워런 버핏이 분산투자를 강조했고 실제로도 분산투자를 통해 큰 부를 축적했는데, 집중투자와 분산투자 중 무엇을 따라야 한다는 말인가?

대답은 워런 버핏의 또 다른 스승 필립 피셔로부터 찾을 수 있다. 피셔는 저서 《위대한 기업에 투자하라》 9장에서 집중투자의 위험성에 동의하면서도, 분산투자의 위험성이 상대적으로 덜 알려져 있다며 다음과 같이 이야기했다. "25개 이상의 많은 종목을 보유하고 있다는 사실이 당혹스럽다는 게 아니다. 투자자 자신이 정말 잘 이해하고 매력적이라고 느끼는 종목이 그중 아주 일부에 불과하다는 사실이 당혹스럽다."

최초의 질문으로 돌아가 보자. '몇 종목에 분산투자하는 것이 적절한가?'라는 질문은 왜 하는가? 한두 종목에 집중된 투자, 소위 '몰빵'이라고 부르는 행위를 투자자들은 본능적으로 '위험하다'고 느낀다. 필자 또한 최초에 주식을 살 때, 열심히 분석한 종목을 사면서 '그냥 한 종목 몰빵은 위험하니까'라는 이유로 남들이 다 좋다고 하는 종목을 별생각 없이 함께 샀다. (필연인지는 모르겠으나, 열심히 분석했던 종목은 몇 배의 수익을 냈고, 다른 한 종목은 몇 년이 지나도 여전히 매수 가격에 머물러 있었다.)

위험이란 무엇인가?

앞서 종목 수와 위험에 대한 통계적인 이야기를 하면서 위험을 측정하는 수단으로 가격의 '표준편차'를 사용했다. 학계에서 널리 쓰이는 방법이다. 가격이 마구 널뛰면 위험해 보이긴 한다. 직관적이다. 그러나 우리는 위험이라는 개념에 대해 좀 더 고민해볼 필요가 있다.

위험이란 도대체 무엇인가? 쉬운 말로는 '손해 볼 가능성'이다. 버핏의 표현을 빌리자면 투자란 '장래에 더 큰 구매력을 얻기 위하여 현재의 구매력을 타인에게 이전하는 행위'이므로, 위험이란 그 목적을 달성하지 못할 가능성, 즉 '영구적인 구매력 손실 가능성'이라고 정의할 수 있다.

주식은 '기업의 자기자본에 대한 소유권'이다. 기업은 주주로부터 돈을 받아서 경영하고 잉여금을 만들어서 주주에게 돌려준다. 문제는 경영을 얼마나 잘해서 '올해 혹은 매해 잉여금을 얼마나 만들지 모른다'는 점이며, 잉여금을 만든다 하더라도 그 돈을 '언제 돌려줄지 모른다'는 점이다. 그에 따라 온갖 주관적인 전망과 투자 기법들이 혼재되어 주식의 가격이 오르고 내린다.

위험의 정의로 채택한 '영구적인 구매력 손실 가능성'은 이제 어디에서 드러나는가? 기업이 주주로부터 돈을 받아 가서 사업을 한 결과 기회비용 이상의 이익을 남기지 못했다거나, 이익을 남겼다손 치더라도 경영진이 '나중에 더 많이 돌려드릴게요'라면서 계속 기업에 유보했는데 사실은 그 돈이 주주의 장래 이익이 아니라 몇몇 경영진(혹은 최대 주주)의 사욕을 위해서 어디론가 새어나갔다면 주주는 '영구적인 구매력 손실'을 겪게 된다.

결국 위험이란 기업이 사업을 얼마나 잘 해내고 있는지, 주주를 위해 정직하게 사업을 수행하고 있는지에 달려 있고, 투자자가 이러한 점을 제대로 파악하지 못한 채 투자했다면 상당히 큰 위험에 처하게 된다.

주식이라는 자산을 사면서 주식이 '기업의 자기자본에 대한 소유권'인 것도 모른다면 단기간에 돈을 번다 해도 장기간에 걸친 최종 결과는 자명하지 않은가? '액면가'와 '이자'가 무슨 뜻인지 모르면서 채권에 투자하는 사람을 상상하기는 어려운데, 자기자본과 순이익이 무엇인지도 모르면서 주식을 사는 사람은 상당히 많다. 이런 식으로 주식을 산다면 아무리 많은 주식에 '분산투자'한다 한들 '진짜 위험'은 감소하지 않는다.

위험 측정 수단으로 쓰이는 표준편차는 단지 시장의 가격 변동을 뜻할 뿐이다. 1997년 버크셔 해서웨이 주주 서한에서 버핏은 "변동성은 위험이 아닙니다. (중략) 재무학과 교수들은 변동성이 곧 위험이라고 믿습니다. 이들은 위험을 측정하고 싶지만 방법을 몰라서 변동성이 위험이라고 말합니다"라며 "진정한 투자자에게는 변동성이 커다란 이점이 됩니다"라고 덧붙였다.

위험은 종목 개수에서 오는 것이 아니다. 내가 잘 모르는 자산을 아무렇게나 사는 것이 가장 위험한 일이다.

어떻게 투자해야 하는가?

잘 모르는 자산을 사는 것이 위험이라면, 얼마나 잘 알아야 '충분하다'고 할 수 있는가? 그리고 잘 아는 자산에는 얼마나 투자해야 하는가?

바로 이 질문에 대한 대답이 이 책이 가지는 진정한 의미다. 얼핏 보면 이 책은 단순히 '집중투자자들의 성공 사례 모음집'으로 비칠 수 있다. 혹은 '분산투자를 비판하면서 집중투자를 종용하는' 책으로 비칠 수도 있다. 그러나 면면을 잘 훑어보면 저자들이 하고자 하는 말이 드러난다.

루 심프슨은 집중투자의 전형적인 성공 사례를 보여준다. 실제 어떤 성과를 거두었고 어떤 요소를 투자 근거로 삼았는지 알려준다. 이러한 기법이 단순한 하나의 사례가 아님을 케인스가 알려준다.

전설적인 경제학자 존 메이너드 케인스는 사실상 '수익률을 추적할 수 있는 가장 오래된 펀드매니저'다. (벤저민 그레이엄의 수익률 기록이 1926년부터 남아 있다.) 거시경제학이라는 거대한 분야를 개척한 것으로 평가되는 저작 《고용, 이자 및 화폐에 관한 일반이론》에서 그는 가격이 형성되는 메커니즘과 인간의 행동 양식에 비추어 '장기 전망에 근거한 집중투자'가 논리적으로 합당한 투자법임을 밝혔다.

투자는 확률적인 미래 전망에 기초하여 판단해야 한다. 케인스는 버핏과 마찬가지로 "확신하지 못하는 여러 분야의 주식을 보유하는 것보다, 확신하는 종목 소수를 대량으로 보유하는 편이 낫다"는 견해를 밝혔다. 그러나 "이런 확신이 착각일 수도 있다"며 확률 계산에는 신중한 태도를 보였다. (여담이지만 케인스가 혼을 담은 첫 번째 역작은 《확률론》이었다.)

미래의 확률분포를 계산해낼 수 있다면 얼마를 투자해야 할까? 여기에 대해서 켈리, 섀넌, 소프는 명쾌한 해답을 내려준다. 존 켈리 주니어는 기하평균, 즉 장기 복리 수익률을 극대화하는 공식인 '켈리 기준'을 제시했다. 켈리 기준의 핵심 아이디어는 미래 확률분포에 따른 최적 베팅값이 존재한다는 것이다. 그리고 그 베팅값은 확신이 클수록 상당히 커진다. 비록 켈리 자신은 이른 나이에 사망했지만, 동료인 클로드 섀넌과 에드워드 소프는 실제 투자에서 엄청난 성과를 거두었다.

워런 버핏이 켈리 공식을 쓴다고 직접 언급한 적은 없지만 켈리 공식과 유사한 사고 체계를 가지고 투자에 임했다. 버핏의 제자를 자처하는 모니시 파브라이는 '아메리칸익스프레스' 투자 건을 전형적인 켈리 베팅으로 보았다. 버핏은 2008년 2월 에모리대학 강연에서 켈리 기준과 관련된 질문에 답하면서 "1위 선택 종목이 있는데도 20위 선택 종목에 투자하는 것은 미친 짓"이라며 "1964년에는 한 종목에 40% 이상을 투자"하기도 했는데 그 종목이 바로 아메리칸익스프레스라고 했다.

확률을 숫자로 계산했든 안 했든 성공적인 투자자 다수는 미래 확률분포에 기반한 사고에 익숙하다. 찰리 멍거는 모두가 알다시피 버핏이 그레이엄의 '스타일'에서 벗어나서 경영진과 경제적 해자, 집중투자의 중요성

등이 어우러진 독자적인 투자 방법론을 구축하는 데 혁혁하게 기여했다. 그는 자신의 투자 행위를 '가격이 잘못 매겨진 패리 뮤추얼 베팅을 찾아다니는 일'이라고 묘사한 바 있다.

크리스티안 시엠은 산업 전문가로서 순수 투자자라고 보기에는 결이 다른데, 확신을 가지고 '몰빵'하기 위해서는 얼마나 깊이 파고들어야 하는지를 잘 보여준다.

얼마나 분석해야 확신을 가질 수 있고 확신을 가지면 얼마나 베팅해야 하는지를 위의 인물들이 말해주었다면, 그리넬대학의 조 로젠필드와 짐 고든, 그리고 아서 로스를 사사한 글렌 그린버그의 사례는 분석, 믿음, 확률에 기반한 집중투자 방법론이 서로 복제될 수 있음을 입증해주었다.

'얼마나 분산하는 것이 적절한가?'라는 질문은 결국 돌고 돌아 '어떻게 투자해야 하는가?'라는 질문으로 귀결된다. 그리고 이 질문에는 '정답'이 존재한다.

> 1) 개별 기업을 잘 모르겠다면 인덱스펀드에 투자하라.
> 2) 개별 주식의 확률분포가 유리하다고 확신한다면 가능한 한 많이 투자하라.

물론 '유일한 정답'은 아닐 것이다. 책에서 아주 흥미로운 지점은 위에 언급한 투자자 대부분이 스타일 변화를 겪었다는 사실이다. 그레이엄으로부터 탈피한 버핏은 말할 것도 없고,(사실 버핏은《현명한 투자자》를 접하기 전에 각종 투자 기법을 실험했다. 그레이엄 스타일을 채택한 시점에서 이미 스타일 변화를 겪었던 셈이다.) 케인스는 거시경제의 순환에 기반한 마켓 타이밍 전략을 시도했다가 실패했다. 로젠필드는 단기 투자에 실패하고서 장기 투자로 전향

했고, 소프는 오히려 펀더멘털 전략에 실패하고 통계적 차익거래를 추구했다.

책에 나온 투자자들 모두 '집중투자'라는 핵심은 공유하지만 이를 실천한 방법은 제각각이다. 대가들의 투자 서적을 읽으면서 우리가 해야 할 일은 투자자들의 방법론을 그대로 베끼는 것이 아니다. 우리가 가지고 있는 기존 세계관에 비추어, 그리고 내가 사용할 수 있는 자원에 비추어 '나에게 맞는 형태'로 체계화해나가는 작업을 해야 한다.

이 책은 '집중투자'라는 키워드를 시작점으로 하여, '어떻게 투자해야 하는가?'라는 질문에 대답할 수 있는 혜안을 준다. 부디 모든 독자가 자신만의 투자법을 개척해나가길 바란다.

홍진채(라쿤자산운용 대표)

이 책의 아이디어는 내가 마이클과 함께 펀드매니저를 만나러 택시를 타고 가던 중 우연히 떠올랐다. 재간접 펀드fund of fund를 관리하는 마이클은 업무상 펀드매니저들과 자주 면담하는데, 그동안 만난 펀드매니저가 수백 명은 족히 될 것이다. 당시 마이클은 새로 만날 펀드매니저 평가를 도와달라고 했고, 나는 마침 다른 방문 일정과 겹치지 않아서 그 부탁에 응했다. 이 책의 아이디어가 떠오른 장소도 특이하지만, '투자자가 얻는 수익률은 그의 기업 분석 능력과 무관할 수 있다'는 이 책의 내용 역시 우리의 오랜 업계 경력에 비추어 놀라울 정도로 역설적이다.

이런 초기 아이디어로 몇 번 인터뷰를 하고 나서 마이클과 나는 와일리Wiley 출판사의 빌 펄룬에게 도움을 청했다. 그는 토비아스 칼라일을 소개해주었는데, 토비아스는 훌륭한 투자서 《퀀트로 가치투자하라(Quantitative Value)》와 《딥 밸류(Deep Value)》를 저술했다. 이 두 책에 담긴 내용이 전반적으로 우리 생각과 매우 비슷했고 특히 집중투자에 대한 생각이 그랬다. 우리는 곧바로 죽이 맞았고 토비아스는 공동 저자로 합류하기로 했다. 그는 적극적으로 참여해 직접 인터뷰를 하기도 하고 투자자들의 과거 실적과 이론을 분석하기도 했다. 또 투자자들의 전략을 계량적으로 분석해, 성과를 좌우하는 요소가 종목 선택인지 아니면 종목별 비중 결정인지도 조사했다.

예를 들어 우리가 조사한 이른바 '투자자 1'은 수익률이 훌륭했다. 그러나 기업의 사업성이나 경영진의 본질적인 매력도에 대한 분석은 완전히 잘못된 듯했다. 그는 치명적인 실수를 드러내기도 했는데, 투자한 섬유회사가 파산으로 몰리자 테이블을 치며 동료들에게 불만을 토로한 것이다. 당시 함께 인터뷰했던 우리가 보기에도 그 회사가 위태로워서 매력도가 낮다는 사실을 쉽게 알아차릴 수 있었다. 그러나 이런 값비싼 실수를 저지르는데도 그가 운용하는 펀드는 실적이 훌륭했으므로 나는 머리를 긁적일 수밖에 없었다.

반면에 이른바 '투자자 2'는 산업과 기업에 대한 통찰이 뛰어났고, 투자를 지지하거나 반대하는 이유가 뚜렷했으며, 관련 사실도 부러울 정도로 정확하게 파악하고 있었다. 그러나 수익률은 매우 저조했다. 탁월한 수익률로 이어질 만한 값진 통찰력을 충분히 활용하지 못하는 듯했다.

이런 역설을 보면서 우리는 분석력과 수익률의 상관관계를 다시 생각하게 되었다. 물론 분석력만 뛰어나서는 훌륭한 투자자가 될 수 없다. 투자자 2는 분석력이 뛰어났지만 실적은 부진했다. 투자자 1의 분석력이 뛰어났다면 실적이 어땠을까?

내가 가장 존경하는 투자 대가들 사이에 공통점이 있다는 사실을 깨닫는 순간 갑자기 아이디어가 떠올랐다. 이들은 모두 집중 가치투자자들 concentrated value investors이었다. 즉 항상 소수 종목으로 포트폴리오를 구축했다. 그래서 우리는 집중 포트폴리오를 수학적, 통계적으로 분석한 다양한 학계 연구를 조사했고 집중 가치투자자들의 과거 실적과 기법들을 찾아보았다. 우리의 첫 번째 작업은 대성공을 거둔 집중 가치투자자 루 심프슨, 크리스티안 시엠과의 인터뷰였다. 이들은 지금까지 자신의 투자 스타일을 인터뷰를 통해 밝힌 적이 없었다. 두 사람과 인터뷰를 마친 후 우리는 집중 포트폴리오에 관한 자료 수집에 착수해 켈리 공식과 존 메이너드 케인스까지 거슬러 올라갔다.

이 책에서는 탁월한 집중 가치투자자들이 사용한 기법을 조사해서 그 기법의 기능과 성과에 대해 통찰을 제공하고자 한다. 그러나 두 가지 중요한 유의 사항이 있다. 첫째, 집중투자는 누구나 쓸 수 있는 기법이 아니다. 글렌 그린버그에 의하면 피터 린치[*]는 집중투자자가 전혀 아니었기 때문에 수많은 종목을 보유했다. 집중투자는 철저하게 조사하고 분석하려는 사람에게만 적합한 기법이다. 투자가 본업이 아닌 사람이라면 시간이 부족하므로 인덱스펀드나 유능한 집중투자 펀드매니저를 찾아보는 편이 훨씬 나을 것이다.

두 번째 유의 사항은 더 중요한데, 투자 전문가는 물론 아마추어 투자자에게도 적용된다. 아래 전설적인 무술인 이소룡의 겸허한 통찰에 잘 요약되어 있다.

> 목표를 세운다고 반드시 달성할 수 있는 것은 아니지만 지향해야 할 목표가 무엇인지 확실히 해두는 데는 도움이 됩니다.

---

[*] Peter Lynch. 피델리티 마젤란펀드를 운용해서 놀라운 실적을 거둔 인물

무술 역사상 가장 정확하고 노련한 인물 중 하나인 이소룡이 깨우쳐주는 통찰이다. 이소룡이 두께 5센티미터, 폭 10센티미터 송판 격파에 실패하고 나서, 목표를 달성할 수 없다고 인정하는 모습을 상상할 수 있겠는가? 그의 외모는 강인해 보이지만 그의 내면에서는 철학적 사고가 엿보인다. 우리가 이 책을 쓴 의도도 마찬가지다. 독자들은 이 책에서 소개하는 투자의 대가들을 무조건 도달해야 하는 목표로 삼기보다는 자신의 투자 실력을 향상시켜줄 길잡이로 삼기를 바란다. 무턱대고 대가들의 스타일이나 성과를 복제하려 하기보다는 이들의 특성을 지침으로 삼아 실력 향상에 노력하기를 바란다.

심층 분석 능력을 갖춘 평범하지만 진취적인 투자자라면 보유 종목을 축소해 가장 유망한 10~15종목에 집중투자할 때 성과가 개선될 것으로 우리는 굳게 믿는다. 이소룡의 말을 하나 더 인용하겠다.

집중력이 탁월하면 평범한 사람도 무술인으로 성공할 수 있습니다.

앨런 카르페 베넬로

차례

추천의 글_ 집중투자를 이야기하는 데 책 한 권이 필요한 이유 | 홍진채 5

머리말 13

들어가는 글_ 집중투자의 핵심 개념, 켈리 공식 20

1장
루 심프슨
집중투자의 전형 보여준 투자의 달인

'탄탄대로' 가이코 27 | 떠오르는 가치투자자 32 | 과감한 집중투자 36 |
심프슨이 가이코에서 올린 실적 41 | 가치투자자 심프슨 45 |
보수적인 집중투자 57

2장
존 메이너드 케인스
경제학자의 집중투자

명성 높은 경제학자 69 | 불합리한 시장 71 | 투자자 76 |
케인스의 내재가치 80 | 케인스가 기록한 수익률 87 | 집중투자 철학 93

3장
켈리, 섀넌, 소프
수학자 출신 투자자들의 집중 계량투자

클로드 섀넌과 에드워드 소프 107 | 소프와 켈리 기준 123

4장 워런 버핏
켈리 베팅 집중 가치투자

유사 인덱스펀드 139 | 켈리 베팅 가치투자자 153

5장 찰리 멍거
가격보다 질을 중시한, 사색하는 집중투자자

블루칩스탬프와 씨즈캔디 163 | 버펄로뉴스 171 | 집중투자 175

6장 크리스티안 시엠
영구 자본으로 장기 투자한 산업 전문가

잭업 리그 프로젝트 196 | 다이아몬드 엠 드래건과 커먼브러더스 200 |
시추 사업 복귀 208 | 노르웨이 크루즈라인 214 | DSND서브시 223 |
시엠의 가치 평가 방법 226

7장

그리넬대학
집중 장기 투자로 기금 조성

조 로젠필드의 투자철학 233 │ 짐 고든이 이어받다 238 │ 새로운 기금 운용 255

8장

글렌 그린버그
관습을 타파한 단순한 투자와 '테니스 슈즈'

가족이 이끄는 사업 265 │ 시키는 대로 운용하지 않는 사람이 되다 267 │
아서 로스의 테니스 슈즈 271 │ 그린버그의 가치 이론 276 │
집중투자 그리고 워런 버핏과의 아침 식사 289

9장

결론
집중투자자의 기질

기질 301 │ 영구 자본 312 │ 투자 대상 탐색 316

주석 323
찾아보기 336

집중투자의 핵심 개념,
켈리 공식

집중 가치투자는 널리 알려지지 않은 포트폴리오 구축 기법이다. 워런 버핏, 찰리 멍거, 루 심프슨 등 이 책에 등장하는 유명한 가치투자자들이 이 기법을 사용해서 탁월한 실적을 올렸다. 버핏과 멍거는 예전부터 집중투자를 옹호해왔다. 시장 흐름에 따라 이 기법의 인기는 달라진다. 강세장에서는 이익이 확대되므로 인기가 높아지지만 약세장에서는 변동성volatility이 확대되므로 인기가 낮아진다. 2008년 금융위기 이후 펀드매니저들이 위험을 회피하게 되면서 집중투자의 인기가 낮아진 상태다.

이제는 장기적으로 우수한 실적을 달성하는 수단으로서 집중투자를 다시 거론할 시점이 되었다. 먼저 집중투자와 분산투자의 장기 실적에 관한 학계 연구부터 살펴보자.

켈리 공식Kelly Formula은 집중투자의 핵심 개념으로, 보상 확률에 근거해 투자 종목의 비중을 계산함으로써 수익을 극대화하는 방식이다. 위험 대비 잠재 보상이 크면서 성공 확률도 높은 종목이야말로 누구나 추구하는 이상적인 종목이라 할 수 있다. 켈리 공식에 따르면 이런 유리한 조건에 부합하는 종목은 놀라울 정도로 큰 비중을 보유해야 한다. 이 공식이 제시하는 집중투자 비중은 뮤추얼펀드 등 적극 운용 상품에서 일반적으로 보유하는 종목별 비중보다 훨씬 큰 편이다.

업종 중복을 피하는 등 종목을 적절하게 분산하면, 종목 수가 많지 않아도 상당한 분산투자 효과를 얻을 수 있다는 학계 연구도 일부 있기는 하다. 그러나 예컨대 10~15종목 수준으로 집중투자하면 시장지수와 매우 차별화된 실적을 얻을 수도 있다. 즉 집중투자는 양날의 검과 같아서, 초과수익을 얻을 수도 있지만 초과손실을 얻을 수도 있다.

전통적인 가치투자 기법을 쓰는 사람도 켈리 공식의 변수가 유리할 때 (위험 대비 잠재 보상이 크면서 성공 확률도 높을 때) 집중투자하면 초과수익의 가능성을 극대화할 수 있다.

우리는 워런 버핏의 가치투자 그룹에 속하는 투자 대가들을 만날 수 있었다. 이 책에 등장하는 인물들은 10~30년에 이르는 장기간에 걸쳐 집중투자로 매우 훌륭한 성과를 거두었다. 이들은 모두 영구적으로 자본이 조달되었기 때문에, 투자 실적이 크게 변동하더라도 견뎌낼 수 있었다. 사람들은 대부분 변동성을 위험으로 인식하므로 이를 피하려고 한다. 그러나 우리가 만난 투자 대가들은 오히려 변동성을 선호했다. 그런데도 이들의 손실 위험은 시장보다 낮았다.

이 책에 등장하는 투자 대가들의 집중투자 스타일은 제각각이라고 할 수 있다. 케인스는 과거의 인물이어서 인터뷰가 불가능했지만 많은 투자 아이디어를 남겼으므로 이 책에 포함했다. 이 책에서는 대가들이 탁월한 실적을 낳은 원칙들을 알아내고자 한다. 이들이 활동한 시점은 다르지만 20년 이상 장기간에 걸쳐 10%대 중후반에 이르는 수익률을 기록했다. 그리고 (반)영구적으로 자본을 조달했다는 공통점도 있다. 이렇게 자본을 조달한 덕분에 집중투자가 가능했을 것으로 추정한다. 포트폴리오에서 종목 비중을 계산하는 켈리 기준Kelly Criterion도 핵심 요소로 꼽을 수 있다. 대가들의 투자 특성과 켈리 기준은 신기할 정도로 일치한다.

현대 포트폴리오 이론에 의하면 시장은 효율적이어서, 초과수익을 내려고 무모하게 시도하면 값비싼 대가만 치를 뿐이다. 그러나 장기간에 걸쳐 상당한 초과수익을 낸 투자자가 소수이긴 하지만 분명히 존재한다. 이 책에 등장하는 대가들과 저자들도 다음 두 가지 측면에서는 효율적 시장 이론에 동의한다.

1. 시장은 대체로 효율적이다.
2. 찰리 멍거가 말하는 이른바 '무지한 투자자'라면 시장이 효율적이라고 간주해야 한다.

다시 말해서 초과수익을 얻으려면 방대한 지식과 많은 노력이 필요하다. 그러니 지식과 노력이 부족한 사람이라면 분산투자가 유리하다. 하지만 지식과 노력에 더해 몇 가지 기질까지 갖춘 사람이라면 소수 종목에 집중투자하는 편이 낫다. 집중 수준은 스타일의 문제이므로 사람마다 다를 수 있지만 여기 등장하는 대가들이 보유한 종목은 5~20개였다. 종목 수가 증가할수록 분산투자 효과가 커져서 변동성이 감소하지만 장기 수익률은 대개 더 낮아진다. 집중과 분산 수준은 개인이 선택할 문제지만 이 책의 대가들과 켈리 공식은 집중투자의 장점에 주목한다. 실제로 이들의 집중 수준을 보면 깜짝 놀랄 독자가 많을 것이다.

다시 말하지만 종목 비중은 확률을 바탕으로 결정해야 하며, 위험 대비 보상이 이례적으로 유리한 상황이라면 비중을 대폭 높여야 한다고 대가들과 켈리 공식은 주장한다. 여기서 위험은 흔히 학계에서 말하는 변동성이 아니라 원금 손실이 확정적으로 발생할 확률을 뜻한다는 점에 유의하기 바란다. 우리 대가들은 원금 손실이 확정적으로 발생할 확률이 낮으면 일시적인 평가 손실은 기꺼이 감수한다. 즉 자산, 독점력, 재무 구조가 건전해서 안전마진 margin of safety이 충분한 종목을 발굴하려고 노력한다.

우리 대가들의 학창 시절 전공은 영문학에서 경제학에 이르기까지 매우 다양하지만 투자철학은 매우 비슷하다. 일확천금을 꿈꾸는 군중과 우리 대가들을 구분해주는 공통점 하나를 꼽는다면 바로 기질이다. 2011년, 투자에 성공하려면 지능과 기질 중 어느 쪽이 더 중요하냐는 질문을 받았을 때, 버핏은 기질이 중요하다고 대답했다.[1]

> 좋은 소식은, 지능이 높지 않아도 훌륭한 투자자가 될 수 있다는 사실입니다. 만일 지능지수가 160이라면 그중 30은 투자에 필요 없으므로 팔아버리세요. 실제로 필요한 것은 올바른 기질입니다. 투자자는 남의 견해나 관점에서 벗어날 수 있어야 합니다. (중략)
> 투자자라면 남에게 영향을 받지 않으면서 기업과 산업을 객관적으로 바라보고 평가할 수 있어야 합니다. 그러나 대부분에게는 매우 어려운 일입니다. 가끔 사람들은 군중심리에 휩쓸려 망상에 빠지기도 합니다. 기술주 거품 등이 그런 사례입니다. (중략)
> 올바른 기질을 갖추어 기업과 산업을 객관적으로 바라보면서 투자에 앞서가는 사람들은 주변 사람들이 기업과 산업을 어떻게 생각하든, 신문에서 어

떤 기사를 읽든, TV에서 무엇을 보든, 누가 "이런 일, 저런 일이 벌어질 거야"라고 말하든 개의치 않습니다. 투자자는 사실을 바탕으로 판단해서 스스로 결론을 내려야 합니다. 사실이 부족해서 결론을 내릴 수 없다면 절대로 투자하지 마세요. 다른 기회를 찾아보세요. 남들이 매우 쉽다고 생각하는 투자도 기꺼이 포기할 줄 알아야 합니다. 그러나 그러지 못하는 사람이 많습니다. 그 이유는 저도 모릅니다. 그동안 제게 투자 능력을 타고났는지 배웠는지 묻는 사람이 많았습니다. 저는 잘 모르겠습니다. 다만 기질이 중요하다는 점은 분명합니다.

버핏의 견해에 대해서 멍거는 다음과 같이 말한다.

물론 버핏의 견해는 극단적입니다. 지능지수가 높으면 유리하지요. 그러나 기질을 습득하기가 쉽지 않다는 견해는 옳습니다. 자신의 능력에 한계가 있다는 점을 모르는 수재보다는 성실하고 건전한 사람이 나을 것입니다.

다음 장에서는 워런 버핏이 '투자의 달인'으로 평가한 루 심프슨을 만나 보자.[2]

1

루 심프슨

집중투자의
전형 보여준
투자의 달인

1장은 2011년 6월 8일 진행된
루 심프슨 인터뷰를 기반으로 서술되었다.

이제 되었습니다. 그 친구로 합시다.

- 1979년 루 심프슨을 만나고 나서 워런 버핏이 가이코 회장 잭 번에게 한 말[1]

1979년, 워싱턴 DC에 소재한 자동차보험사 가이코Government Employee Insurance Company, GEICO는 새 CIO최고투자책임자를 찾고 있었다. 그러나 이 회사는 3년 전 파산 직전까지 갔던 데다가, 보험사들은 투자에 보수적이어서 위험을 극도로 회피한다는 인식 탓에 CIO를 찾기가 어려웠다. 채용을 담당한 인재 스카우트회사인 러셀레이놀즈Russell Reynolds의 부회장 리 게츠Lee Getz가 마침내 후보자를 찾아냈지만, 그 후보자는 아내가 워싱턴으로 이사 가기 싫다고 하자 제안을 거절하고 말았다.

1년 넘게 인재를 구하지 못해서 고민하던 게츠는 친구 루이스 심프슨Louis A. Simpson에게 이 골치 아픈 소형 보험사를 소개했다. 당시 캘리포니아 대형 은행 지주회사의 자회사인 웨스턴 에셋 매니지먼트Western Asset Management CEO이던 심프슨은 주저했다. 그는 관료적인 은행에서 벌어지는 사내 정치에 염증을 느꼈으므로 보험사에서 같은 경험을 되풀이하고 싶지 않았다. 게다가 가이코가 3년 전 파산 직전까지 갔다는 사실도 알고 있었다.

게츠는 심프슨에게 가이코 회장 잭 번 2세^{Jack Byrne Jr.}와 인터뷰라도 해

달라고 부탁했다. 번은 거의 혼자 힘으로 가이코를 파산에서 구해낸 인물

이다. 심프슨은 오랜 친구를 돕는 셈치고 인터뷰에 응하기로 했다. 워싱턴

으로 가서 인터뷰를 하고 나서 그는 번이 '대단히 똑똑한 사람'이지만 사

소한 일까지 모두 챙기는 경영자라고 판단했다. 심프슨은 업무가 흥미롭다

고 생각했어도 매력까지는 느끼지 못했다. 그는 자율성을 요구했지만 번은

허용하지 않을 듯했다. 번은 2차 면접을 하자고 했다. 심프슨은 다소 꺼려

지긴 했으나 2차 면접에도 응했다. 번은 심프슨에게 말했다.

"당신에게 정말 관심 있습니다. 그러나 한 가지 관문이 남아 있습니다.

워런 버핏^{Warren Buffett}을 만나보셔야 합니다."

버핏은 가이코의 최대 주주인 버크셔 해서웨이^{Berkshire Hathaway}의 회장

이었다. 번은 말했다.

"버핏은 가이코에 새 CIO가 필요하다고 생각합니다. 이전 CIO는 적임

자가 아니라고 보았지요."

당시에는 버핏이 유명 인사가 아니었지만 심프슨은 그에 관한 글을 읽

은 적이 있었다. 오래전부터 가이코에 관심을 보였던 오마하의 가치투자자

버핏은 최근 가이코에 다시 관심을 기울이고 있었다.

'탄탄대로' 가이코

버핏은 컬럼비아 대학원에서 벤저민 그레이엄^{Benjamin Graham}의 가치투자 강

의를 듣던 20세 대학원생 시절부터 65년 동안 가이코와 인연을 유지했다. 버크셔가 가이코의 나머지 지분 50%를 인수한 다음 1995년 주주 서한에서 버핏은 45년 동안 가이코와 맺은 인연을 설명했다.[2] 당시 가이코는 미국 7위 자동차보험사로서 보유 계약이 약 370만 건이었다(2015년에는 미국 2위로 계약 1,200만 건을 보유했다). 버핏은 1950~1951년 컬럼비아 대학원에 다니면서 위대한 가치투자자 겸 투자 철학자인 그레이엄 교수 밑에서 공부했다. 버핏은 자신의 영웅 그레이엄에 관해서 모든 것을 배우려고 노력하던 중 그레이엄이 가이코의 회장이라는 사실을 발견했다. 그에게는 "생소한 업종에 속한 무명 기업"이었다.[3] 버핏은 사서가 가르쳐준 보험사 편람인 《Best's Fire and Casualty(베스트 손해보험)》를 뒤져서, 가이코가 워싱턴 DC에 있다는 사실을 알아냈다.

1951년 1월 어느 토요일, 버핏은 아침 기차로 워싱턴에 가서 시내에 있는 가이코 본사를 방문했다. 주말이어서 문이 닫혀 있었으나 그가 요란하게 문을 두드리자 마침내 수위가 나타났다. 그는 당황한 수위에게 질문에 응할 직원을 소개해달라고 부탁했다. 수위는 6층에서 근무 중인 로리머 데이비드슨Lorimer Davidson을 소개했는데, 그는 사장 겸 창업자인 리오 굿윈 1세Leo Goodwin, Sr.의 비서였다. 버핏은 그의 사무실로 찾아가서 자신을 소개했다. 데이비드슨은 투자은행에서 가이코의 자금 조달을 담당하다가 합류한 인물로, 보험산업의 복잡한 특성과 보험사의 경쟁우위 요소들을 버핏에게 오후 내내 설명해주었다.[4]

데이비드슨에 의하면 가이코는 이상적으로 설계된 보험사였다. 대공황의 정점인 1936년 굿윈이 아내 릴리언Lillian과 함께 설립한 가이코는 처음부터 저비용 구조였다.[5] 굿윈은 유나이티드 서비스 오토모빌 어소시에이션United Services Automobile Association, USAA에서 임원으로 근무했는데, 이 회사는 군인들에게 자동차보험을 판매하는 보험사로서 보험상품 직접 판매 방식을 개척한 회사였다. 그가 데이터를 분석해보니, 군인들은 소득이 안정적이어서 보험료를 연체하는 사례가 많지 않았고, 위험이 낮아서 보험금을 자주 청구하지도 않았다. 보험상품 대부분은 내용이 복잡해서 대리점의 전문적인 조언이 필요했지만, 의무적으로 가입해야 하는 값비싼 자동차보험은 구조가 비교적 단순했다. 그래서 고객 대부분이 자동차보험을 잘 이해하고 있었다.[6]

굿윈은 가이코도 보험상품을 고객들에게 직접 판매해 USAA처럼 유통비용을 최소화할 수 있겠다고 생각했다. 즉 소득이 안정적인 저위험 고객들에게 보험상품을 직접 판매하면 강력한 원가 우위를 확보할 수 있다고 판단했다. 가이코는 저원가 사업자로서 경쟁우위를 확보했으므로 가이코의 성공에 '비결' 따위는 없었다고 훗날 버핏은 밝혔다.[7] 다른 보험사들은 대리점을 통한 판매 방식에 익숙해 있어서 다른 유통 방식을 받아들이지 못했지만, 가이코는 직접 판매 방식을 통해서 엄청난 원가 우위를 누렸다.[8] 즉 원가가 낮아서 보험료를 낮추고 낮은 보험료로 우량 고객을 확보하고 유지함으로써 선순환의 고리를 형성해 성공할 수 있었다.[9]

굿윈은 가이코를 탁월하게 경영했다. 가이코는 이례적으로 높은 수익성을 유지하면서 매출도 빠르게 증가했다. 굿윈은 1958년 은퇴하면서 후계자로 데이비드슨을 지명했다. 1951년 1월 어느 토요일, 20세 청년 버핏이 만났던 그 인물이다.[10] 승계 작업은 매끄럽게 진행되어, 데이비드슨이 CEO를 맡은 이후에도 가이코는 계속 번창했다. 가이코의 매출은 계속 증가해 1964년에는 보유 계약이 100만 건을 돌파했다.[11] 1936년 설립 이후 1975년까지 자동차보험 시장점유율 4%를 차지하면서, 미국 4위 자동차보험사로 성장했다.[12] 버핏이 보기에 가이코는 '탄탄대로'였다.[13]

그러나 1970년대 들어 가이코는 이중고에 직면했다. 첫째, 1970년 데이비드슨이 은퇴했고 굿윈 부부 모두 사망했다. 방향타를 잃은 가이코는 지금까지 성공으로 이끌어준 원칙에서 벗어나는 모습이었다.[14] 1974년, 미국 전역에서 전산화된 운전 기록에 실시간으로 접속할 수 있게 되면서, 가이코는 일반 대중에게도 보험상품을 판매하기 시작했다.[15]

1975년이 되자, 가이코는 침체기인데도 지나치게 공격적으로 사업을 확장했던 것으로 밝혀졌다.[16] 보험계리사들이 추정한 손해액과 손실준비금에서도 심각한 오류가 발생했다. 이렇게 잘못된 원가 정보를 바탕으로 보험료를 낮게 책정한 탓에 막대한 손실이 발생했다.[17] 취약한 경영, 부실한 투자, 장기간의 과도한 확장이 큰 타격을 주었다.[18] 1976년, 가이코는 파산 직전이었다.

1976년 CEO로 임명된 잭 번이 가이코를 파산에서 구해냈다. 번은 과감한 개선책을 선택했다.[19] 그는 45개 보험사로 컨소시엄을 구성해 가이코의 보험계약 4분의 1 이상을 인수하게 했다.[20] 가이코가 남은 보험금을 지급하려고 주식을 발행하는 과정에서 기존 주주들의 지분이 심하게 희석되기도 했다.[21] 주가는 폭락해서 정점 대비 95% 이상 하락했다.[22] 버핏은 번이 가이코를 구해내고 가이코가 저원가 보험사로서 근본적인 경쟁우위를 유지할 것으로 믿었다. 그래서 1976년 하반기에 처음으로 대규모 지분을 사들였다.[23] 번은 대상 고객을 대폭 축소해 다시 '공무원' 스타일 고객에게만 상품을 판매하면서 준비금과 가격 정책을 개선했다.

번이 경영을 맡은 몇 년 동안 가이코의 매출이 대폭 감소했지만 버핏은 이 기회를 이용해서 주식을 계속 사들였다. 1979년이 되자 가이코는 위기에서 벗어났지만 회사 규모는 절반으로 줄어들었다. 가이코는 최저 원가라는 고유의 경쟁우위를 유지했고 준비금과 가격을 통제하고 있었지만 투자 부문에 개선이 필요했다. 1년 이상 CIO를 찾지 못한 번은 후보자를 소수로 압축했다. 심프슨이 여기에 포함되었다.[24] 이제 심프슨은 버핏을 만날 차례였다.

1979년 여름 토요일 아침, 심프슨은 오마하 사무실로 버핏을 방문했다. 버핏이 말했다.

"가장 중요한 질문이라고 생각하는데, 개인 포트폴리오에 어떤 종목들을 보유하고 있습니까?"

이에 심프슨이 대답했으나 버핏은 즉각적인 반응을 보이지 않았다. 두세 시간 이야기를 나누고서 버핏은 심프슨을 차에 태우고 공항에 가서 조 로젠필드Joe Rosenfield를 만났다. 로젠필드는 버핏의 좋은 친구이자 훌륭한 투자자였다. 그는 거의 혼자서 그리넬대학 기금 1,100만 달러를 10억 달러로 키워, 미국 사립 교양학부 중 학생 1인당 기금을 최고 수준으로 올린 인물이었다.[25] 알고 보니 심프슨과 로젠필드 둘 다 시카고 컵스 야구팀의 광팬이어서 이 팀에 대한 이야기로 시간을 보냈다. (70대인 로젠필드는 시카고 컵스의 지분을 3%까지 사 모을 것이며, 시카고 컵스가 월드 시리즈에서 우승할 때까지 절대 죽지 않겠다고 맹세했다.)[26] 심프슨은 항공편으로 로스앤젤레스에 돌아왔다. 버핏이 인터뷰 직후 번에게 전화한 것을 보면 심프슨이 보유한 종목을 좋게 평가한 것이 분명하다. 버핏은 번에게 말했다.

"이제 되었습니다. 그 친구로 합시다."[27]

번은 심프슨에게 높은 보수로 일자리를 제안했다. 아내는 캘리포니아를 떠나고 싶어 하지 않았지만 심프슨이 이렇게 설득했다.

"이건 흥미로운 기회야. 게다가 나는 지금 직장을 떠나고 싶어."

심프슨은 번의 제안을 수락했고 가족과 함께 워싱턴 DC로 이사할 준비를 했다.

떠오르는 가치투자자

루는 자신의 재능을 한 번도 자랑한 적이 없습니다. 그러나 내가 자랑하겠습니다. 간단히 말해서 루야말로 투자의 달인입니다.

- 워런 버핏, 버크셔 해서웨이 주주 서한(2010)

루이스 심프슨은 1936년 일리노이주 시카고에서 태어났다. 외아들인 그는 시카고 교외 하일랜드 파크에서 자랐다. 1955년, 노스웨스턴대학 1학년 말에 그는 진로 지도교수를 찾아갔다. 일상적인 테스트를 거친 후 지도교수는 당시 18세이던 심프슨에게 숫자와 금융 개념에 소질이 있다고 말해주었다.

심프슨은 처음에는 공학을 배우다가 이후 의예과로 옮겼고 오하이오 웨슬리언대학으로 전학해 경제학과 회계학을 복수 전공했다. 3년 뒤 우등으로 졸업하고 프린스턴대에서 노동경제학을 공부할 수 있는 우드로 윌슨 장학금Woodrow Wilson National Fellowship을 받았다.

2년 만에 프린스턴에서 석사학위를 받은 그는 박사학위 과정을 알아보았다. 경제학 전임강사로 근무하면서 회계학과 재무론 기초 과정을 가르

칠 기회가 있었다. 첫 번째 교수회의에서 학장은 전임강사의 10%만 종신
재직권을 얻게 된다고 말했다. 결혼해서 첫아이까지 얻은 심프슨은 전임강
사로는 안정적인 생활이 어렵겠다고 판단했다.

심프슨은 전임강사로 근무하면서 자산운용사와 투자은행에 이력서를
보내고 인터뷰에 응했다. 그는 항상 투자에 관심이 있었고 10대 시절부터
소규모로 주식 포트폴리오를 운영하고 있었다. 시카고 회사 스타인로앤드
파넘 Stein Roe & Farnham(지금은 사라졌지만 당시에는 거대 독립 자산운용사였음)의
프린스턴 출신 파트너가 캠퍼스에서 인터뷰를 했다. 둘은 죽이 맞았다. 게다
가 스타인로는 다른 뉴욕 회사들보다 월급이 100달러 더 많았다. 1962년
심프슨은 프린스턴에서의 박사 과정을 그만두고 시카고로 돌아왔다. 그
리고 25세에 스타인로에서 펀드매니저로 첫 직장 생활을 시작했다.[28]

스타인로에서 심프슨은 별도계정을 운용했는데, 개인 별도계정으로 시
작해서 점차 기관 별도계정으로 운용 계좌를 변경했다. 스타인로는 뮤추
얼펀드 운용을 제안했지만 심프슨은 거절했다. 별도계정 운용은 운신의
폭이 좁았다. 투자위원회가 모델 포트폴리오를 구성하면 별도계정은 이
를 따라가는 방식이었다. 심프슨이 운용하는 별도계정도 모델 포트폴리
오를 따라갔지만 모델보다 더 집중투자하는 경향이 있었다.[29] 그는 스타
인로에서 7.5년 근무하고 나서 파트너가 되었다. 그는 파트너들이 전체 파
이를 키우려고 노력하기보다는 자신의 몫 키우기에 훨씬 관심이 많아서
걱정스러웠다.[30]

심프슨이 프린스턴 출신 친구에게 변화가 필요하다고 말하자 친구는
로스앤젤레스에 있는 뮤추얼펀드 운용회사인 셰어홀더스 매니지먼트
Shareholders Management를 소개해주었다. 이 회사의 경영자는 '펀드의 마법

사' 프레드 카Fred Carr로서, 퍼포먼스 펀드*가 유행하던 1960년대 호황기go-go years에 시장의 인기를 독차지하던 인물이었다.[31] 셰어홀더스 매니지먼트의 인기는 최고 수준이었다. 카가 관리하는 셰어홀더스 엔터프라이즈펀드Shareholders' Enterprise Fund는 1967~1969년에 가격이 159%나 상승하면서 운용자산이 50배 넘게 증가해 17억 달러가 되었다.[32] 카는 고성장 소형주를 수시로 사고파는 일종의 '총잡이'였다.[33] 1969년 〈비즈니스위크(Business Week)〉 인물 소개 면에서는 카를 "미국 최고의 펀드매니저일 듯"이라고 표현했다.[34] 카는 심프슨에게 인기 뮤추얼펀드 대신 별도계정 운용을 제안했다. 기본 급여를 깎는 대신 상당한 옵션을 제공하겠다는 내용이었다. 1969년 심프슨은 이 제안을 수락했고 파트너로서는 처음으로 스타인로를 떠나는 인물이 되었다.[35]

이제 자녀가 셋으로 늘어난 심프슨 가족은 로스앤젤레스로 이사했다. 셰어홀더스 매니지먼트는 시장에서 여러 해 탁월한 운용사로 인정받고 있었지만 실상은 달랐다. 카는 엔터프라이즈펀드에 미등록 주식**을 대량 편입했다. 시장이 급등하는 동안에는 이 전략이 매우 효과적이었으나 길게 이어지던 강세장은 결국 무너졌고 손실을 본 고객들이 대규모로 환매를 신청했다. 그러나 미등록 주식은 현금화가 사실상 불가능했다. 불운하게도 심프슨은 셰어홀더스 매니지먼트의 인기가 절정에 달한 1969년 9월에 합류했다. 1개월 뒤, 엔터프라이즈펀드의 손실이 걷잡을 수 없이 커지자 카는 사임할 수밖에 없었고, 펀드에서 자신의 지분을 현금으로 인출해 갔

---

* performance fund, 단기 대박을 추구하는 공격적 펀드
** 미국 증권거래위원회(SEC)에 등록되지 않아서 대중에게 판매할 수 없는, 유동성이 낮은 주식

다.[36] 심프슨은 별도계정을 운용할 예정이었으나 예정과 달리 엔터프라이즈펀드 운용을 맡게 되었다. 그는 회사의 문화가 자신과 맞지 않는다는 사실을 곧 깨달았다.

"나는 투자를 하고 싶었는데 회사는 트레이딩을 더 중시했습니다."[37]

어느 날 점심에 만난 사내 변호사가 심프슨에게 말했다.

"이 회사가 얼마나 엉망인지 아는가? 회사 돌아가는 방식을 도무지 신뢰할 수가 없다네. 평판을 망치고 싶지 않다면 떠나는 편이 나을 걸세."

심프슨은 곧바로 사직했다. 셰어홀더스 매니지먼트에서 겨우 5개월 근무하고 내린 결정이었다. 세 자녀가 딸린 그는 33세였고, 로스앤젤레스로 이사한 지도 얼마 되지 않았다. 시카고에서 일자리를 얻을 수 있었지만 그는 서부 해안에서 찾아보기로 했다.

얼마 후 그는 자산운용 사업을 시작하는 유나이티드 캘리포니아 뱅크United California Bank에서 투자 분야 2인자 역할을 맡기로 했다. 새 사업부는 이후 웨스턴 에셋 매니지먼트라는 회사로 분사해서 웨스턴뱅크Western Bank Corporation의 자회사가 되었다. 심프슨은 9년 동안 근무하면서 펀드매니저 대표를 거쳐 리서치센터장이 되었다. 웨스턴 에셋 매니지먼트는 성공적이었지만 대형 은행 소속이어서 일하기가 쉽지 않았다. 웨스턴뱅크 회장은 심프슨을 웨스턴 에셋 매니지먼트 CEO로 임명하고자 했는데 장기간 계속 근무하는 조건이었다. 회장은 기존 CEO를 강제로 사임시키고 심프슨을 새 CEO로 임명했다. 심프슨은 3년 더 근무했지만 관리 업무에 짜증이 났다. 뭔가 기업가적인 일을 하고 싶었다. 친구가 함께 자산운용사를 설립하자고 제안했으나 그는 확신이 서지 않았다.

셰어홀더스 매니지먼트에서의 경험이 심프슨의 투자관을 송두리째 바꿔놓았다.[38] 그곳에서 사업 위험의 중요성을 배웠고 가치투자의 길을 걷기 시작했다.[39] 웨스턴 에셋 매니지먼트에서 근무하는 동안 그는 회사 차원은 물론 개인 차원에서도 투자철학을 고민하고 개발할 수 있었다. 그는 가치투자를 받아들이기 시작했다. 그의 투자철학은 리서치센터를 운영하는 동안 극적으로 발전해 집중 가치투자 기법으로 이어졌다. 이 무렵 가이코에서 전화가 왔다.

과감한 집중투자

1970년대, 보험사 대부분은 위험을 최소화하려고 잘 분산된 대규모 채권 포트폴리오를 보유했고, 주식은 거의 보유하지 않았다. 그러나 인플레이션이 심하던 1970년대에 국채 비중을 높게 유지했으므로 포트폴리오 대부분에서 막대한 손실이 발생했다.[40] 심프슨이 합류하기 전인 1979년에는 가이코도 마찬가지였다. 잭 번과 맺은 계약에 따라 심프슨은 가이코 자산의 30%까지 주식에 투자할 수 있었다.[41] 당시 대다수 손해보험사는 주식 비중을 자산의 약 10% 이내로 제한하고 있었다.[42] 새 계약은 집중투자도 허용했다.[43] 심프슨은 부임하자마자 채권 보유 비중을 대폭 줄이고 소수 종목으로 주식 포트폴리오를 구축했다.[44]

번이 사소한 일까지 모두 챙긴다는 평판을 고려해, 심프슨은 가이코의 자산운용을 자신이 전적으로 책임진다고 명확하게 밝혀두었다.

"의사결정에 참여하는 사람이 많아질수록 바른 결정을 내리기가 어려워집니다. 모두를 만족시켜야 하거든요."[45]

심프슨은 버핏도 번도 포트폴리오에 간섭하지 못하게 했다.

번에 대한 심프슨의 직감은 정확했다. 가이코에 1년 넘게 근무한 심프슨은 1주일 휴가를 떠났다. 번은 이 기회를 이용해 주식 몇 종목을 포트폴리오에 편입했다. 심프슨은 돌아오자마자 번이 산 종목을 매도했다. 번이 물었다.

"왜 팔았나? 근사한 투자 아이디어였는데."

심프슨이 대답했다.

"포트폴리오는 제가 책임지므로 매매도 모두 제가 결정합니다."

이날 이후 심프슨은 독자적인 자산운용 권한을 확보했다.[46]

놀라실지 모르겠지만 루는 투자에 관해 나[버핏]에게 보고할 필요가 없습니다. 루에게 투자 책임을 맡길 때 찰리와 나는 전권을 넘겨주었습니다. 회사 경영자들에게 전권을 위임하는 것처럼 말이죠. 나는 대개 다음 달 10일경에야 루가 거래한 내용을 알게 됩니다. 말은 안 하지만 나는 가끔 그의 결정에 동의하지 않을 때가 있습니다. 그러나 대개 그의 결정이 옳습니다.[47]

심프슨은 자신의 투자철학에 관해서 버핏과 자주 이야기를 나눴다. 그는 사업과 숫자에 대한 버핏의 백과사전적 지식과 방대한 인맥에 감동했다. 그는 버핏에게 투자 견해를 물어보았고 버핏이 알 만한 기업에 대해서도 물어보았다. 심프슨과 버핏은 일상적으로 소통했다. 버핏이 심프슨에게 전화하기도 하고 심프슨이 버핏에게 전화하기도 했다. 처음에는 매주 몇 번씩 통화하다가 나중에는 1~2개월 간격으로 통화했지만 정기적인 접촉은 유지했다.[48]

두 사람은 포트폴리오를 독자적으로 운용했는데도 겹치는 종목이 여럿 있었다. 자산 규모 면에서는 가이코가 운용하기에 훨씬 유리했다. 버크셔는 포트폴리오 규모가 커서 의미 있는 수익을 창출하려면 종목당 포지션이 10억 달러를 초과해야 했지만, 가이코는 포트폴리오 규모가 작아서 훨씬 적은 금액으로도 가능했다. 심프슨은 멋진 투자 아이디어가 떠올라 매수를 결정했더라도 버크셔가 이미 매수 중인 종목이면 매수가 완료될 때까지 기다렸다.

심프슨이 처음 가이코에 합류했을 때 일부 투자 인력은 다른 투자 기법을 사용하고 있었지만 그는 함께 일하려고 노력했다. 그는 1년에 두 번씩 버핏을 가이코로 초청해 투자팀 사람들과 한 시간 정도 대화하는 자리를 마련했다. 한 모임에서 버핏이 한 이야기에 심프슨은 깊은 인상을 받았다.

"내가 여러분에게 주는 사용권을 이용하면 투자 실적을 극적으로 높일 수 있습니다. 이 사용권은 20번만 사용할 수 있는데, 여러분이 평생 20번만 투자할 수 있다는 뜻입니다. 즉 20번 투자한 다음에는 더 투자할 수 없습니다. 이 원칙을 따른다면 여러분은 투자를 정말 신중하게 생각할 것이고 정말 깊이 생각한 종목만 사게 될 것입니다. 따라서 실적이 훨씬 좋아질 것입니다."

이 이야기 덕분에 심프슨은 잦은 매매를 삼가고 장기적인 투자 관점을 유지할 수 있었다. 그는 이렇게 말했다.

"나는 빈번하게 매매해본 적이 없지만 이 이야기를 듣고서, 우리에게는 기회가 제한되어 있으니 강한 확신이 들 때만 매매해야 한다는 사실을 깨달았습니다."

그는 버핏의 조언을 명심해 점차 소수의 종목에 더 많은 금액을 집중적으로 투자했다. 1982년, 가이코는 약 2억 8,000만 달러를 보통주 33개 종목에 투자했다. 심프슨은 보유 종목을 20개로 줄인 후 다시 15개로 줄였고 이후 8~15개 수준을 유지했다. 가이코가 버크셔에 인수되기 직전 마지막으로 공개한 1995년 말 포트폴리오에 의하면 11억 달러로 겨우 11개 종목을 보유하고 있었다.[49]

심프슨은 단일 섹터에 포지션이 집중되어도 개의치 않았다. 한번은 전력회사 주식 5~6종목을 보유한 적도 있는데, 심프슨은 이를 거대 단일 포지션으로 간주했다. 1980년대 초에는 AT&T미국전화전신회사에서 분사한 자회사인 베이비벨Baby Bells 3개 종목에 거액을 투자하기도 했다. 심프슨은 이 3개 종목도 단일 포지션으로 간주했다. 그는 베이비벨의 위험 대비 보상이 이례적으로 유리하다고 평가해 거대 포지션을 유지했다.[50] 번도 심프슨의 판단을 높이 평가했다. "거액을 투자해서 대성공을 거두었죠."[51]

심프슨은 승산이 높다고 판단할 때만 거액을 투자했다. 그가 꼽은 가이코의 최고 대박 종목은 '프레디맥Federal Home Loan Mortgage, Freddie Mac'이다. 프레디맥은 미국 모기지 유통시장을 확대하려고 1970년 설립된 정부지원기업으로서, 유통시장에서 매수한 모기지로 주택저당증권mortgage-backed securities을 만들어 공개 시장에서 투자자들에게 판매한다. 프레디맥은 패니메이Federal National Mortgage Association, Fannie Mae와 함께 시장을 독점하고 있다. 가이코가 매수하던 시점에는 프레디맥이 상장기업이 아니었다. 당시 패니메이는 상장기업이었지만, 프레디맥은 저축대부조합이 대규모로 보유하고 있어서 거래가 잘 되지 않는, 절반만 공개된 기업이었다. 그런데 주가이익배수(PER)가 3~4배여서 매우 쌌다. 게다가 패니메이와 함께 시장을 독점하고 있다는 사실에 심프슨은 매력을 느꼈다. 버크셔는 이미 프레디맥을 보유하고 있었고 자회사로 저축은행인 웨스코^{Wesco}가 있어서 규정상 프레디맥을 더 매수할 수가 없었다.

심프슨은 프레디맥이 최고의 투자 기회라고 생각하고 1980년대 중반부터 말까지 막대한 규모로 사들였다. 그리고 프레디맥이 곤경에 처하기 3년 전인 2004년과 2005년에 포지션을 모두 처분했다. 그가 프레디맥을 처분한 것은 주가가 지나치게 높아 보여서가 아니다. "월스트리트 애널리스트들이 설정한 이익 성장률 연 15% 목표를 달성하려고, 부채 비율을 늘리면서 갈수록 질 낮은 모기지를 사들여 위험을 높였기 때문"이다.

심프슨의 판단은 정확한 것으로 밝혀졌지만 프레디맥이 그토록 철저하게 무너지리라고는 그도 전혀 생각하지 못했다. 2008년 연방주택기업감독청^{Federal Housing Finance Agency, OFHEO}은 패니메이와 프레디맥에 대해 민간 기업의 파산에 해당하는 보호관리^{conservatorship} 처분을 내렸다. 이는 '수십 년 동안 정부가 민간 금융시장에 개입한 사례 중 가장 단호한 사례'로 꼽힌다.⁵² 이 글을 쓰는 2016년에도 두 회사는 보호관리를 받는 중이다. 프레디맥은 가이코가 대박을 터뜨린 종목이었다. 심프슨은 말한다.

"우리가 매수한 후 계속 상승해 10~15배 수익을 안겨주었습니다."

심프슨은 가이코에서 합병 차익거래도 여러 번 했다. 합병 차익거래는 합병이 예정된 두 회사의 주식을 동시에 사고팔아 차익을 추구하는 투자 전략이다. 그러나 그는 매수만으로도 차익을 충분히 얻을 수 있다고 생각했으므로 매도는 하지 않았다. 그는 인수합병이 폭발적으로 증가한 1980년대가 합병 차익거래의 적기였다고 회상한다. 기업 인수가 발표되면 더 높은 가격을 제시하는 인수 기업이 나타나길 기대하면서 여러 식품회사에 투자했다. 달아오른 시장에서는 종종 인수 경쟁자가 나타났다. 그의 합병 차익거래 실적은 탁월해서, 수익률이 나머지 포트폴리오 종목 이상으로 높았다.

그러나 1980년대 말에 심프슨은 과열된 인수합병시장이 계속 열기를 유지할 수 있을지 걱정스러웠다. 그는 인수합병시장이 붕괴하기 전에 빠져 나온 것은 행운이었다고 생각한다. 그가 합병 차익거래를 중단한 이후 합병 실패 건수가 증가하다가 마침내 1987년 시장이 붕괴했다. "우리는 운 좋게도 손실을 본 거래가 없었습니다." 그는 자신이 거시 변수를 예측하지 못한다고 말하지만 시장의 전반적인 가격 수준을 지켜보았다. 1987년 시장이 붕괴하기 전, 전반적으로 주가가 터무니없이 높다고 생각하고 포트폴리오의 약 50%를 현금화했지만 이렇게 말한다.

"이렇게 현금 비중이 높아서 당분간은 유리했지만, 적시에 시장에 다시 들어가지 못한 탓에 나중에는 불리해졌습니다."

심프슨이 가이코에서 올린 실적

이따금 기업의 인수 가격과 주가가 둘 다 높으면 우리는 테드 윌리엄스Ted Williams 가 제시한 원칙을 적용합니다. 그는 《타격의 과학(The Science of Hitting)》에서, 야구공 크기로 스트라이크존을 77개 칸으로 나누었습니다. 가장 좋은 칸으로 들어오는 공에만 스윙하면 타율이 4할이었습니다. 그러나 가장 나쁜 칸으로 들어오는 공(바깥쪽 낮은 공)에 스윙하면 타율이 2할 3푼으로 내려갔습니다.

다시 말해 가운데 직구를 기다렸다 치면 명예의 전당에 오르지만, 아무 공이나 가리지 않고 휘두르면 마이너리그로 내려간다는 뜻입니다.

- 워런 버핏, 버크셔 해서웨이 주주 서한(1997)

심프슨이 가이코에서 운용을 맡은 첫해인 1980년 수익률은 23.7%였다.[53] 높은 수익률이긴 하지만 시장 수익률 32.3%에는 못 미치는 실적이었다. 그러나 이후에는 멋지게 초과수익을 기록했다. 1982년 시장 수익률이 21.4%일 때, 그는 45.8%를 올렸다. 그가 운용을 시작한 시점에는 포트폴리오에서 주식 비중이 12%에 불과했지만, 이 무렵에는 거의 3분의 1 수준으로 증가했다. 나중에 번이 말했다.

"우리는 루에게 광범위한 재량권을 부여했고 주식 비중을 이례적으로 높이도록 허용했습니다. 그러자 루가 강타를 날렸습니다."[54]

심프슨은 1979년 가이코에 합류해서 2010년 74세에 사장 겸 공동 CEO로 은퇴할 때까지 31년 동안 가이코의 투자를 이끌었다.[55] 이렇게 장기간에 걸쳐 그는 대단한 실적을 올려서 시장과 펀드매니저 대부분을 압도했다. 그는 가이코 재직 시절을 이렇게 회상한다.

"우리는 훌륭한 실적을 만들어냈습니다. 연 15%가 넘는 초과수익률을 5년, 6년, 7년, 8년째 기록하면서 순항한 적도 있습니다. 그러나 버크셔 사업보고서에 실린 25년 실적을 보면 우리 초과수익률은 연 6.8%였습니다."

버핏은 1982년 버크셔 주주 서한에서 심프슨을 처음 언급할 때 "손해보험 업계 최고의 펀드매니저"라고 표현했다.[56] 그리고 시간이 흐를수록 심프슨을 더 열렬히 칭찬했다. 그는 2004년 사업보고서에 심프슨의 실적을 자세히 소개하면서 이렇게 썼다.

"앞의 투자 성적표를 보면 루는 틀림없이 투자 분야 명예의 전당에 들어갈 인물입니다."[57]

[표 1.1]은 버핏이 '투자의 달인 루 심프슨의 실적'이라는 제목으로 소개한 심프슨의 탁월한 실적이다.

[표 1.1] 워런 버핏, '투자의 달인 루 심프슨의 실적'

연도	가이코 수익률(%)	S&P 수익률(%)	상대 실적(%)
1980	23.7	32.3	-8.6
1981	5.4	-5.0	10.4
1982	45.8	21.4	24.4
1983	36.0	22.4	13.6
1984	21.8	6.1	15.7
1985	45.8	31.6	14.2
1986	38.7	18.6	20.1
1987	-10.0	5.1	-15.1
1988	30.0	16.6	13.4
1989	36.1	31.7	4.4
1990	-9.9	-3.1	-6.8
1991	56.5	30.5	26.0
1992	10.8	7.6	3.2
1993	4.6	10.1	-5.5
1994	13.4	1.3	12.1
1995	39.8	37.6	2.2
1996	29.2	23.0	6.2
1997	24.6	33.4	-8.8
1998	19.6	28.6	-10.0
1999	7.2	21.0	-13.8
2000	20.9	-9.1	30.0
2001	5.2	-11.9	17.1
2002	-8.1	-22.1	14.0
2003	38.3	28.7	9.6
2004	16.9	10.9	6.0
1980~2004 연평균 수익률	20.3	13.5	6.8

자료: 버크셔 해서웨이 주주 서한(2004)

버핏은 2010년 주주 서한에서 이렇게 농담했다.

"내가 이후 그의 실적을 설명하지 않은 것은 상대적으로 내 실적이 초라해 보여서였습니다. 누군들 그의 실적을 설명하고 싶겠습니까?"[58]

그러나 심프슨은 가이코에서 올린 실적이 "매우 좋았습니다"라고만 말할 뿐, 자랑하는 법이 없었다.[59]

가이코에서 몇 년이 지나자 심프슨은 푸짐한 보수를 받았다. 버핏은 심프슨에게 지급하는 보수에 관해서 1996년 주주 서한에 다음과 같이 썼다.

"가이코의 자산을 운용하고 있는 루에게 보수를 지급하는 기준은 이번에도 4년간의 투자 실적이지, 보험영업 실적이나 가이코의 전체 실적이 아닙니다. 보험사가 회사 전체 실적을 기준으로 보너스를 지급하는 것은 어리석은 일입니다. (보험 영업이나 투자 등) 한 부문이 좋은 실적으로 회사에 기여하더라도 다른 부문이 나쁜 실적으로 회사의 수익성을 깎아먹을 수 있기 때문입니다. 버크셔의 평균 타율이 2할이더라도 타율 3할 5푼을 기록한 선수에게는 확실히 상응하는 보수를 지급할 것입니다."[60]

가이코의 투자 실적이 장기간 S&P500을 초과하면 심프슨은 푸짐한 보너스를 받았다. 그는 가이코에 근무하는 동안 초과실적을 수없이 달성했다. 버핏은 이런 보상 방식에 확실히 만족한 듯하다. 버핏은 가이코의 나머지 지분을 인수한 뒤에도 심프슨에 대한 보상 방식을 그대로 유지했다. 심프슨에게 두둑한 보수를 지급하면서도 버핏은 이렇게 말했다.

"루가 오래전에 다른 회사로 옮겼다면 더 유리한 조건으로 훨씬 많은 자산을 운용할 수 있었습니다. 그의 목표가 오로지 돈이었다면 이미 오래전에 떠났을 것입니다. 하지만 루는 떠날 생각을 전혀 하지 않았습니다."[61]

심프슨은 버핏이 자신을 인정해준다는 사실에 매우 만족해했다.[62] 버핏은 그를 "보험업계 펀드매니저 중 단연 최고"라고 표현했다.[63] 심프슨은 이른바 버핏그룹이라는 약 50명의 핵심층에도 속했다. 이들은 2년마다 모여 주로 가치투자에 관해서 며칠 동안 대화를 나눈다.[64] 버크셔의 주주인 자산운용사 오크밸류 캐피털 매니지먼트Oak Value Capital Management의 사장 데이비드 카 2세David R. Carr Jr.는 "심프슨은 가치투자를 제대로 이해하고 실행하는 고수"라고 말했다.[65]

버핏은 심프슨의 수익률에 대해서 말했다.

"그의 실적은 자체로도 뛰어나지만 실적을 달성한 방식도 훌륭합니다. 루는 원금 손실 위험이 없다고 판단되는 저평가 개별 종목에 계속 투자했으므로 포트폴리오 수준에서는 위험이 거의 없었습니다."[66]

가치투자자 심프슨

버핏은 심프슨에 대해 "기질과 지능을 겸비한 보기 드문 인물로 탁월한 장기 투자 실적을 유지하고 있습니다"라고 말했다.[67] 특히 위험을 평균보다 낮추면서도 보험업계에서 단연 최고의 수익률을 창출하는 점을 높이 평가했다.[68] 심프슨이 가이코에서 투자하는 방식은 버핏이 버크셔에서 투자하는 방식과 흡사할 때가 많았다.[69] 버핏 스타일을 공부한 사람이라면 심프슨이 버핏에게 받은 영향을 알아챌 수 있다. 심프슨도 실적이 입증되고, 경영이 건실하며, 지속 성장 가능성이 높고, 가격 결정력이 있으며, 재무 구조가 건전하고, 오랜 기간 주주들을 우대한 저평가 기업을 찾았기 때문이다. 심프슨의 오랜 친구이자 현재 브레이브워리어 캐피털 매니지먼트Brave

Warrior Capital Management의 무한책임 파트너인 글렌 그린버그Glenn Greenberg는 이렇게 말했다.

"심프슨은 훌륭한 기업을 찾아내는 탁월한 능력이 있습니다. 그리고 정말로 좋은 기업은 많지 않으므로 그는 집중투자를 합니다."[70] (심프슨도 글렌을 탁월한 투자자로 평가한다. 두 사람은 지난 30년 동안 똑같은 종목을 보유한 사례가 수없이 많다.)

심프슨은 겸손해서 대하기가 편한 사람이다. 발이 넓어서 기업이나 산업을 분석할 때 많은 사람에게 도움을 받는다. 그는 표현을 매우 절제하므로, 사람들은 오랜 기간이 지나서야 그가 한 말의 의미를 깨닫곤 한다. 사무실도 그의 성품처럼 소박하다. 그의 사무실은 집에서 차로 8~10분 걸리는 플로리다 네이플즈의 평범한 건물에 있다. 겉으로는 대규모 자산을 운용하는 사무실처럼 보이지 않는다. 매우 조용한 곳이다. 그는 소음을 최대한 줄이려고 항상 노력 중이라고 말한다. 전화벨 소리도 들리지 않고 사무실에는 블룸버그Bloomberg 단말기도 없다. 블룸버그는 사무실에서 분리해 통로 쪽에 설치했으므로 필요하면 그쪽으로 가서 보아야 한다.

"블룸버그가 곁에 있으면 시장 흐름에 눈길을 빼앗깁니다. 나는 필요한 정보를 분석하고 싶지, 불필요한 정보에 파묻히고 싶지 않습니다."[71]

그의 사무실은 탕비실, 회의실도 깨끗이 치워져 있고 책상 역시 깨끗이 정리되어 있다.

심프슨은 일상생활 역시 소박하다. 규칙적으로 아침에 운동하고 나서 개장 시간 훨씬 전에 사무실에 도착한다. 그는 기업에 관한 자료를 모두 찾아 읽는다.[72] 그러나 애널리스트 보고서나 증권사 사람들의 조언은 참고하지 않는다며 이렇게 말했다.

"월스트리트 사람들은 학력이 높고 똑똑해서 매우 논리정연하고 설득력이 강합니다. 그래서 멀리하는 편이 상책이지요."

그는 가이코에서 처음 12년은 월스트리트 근처가 아니라 워싱턴에 있는 가이코 사무실에서 근무했다(이후에는 캘리포니아 남부와 시카고 사무실에서 일했다).

"카지노와 경마장 같은 시장 분위기에서 멀리 벗어나 지내는 덕분에 가치를 더 창출할 수 있다고 저는 늘 생각합니다."[73]

가이코에서 그가 거느린 직원은 애널리스트 1~3명에 불과했다.[74] 그는 투자한 회사에 애널리스트와 함께 직접 방문하곤 했다. 맨파워 템퍼러리 에이전시 Manpower Temporary Agency의 교육 기법을 조사하려고, 애널리스트를 구직자로 위장해서 보낸 적도 있다.[75]

심프슨은 3~5년 후 기업의 규모가 커지고 수익성도 높아질 것으로 확신하는 주식을 합리적인 가격에 매수해서 포트폴리오를 구성해야 한다고 생각한다. 그는 산업이나 섹터별 분산투자에 얽매이지 않고 '상향식으로 종목을 선정'한다. 종목에 확신이 서면서 가격이 매력적이라고 생각하면 산업이나 섹터 분산에 얽매이지 않는다는 말이다. 그는 1980년대에 포트폴리오의 40%를 식음료와 기타 소비재 주식에 투자한 적이 있는데 단지 위험 대비 보상 비율이 매우 유리하다고 생각했기 때문이다. 그린버그는 말했다.

"심프슨은 누구보다도 멀리 내다봅니다. 그러나 그가 방법을 가르쳐주어도 모방할 수는 없습니다. 피카소가 그림 그리는 법을 가르쳐주어도 피카소처럼 그릴 수 없는 것처럼 말이지요."[76]

그가 선호하는 가치평가 척도는 주가잉여현금흐름배수(P/FCF)지만, 투자자는 평가에 대해 개방적인 사고방식을 유지해야 한다고 믿으므로 그가 따르는 마법의 공식 따위는 없다. 가격이 합리적이면서 매출과 이익이 계속 증가해 장기적으로 가치가 상승할 가능성이 높은 종목을 찾는다.

그는 잉여현금흐름(자본적지출과 운전자본 증분을 차감한 현금흐름)을 선호하지만 어느 한 가지 척도에 얽매이지는 않는다. 장기간 사용하면서 다듬은 원칙은 우수한 경영진이 이끄는 우량 기업을 내재가치보다 싸게 사는 것이다. 그는 경영진을 평가할 때 자본배분 실적, 정직성을 본다. 또한 경영자가 소유 경영자인지, 한몫 챙기려는 '총잡이' 경영자인지 조사한다. 주가가 저평가되었을 때 CEO의 자사주 매입 의지가 흔히 이런 요소에 좌우되기 때문이다.

주가가 저평가되었을 때는 기업이 자사주를 매입해야 한다고 심프슨은 생각한다. 그는 보유 종목에 대해 일거양득을 기대한다. 즉 기업의 기본 가치가 증가하고, 기업이 자사주 매입을 실행해 주당 가치도 상승하길 기대한다. 심프슨이 가이코에서 일하던 초기에 버핏이 해준 이야기가 있다. 버핏이 자사주 매입이 내재가치에 미치는 영향을 설명했을 때, 2분 안에 이해하지 못하는 CEO는 영영 이해하지 못하더라는 이야기다. 심프슨도 자신이 사외이사로 참여하는 기업들과 단순히 투자하는 기업들 양쪽에서 이런 현상을 보았다. 자사주 매입이 내재가치에 미치는 영향을 즉각 이해하지 못하는 경영진은 시간이 지나도 절대 이해하지 못했다. 주가를 띄우려고 자사주 매입을 발표해놓고 실행에 옮기지 않는 기업들도 심프슨을 화나게 한다.

심프슨은 가이코에 근무하는 동안 가이코 유통주식의 50% 이상을 사들였다. 덕분에 처음에는 버크셔의 가이코 지분이 3분의 1이었지만, 추가 인수 제안을 하기 직전에는 버크셔의 지분이 50%를 살짝 웃돌았다. 심프슨은 버핏에게 가이코 주식 더치 옥션*에 참여해달라고 부탁했다. 버핏은 처음에는 주저했지만 자사주 매입 아이디어가 마음에 들었으므로 비례 매입 방식으로 더치 옥션에 참여했다. 심프슨은 가이코에서는 물론 자신이 사외이사로 참여하는 모든 기업에서, 유통주식의 10%에 해당하는 자사주 매입을 상시적으로 허용해야 한다고 주장했다. 즉 주가가 합리적인 수준으로 하락하면 즉각 자사주 매입을 실행할 수 있도록 승인하자는 주장이었다.

심프슨은 정부의 결정에 의존하는 탓에 정치적 위험이 있는 기업은 기피하고, 사람들의 눈에 띄지 않는 평범한 기업을 선호한다. 그리고 기술주를 피한다고 말했다.

"기술회사는 비즈니스 모델이 변경될 때 사업이 받는 영향을 파악하기 어렵습니다."

이런 경우 그는 한 걸음 물러서서 "나는 모릅니다"라고 말한다. 그는 아메리칸익스프레스American Express가 그런 기업이라고 말한다. 기술이 바뀌어 스마트폰으로 금융 거래하는 사람이 증가하면 신용카드 사용자가 계속 감소할 것으로 보기 때문이다. 아메리칸익스프레스는 고객 기반이 매우 강하지만, 고객이 계속 감소하면 사업이 어려워질 것이다. 심프슨은 아메리칸익스프레스가 독점력이 매우 강하고 경영진도 훌륭하다고 믿지만 기술이 빠르게 바뀌는 중이라고 본다.

---

* Dutch auction tender. 주식 매도자들이 매도 희망 가격과 수량을 제출하면, 자사주 매입 물량을 모두 채우는 최저 가격을 최종 가격으로 결정하고, 그 가격 이하를 제시한 매도자들의 물량을 회사가 매수하는 방식

그는 기술과 정치적 위험 양쪽에서 시달리는 회사로 미국 케이블방송사를 꼽는다. 주가는 싸지만 두 가지 위험이 미치는 영향을 가늠할 수 없으며, 투자수익률이 높을 것으로 보지 않는다. 우선 기술이 빠르게 바뀌는 중이다. 넷플릭스Netflix, 아마존Amazon, 애플Apple 등 스트리밍streaming 서비스회사들이 새로운 경쟁자로 떠오르고 있다. 게다가 정부가 개입할 정치적 위험도 있다. 실제로 "정부는 이미 어느 선까지 개입을 시도했습니다". 정부는 아직 개입을 통해서 성과를 내지 못했지만 다시 개입할 수 있으며 그 결과는 예측하기 어렵다. "경제성은 매력적인 듯하지만 정치적 위험 탓에 제대로 알 수가 없습니다."

아메리칸익스프레스와 대조되는 기업으로 심프슨은 나이키Nike를 꼽는다. 나이키는 본사가 오리건주 비버턴에 있고 스포츠 신발, 의류, 장비를 제조한다. 심프슨은 "오랫동안 나이키에 많은 돈을 투자"했다고 말한다. 그는 가이코에서 나이키를 샀다가 팔고, 다시 더 샀다가 팔았으며, 이후 최대 규모로 샀다. 그는 나이키 제품이 유행에 뒤떨어지는 일은 없을 것이며 신발과 의류 매출이 계속 증가할 것이라고 믿는다. 매출이 얼마나 더 증가할까? 아직 알 수 없지만 "현재 중국 매출 규모가 막대한 데다 맹렬히 증가하는 중이고, 시장 잠재력이 중국과 맞먹는 인도에는 아직 진출하지도 않았습니다". 나이키는 유럽과 미국 등 성숙기에 접어든 시장에서는 고전하고 있으므로 주가가 간혹 낮아지기도 했다.

심프슨은 1990년대 초 경쟁사인 리복Reebok을 분석하다가 나이키를 발견했다. 그는 리복의 매출이 나이키와 같거나 약간 더 많았던 시점에 리복 주식을 매수했다. 그는 여러 번 보스턴에 가서 리복을 미국에 도입한 폴 파이어먼Paul Fireman을 만났고, 파이어먼이 리복을 주력 상품 없이 패션 브랜드처럼 관리한다고 생각했다. 그는 자료 조사를 좀 더 하고 나서 스포츠 용품과 신발에 대해 현장 조사를 했다. 마이클 조던^{Michael Jordan}을 효과적으로 활용하는 나이키가 제품도 좋고 시장 지위도 우월하다고 판단했다. 그는 나이키가 "주력 상품이 뚜렷해서 우수한 기업"이라고 생각했다. 나이키는 거대한 국제 시장에서 활동하고 있었다. 심프슨은 나이키의 설립자 필 나이트^{Phil Knight}를 알게 되었고 둘은 친구가 되었다. 나이키는 재무 구조가 건전해서 기업을 더 인수할 수도 있었지만 무리하게 기업을 인수하지 않았다는 사실이 마음에 들었다.

나이키가 지배하지 못한 시장은 규모가 거대한 축구화(축구는 세계 최대 스포츠)시장이었다. 당시에는 아디다스^{Adidas}가 축구화시장을 지배했다. 이제는 나이키가 아디다스를 다소 앞섰고 후원 계약 면에서도 나이키가 우세하다고 심프슨은 평가한다. 몇 년 전 선밸리에서 버핏이 심프슨에게 물었다.

"코카콜라^{Coca-Cola}와 나이키 중 어느 회사의 독점력이 더 강한가?"

심프슨은 "나이키죠"라고 대답했다.

"왜 그렇게 생각하는가?"

"나이키는 성장 기회가 훨씬 많습니다. 코카콜라는 이미 세계 전역을 지배하고 있지만 나이키는 세계 시장에서 겨우 맛을 본 정도입니다. 코카콜라 제품은 성장 속도가 빠르지 않고 주력 상품이 건강에 좋은 것도 아닙니다. 콜라보다 나이키에 성장 기회가 훨씬 많습니다. 나이키는 재무 구조를 더 개선할 수 있습니다. 기업을 많이 인수할 필요가 없으므로 자사주를 매입하고 배당을 늘릴 수 있습니다. 신발시장보다 규모가 훨씬 큰 의류시장에서도 나이키는 브랜드가 막강하지만 시장점유율은 아직 약소한 수준입니다. 지금은 중국이 거대한 시장이며 빠르게 성장하고 있습니다. 중남미에서도 실적이 아주 좋고, 말씀드렸듯이 인도는 제대로 공략하지도 않았습니다."

나이키 주가는 터무니없이 낮았던 적도 없고 터무니없이 높았던 적도 없다고 심프슨은 지적한다. 잉여현금흐름수익률(잉여현금흐름을 주가로 나눈 비율, FCF/P)이 7~7.5%였다. 심프슨은 FCF/P가 8%에 접근할 때 매수했다. 나이키는 세계 전역에서 브랜드 가치가 높아서 성장 기회가 많다는 점이 마음에 들었다.

> 페더러Roger Federer와 나달Rafael Nadal 같은 유명 테니스 선수가 프랑스 오픈에서 시합하는 모습을 보면 나이키 스우시Nike swoosh 로고를 온몸에 두르고 있습니다. 세계 최고의 광고죠.

심프슨은 다른 종목들처럼 나이키도 장기 보유하는 가운데, 핵심 물량은 계속 보유하면서 일부를 사고팔았다. 나이키 주가가 PER 20배 수준까지 상승했을 때 더 싼 대체 종목이 보이면 그는 일부 물량을 팔았다. 그러나 그는 나이키가 계속 성장한다고 확신했으므로, 주가가 매우 높아져도 나이키 포지션을 모두 처분하는 일은 없었다. 주가가 PER 13배 수준으로 하락하면 더 사들였다. 지난 20년 동안 그는 나이키를 일부나마 계속 보유했다. 때로는 포지션이 매우 커지기도 했는데, 그가 가이코를 떠날 무렵에는 나이키 주가가 상승한 덕분에 비중이 16%에 이르렀다. 기업이 계속 성장하면 그 기업의 주가 상승률은 둔화할 수밖에 없지만, 그래도 나이키는 장기간 계속 성장할 것으로 본다. 그는 나이키를 매수 후보 종목군에 계속 포함하지만 주가에 대해서는 원칙을 유지한다.

"우량 기업은 세월이 흐르면 가치가 계속 상승하므로 목표 주가도 계속 재평가해야 합니다."

심프슨은 기업의 미래 경제성 파악이 가장 중요하다는 버핏의 생각에 동의한다. 그러면 미래 현금흐름을 할인해 내재가치를 추정할 수 있다. 과거 실적을 바탕으로 현재 가치를 평가하기는 쉽지만 기업의 미래 경제성을 파악하기는 쉽지 않다. 그러나 일부 기업은 다른 기업보다 파악하기 쉽다. 예를 들어 코카콜라는 정부의 규제를 받는 다른 기업보다 파악하기 쉽다. 물론 해외 사업의 비중이 큰 기업이라면 정부의 규제를 받더라도 사업에 큰 지장이 없겠지만, 그래도 미래 경제성을 파악하기는 쉽지 않다.

심프슨이 지키는 경험법칙 하나는 시가총액이 자신의 포트폴리오 총액보다 작은 주식에는 투자하지 않는 것이다. 그는 상장사 사외이사 활동 경험이 투자에도 유용했다고 생각한다. 그는 가이코 합류 직후 지역 은행 이사회에 참여해달라는 요청을 받았다. 그 은행은 흥미롭긴 했으나 운영 상태는 미흡하다고 판단했다. 그래서 사임했는데 4년 뒤 이 은행은 파산했다. 이후 그는 AT&T와 컴캐스트* 등 거대 상장사는 물론 소형 비상장사 등 20개가 넘는 이사회에 참여했다.

살로몬브러더스^{Salomon Brothers} 이사회에 참여한 지난 5~6년 동안에는 계속 감사위원장을 맡기도 했다. 덕분에 대학원에서 회계학 과목을 공부하듯이, 재무 상태가 복잡한 살로몬브러더스에서 회계 업무 경험을 쌓았다. 그러면서 기업이 실제로 돌아가는 방식을 더 깊이 이해할 수 있었다.

---

* Comcast. 세계 최대 케이블방송사

이 밖에도 그는 이사회에서 버크셔를 여러 번 대표했다. 한번은 버핏이 심프슨에게 바우어리 저축은행 Bowery Savings Bank 이사회에 참여해 버크셔의 이익을 대변해달라고 부탁했다. 심프슨은 대답했다.

"알겠습니다. 그러나 저도 이해관계가 걸려야 일할 맛이 나니 보유 주식 일부를 취득원가에 넘겨주십시오."

심프슨은 가이코에 합류해서 초기부터 이른바 '업무 감독'을 맡으면서 사업을 깊이 파악하게 되었다. 그는 자신이 보험 전문가라고 생각하지는 않지만 이런 경험 덕분에 "주요 성공 요소들을 이해한다"고 말한다.

심프슨은 사외이사 경험을 통해 이사회를 다른 관점에서 보게 되었다. 그는 사외이사들이 사업을 제대로 이해하지 못하는 탓에 이사회가 기능하지 못하는 사례가 많다는 사실을 절감했다. 흔히 경영진은 자신에게 유리한 방향으로 회사를 이끌어간다. 그의 경험에 비추어 보면 사외이사들은 대개 "매우 무력하다".

> 요즘 사외이사들은 보수가 두둑합니다. 이런 보수를 중시하는 사외이사들은 CEO의 눈치를 보게 됩니다. 일반적으로 CEO가 사외이사 임명과 교체를 결정하기 때문입니다. 그러나 이제는 이사회의 독립성이 강화되는 방향으로 바뀌고 있으며, 회사 경영에 문제가 있는데도 이사들이 경영진을 지지하면 주주들이 적극적으로 개입하고 있습니다.

버핏과 마찬가지로 심프슨도 사업에 참여하는 덕분에 투자 실적이 개선되고, 투자를 하기 때문에 사업을 더 잘 이해하게 된다고 생각한다.

◆ 우리 투자철학

1. 독자적으로 생각한다

우리는 일반 통념을 의심하며, 주기적으로 월스트리트를 집어삼키는 비이성적 행동과 감정에 휩쓸리지 않도록 노력한다. 휩쓸리면 흔히 과도한 가격을 치르게 되어 결국 원금 손실로 이어진다. 우리는 소외주를 무시하지 않는다. 오히려 소외주는 종종 최고의 기회를 선사한다.

2. 자기자본이익률(ROE)이 높은 주주 지향적 기업에 투자한다

장기적으로 주가 상승과 가장 직결된 요소는 ROE다. 현금흐름은 당기순이익보다 조작하기 어려우므로 보조 척도로 유용하다. 잉여현금흐름을 벌어들이지 못하는 기업은 자기자본을 소비하므로 계속해서 자본을 추가 조달해야 한다. 우리는 수익성을 평균 이상으로 유지할 수 있는 기업들을 발굴한다. 그러나 기업 대부분은 경쟁 탓에 수익성을 평균 이상으로 유지하지 못한다. 흔히 경영자들은 주주 가치 극대화보다 기업제국 확장 등을 더 중시한다. 경영진을 평가할 때 우리가 던지는 질문은 다음과 같다.

    (1) 경영진이 보유한 지분이 많은가?

    (2) 주주들에게 정직한가? (우리는 경영진이 주주를 동업자로 여기면서 좋은 소식은 물론 문제점도 솔직하게 알려주길 기대한다.)

    (3) 수익성 나쁜 사업은 중단하려 하는가?

    (4) 잉여현금으로 자사주를 매입하는가?

마지막 질문이 가장 중요하다. 경영자들은 흔히 수익성 낮은 사업에 잉여현금을 사용한다. 대개 잉여현금은 자사주 매입에 사용하는 편이 훨씬 유리하다.

3. 탁월한 주식에 대해서도 합리적인 가격만 지불한다

확실한 우량주를 살 때도 과도한 가격을 치르지 않도록 절제한다. 가격이 지나치게 높으면 세계 최고의 주식을 사더라도 훌륭한 투자가 되지 못한다. 기업의 가치를 평가하는 데 유용한 척도는 PER, 그 역수인 이익수익률, P/FCF다. 기업의 이익수익률을 장기 국채 수익률과 비교해보는 것도 유용하다.

4. 장기간 투자한다

개별 종목이나 주식시장, 경제의 단기 등락을 예측하는 방식으로는 지속적으로 좋은 실적을 거두기 어렵다. 단기 등락은 예측하기가 매우 어렵기 때문이다. 반면에 주주 지향적인 우량주는 장기 수익률이 평균을 초과할 확률이 매우 높다. 주식을 빈번하게 사고팔면 거래비용과 세금 탓에 투자수익률이 대폭 하락한다. 거래비용과 세금을 최소화하면서 이익을 재투자할 때 자본이 더 빠르게 증식한다.

5. 과도하게 분산투자하지 않는다

광범위하게 분산투자하는 방식으로는 초과실적을 얻기 어렵다. 분산투자 수준을 높일수록, 실적은 기껏해야 평균에 수렴할 뿐이다. 우리는 위험 대비 보상이 유리할 때 위험을 현명하게 떠안아야 초과실적 가능성이 높다고 믿으므로, 우리 투자 기준을 충족하는 소수 종목에 집중적으로 투자한다. 우리 투자 기준을 충족하는 좋은 투자 기회는 찾기 어렵다. 그런 기회를 발견했다고 판단되면 우리는 거액을 투자한다.

자료: 루 심프슨의 개인 기록(1983년경)

보수적인 집중투자

버핏은 심프슨의 투자 기법도 자신과 마찬가지로 '보수적인 집중투자'라고 말한다.[77] 심프슨은 '플로트float'라는 안정적인 자본 덕분에 가이코에서 집중투자를 할 수 있었다. 플로트는 보험사가 일시적으로 보유하는 남의 돈이지만 투자에 이용할 수 있는 자금이다. 보험사는 보험료를 먼저 받고 보험금은 나중에 지급하므로 그동안 이 자금을 이용해서 투자수익을 올릴 수 있다. 개별 보험료와 보험금은 각양각색이지만 보험사가 보유하는 플로트는 비교적 안정적으로 유지된다. 심프슨은 이전 직장에서도 주로 집중투자를 했지만 가이코에서는 집중투자에 주력했다. 가이코는 플로트가 안정적으로 증가했으므로, 버핏의 영향을 받은 심프슨은 가장 유력한 종목에 적극적으로 집중투자할 수 있었다.

토니 나이슬리Tony Nicely가 이끄는 가이코가 탁월한 보험영업 실적을 유지한 덕분에 심프슨은 자산 중 주식 비중을 매우 높게 유지할 수 있었다. 그러나 이 정도로 주식 비중을 높게 유지하는 보험사는 드물었다. 가이코는 투자 레버리지(포트폴리오 중 주식의 비중)가 경쟁사들보다 매우 높지만 영업 레버리지(자산 대비 보험상품 매출)는 매우 낮았다. 대부분 손해보험사의 주식 비중은 포트폴리오의 10~15%인데 가이코는 35~45%이며 심프슨은 집중투자를 했다. 따라서 가이코의 포트폴리오는 경쟁사들과 매우 다른 모습이었다. 보험사들은 '선량한 관리자 원칙prudent man rule'을 따라야 하므로 대부분 이 원칙을 준수하려면 매우 광범위하게 분산투자해야 한다고 생각한다. 그러나 가이코는 집중투자를 해도 된다고 생각한다.[78] 신용평가 기관이 집중투자에 관해 질문했을 때, 심프슨은 이렇게 답했다.

"지금까지 집중투자의 성과가 매우 좋았고 앞으로도 좋을 것으로 기대합니다."

신용평가 기관은 가이코의 주식 비중이 매우 높고 소수 종목에 집중투자된 사실을 불편하게 생각했지만, 영업 레버리지가 매우 낮다는 점을 고려해 문제 삼지 않았다.

1970년대 가이코가 곤경에 빠진 것은 투자 레버리지가 높았기 때문이 아니라 플로트의 원가가 높았기 때문이다. 1951년, 로리머 데이비드슨은 젊은 워런 버핏에게 보험사를 평가하는 주요 척도는 첫째가 보험사가 창출하는 플로트의 규모이고 둘째가 플로트의 원가라고 가르쳐주었다.[79]

버핏이 주주 서한에서 여러 차례 설명했듯이, 비용과 최종 손실액을 더한 금액이 수입보험료보다 더 많으면 '보험영업손실'이 발생하며, 이것이 플로트의 원가가 된다. 그러나 비용과 최종 손실액을 더한 금액이 수입보험료보다 더 적으면 '보험영업이익'이 발생하며, 그러면 플로트의 원가가 '마이너스'가 된다.

이렇게 보험영업이익을 올리면 남의 돈을 공짜로 쓰면서 이자까지 받는 셈이 되지만, 이익을 올리기는 쉽지 않다. 보험사들이 보험영업이익을 얻으려고 치열하게 경쟁하는 탓에, 보험사 전체로 보면 거의 매년 막대한 영업손실을 떠안고 있다. 이 손실이 플로트를 보유하려고 보험사들이 치르는 대가라고 버핏은 말한다.

플로트의 장기 원가가 시장금리보다 낮으면 보험 사업을 해볼 만한 가치가 있다. 그러나 플로트의 원가가 시장금리보다 높으면 보험 사업을 할 가치가 없다.[80] 거의 매년 보험업계는 수입보험료로 비용과 최종 손실액의 합계액도 충당하지 못했다. 그 결과 지난 수십 년 동안 유형자기자본이익률[*]이 S&P500지수 수익률에 훨씬 못 미쳤다.[81] 수입보험료와 투자수익으로 비용과 최종 손실액을 충당하지 못하면 보험사는 파산할 수 있다.

버핏은 2004년 주주 서한에서, 지속적인 매출 감소는 어떻게든 막아내는 것이 미국 기업 대부분의 '제도적 관행'이라고 설명했다. 작년에 매출이 감소했는데 앞으로도 매출이 계속 감소할 것이라고 주주들에게 보고하고 싶은 CEO가 어디 있겠는가. 특히 보험업계에서 매출 유지 경쟁이 치열한 것은, 어리석은 가격 정책을 펴도 그 결과가 한동안 드러나지 않기 때문이다. 보험사가 손실률을 낙관하면 당기순이익이 과대평가되지만 진정한 손실비용은 대개 여러 해가 지나야 드러난다. 이런 일종의 '자기기만' 탓에 가이코는 1970년대 초에 파산 직전까지 몰렸다.[82]

일반 투자자는 적극 운용 펀드 대신 소극 운용 인덱스펀드, 예를 들어 S&P500지수, 전체 시장지수, 세계 시장지수 등을 추적하는 펀드를 우선적으로 고려해야 한다고 심프슨은 믿는다. 인덱스펀드를 이용하면 매우 낮은 비용으로 시장 수익률을 얻을 수 있으므로, 초과수익을 얻기 어려운 투자자에게는 인덱스펀드가 더 유리하다.

전체로 보면 적극 운용 펀드매니저들은 제로섬 게임을 벌이고 있으며 이들이 곧 시장을 구성하고 있다. 따라서 각종 보수와 거래비용을 차감하면 이들이 올리는 실적은 시장 실적에도 미치지 못한다. 학계 연구에 따르면 적극 운용 펀드매니저들의 실적이 생존편향[**] 때문에 과대평가되는 경향이 있다.

---

* 유형자기자본이익률 = 당기순이익 / (자기자본 – 우선주 – 영업권 – 무형자산)

** 실적이 나쁜 펀드는 중도에 사라지므로 실적 평가에서 제외되는 현상

그러면 펀드매니저는 어떻게 해야 가치를 창출할 수 있는가? 유사 인덱스펀드*로는 초과수익을 얻을 수 없다. 광범위한 분산투자로는 비용 탓에 초과수익이 나오지 않는다.

그래서 심프슨은 초과수익을 얻을 수 있는 한 가지 방법은 강하게 확신하는 종목에 집중투자하는 것이라고 결론지었다. 그는 이 결론에 이르기까지 수많은 연구서를 읽었고 버핏과 찰리 멍거 Charlie Munger의 영향을 받았다. 여기에 자신의 상식도 더했다. 늘 자신의 성과에 대해 겸손한 태도를 유지하는 심프슨은 "집중투자야말로 제가 가치를 창출할 수 있는 유일한 방법입니다"라고 말한다. 그는 빈번하게 매매해서는 장기적으로 가치를 창출하기 어렵다고 생각한다. 예를 들어 상장지수펀드ETF는 매매하기 편리하지만 투자자 대부분은 비쌀 때 사서 쌀 때 팔게 되므로 그는 ETF를 유용한 상품으로 보지 않는다. 인덱스펀드를 창시한 보글 John Bogle은 인덱스펀드가 ETF보다 장기 보유에 유리해서 이를 선호하고 심프슨도 그의 생각에 동의한다(보수는 ETF가 약간 더 낮을 수도 있다). ETF의 커다란 장점은 개장 시간 내내 매매할 수 있다는 점이지만, 이는 투자자 대부분에게 오히려 단점이 될 수 있다. 약간의 이익을 위해 매매하게 하기 때문에 장기적으로는 이익을 얻기 어렵다.

심프슨은 집중투자를 하므로 포트폴리오 회전율(1년 동안의 주식 매매 금액을 주식 포트폴리오 평가액으로 나눈 비율)이 매우 낮다. 가이코의 포트폴리오 회전율은 경쟁사보다 훨씬 낮은 것으로 유명하다.[83] 그는 자금을 모두 주식에 투자한 상태에서 새로운 투자 아이디어가 떠오르면, 확신이 가장

---

* closet indexer. 겉으로는 적극 운용 펀드를 표방하면서 실제로는 인덱스펀드와 비슷하게 운용하는 펀드

약한 종목을 매도하고 새로 발굴한 종목을 매수해서 좋은 실적을 올렸다. 자금을 모두 투자한 상태라면 유망 종목은 1년에 1~3개만 발굴해도 충분하다고 주장한다. 그는 대규모로 투자할 만한 종목을 1년에 2개만 찾아내도 매우 만족한다. 그리고 매매를 많이 한다고 해서 실적이 좋아지는 것은 아니라고 믿는다.

"우리 방식은 사람들과 정반대입니다. 사람들은 고민을 많이 하지 않으면서 매매를 많이 하지만, 우리는 고민은 많이 하면서 매매는 많이 하지 않습니다."[84]

어리석은 행동만 하지 않아도 투자에서 큰 이득을 볼 수 있다. 그러려면 자신의 능력범위 안에 머물러야 한다고 심프슨은 말한다. 그는 시행착오를 통해서 이 사실을 깨달았고, 버핏이 그의 생각을 굳혀주었다. 그는 항공사 주식에서 실수를 저질렀다고 말한다. 이제 항공사 주식에는 절대 손대지 않을 생각이다. 러시아 합작사 등 러시아 주식도 대부분 피한다. 지금은 유가증권 선택 범위가 매우 넓어져서 ETF를 이용하면 전 세계 시장에 참여할 수 있지만 일부 시장은 피하는 편이 낫다고 심프슨은 말한다. 이제는 국내에서도 외국 유가증권에 투자할 수 있다. 2015년 현재 그는 포트폴리오에 12개 종목을 보유하고 있는데 5개는 외국 기업이다. 중국, 인도, 브라질, 멕시코 등에 대해서는 전문 지식이 없지만 재무제표와 지배구조를 이해한다면 그 시장에 투자할 생각이다.

투자자 중에는 종목 선정에 강한 사람이 있고 시장에 대한 감각이 좋은 사람이 있다. 1~3년 실적은 좋지 않아도 장기적으로는 가치를 창출할 수도 있다. 그는 자신이 가치를 창출할 가능성이 높다고 생각하므로 새 회사를 차리기로 했다. 가치를 얼마나 창출하느냐는 다소 운에 달렸다고 말한다. 그는 새 회사가 홈런을 몇 방 날릴 수 있다고 믿지만 만사가 잘 풀리기는 어렵다고 인정한다. 다만 진정한 승자를 몇 개 발굴하고 진정한 패자는 피해 꽤 좋은 타율을 유지하길 희망한다. 그가 가이코에서 올린 실적을 보면 평균 이상의 타율이 기대된다.

다음 장에서는 지성은 물론 자존심으로도 유명한 경제학자 존 메이너드 케인스John Maynard Keynes의 집중투사 철학을 살펴보기로 한다.

2

존 메이너드
케인스

경제학자의
집중투자

시간이 흐를수록 나는 자신이 잘 알고 있으며 경영진을 철두철미하게 믿을 수 있는 회사에 거액을 집어넣는 것이 올바른 투자 방법이라고 더욱 확신하게 된다네. 아는 것도 없고 특별히 믿을 이유도 없는 기업에 널리 분산투자하고서 위험이 감소했다고 생각하는 것은 착각이야. 사람의 지식과 경험은 분명히 한계가 있어서, 나는 완전히 믿음이 가는 기업을 한 시점에 서너 개 이상 본 적이 없어.

- 케인스, "스콧에게 보낸 편지", 존 바식, 《Keynes's Way to Wealth(케인스의 부에 이르는 길)》(2014)

다우지수가 1929년 9월 3일 현기증 날 정도로 고가를 기록한 이래 계속 폭락하면서 20세기 최악의 금융위기가 왔다. 다우지수는 제1차 세계대전 이후 거의 10년 동안 이어진 광란의 20년대Roaring Twenties 투기적 강세장에서 10배나 뛰었다. 그러나 1929년 10월, 문제의 조짐이 나타났다. 갑작스러운 매물 출회로 시장이 14.7% 하락하고 나서 다음 주에 회복했으나 10월 11일 다시 하락세로 돌아선 것이다. 불규칙하게 등락하다가 결국 10월 24일 '검은 목요일Black Thursday'로 이어져 시장이 다시 6% 하락했다. 시장은 이미 정점에서 21.6%나 내려간 상태였으나 다음 며칠 하락세가 가속화

[그림 2.1] 다우지수 차트(1921~1955)

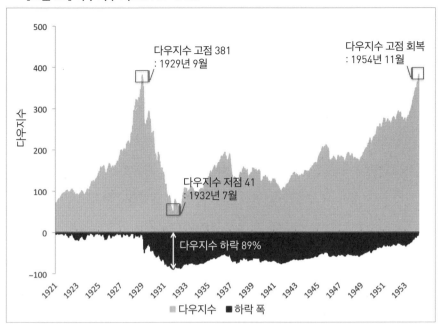

자료: Samuel Williamson, "Daily Closing Value of the Dow Jones Average, 1885 to Present," *MeasuringWorth*, 2015.

하더니 10월 28일 '검은 월요일Black Monday' 12.8% 더 떨어졌고, 10월 29일 '검은 화요일Black Tuesday' 11.7% 또 떨어졌다. 극심한 공포가 세계 전역으로 퍼졌고 런던증권거래소도 동반 폭락했다. 1929년 11월 13일, 시장이 고점에서 47.8% 하락하자 마침내 바닥에 도달한 것처럼 보였다. 그러나 사실은 바닥이 아니었다. 이듬해 약간 회복하는 듯했으나 연말 몇 달 동안 다시 힘을 잃었다. 1931년은 고점 대비 −55.4%로 시작해 −79.4%로 끝났다. 고점을 기록하고 2년 10개월 지나 1932년 7월 8일 마침내 바닥에 도달했을 때, 시장은 무려 89.2% 하락한 상태였다([그림 2.1] 참조).

케인스 경제학Keynesian economics의 토대를 세운 영국 경제학자 존 메이너드 케인스도 이 기간 내내 자금을 운용했다. 자신의 자금을 비롯해 친구들, 보험사 두 곳, 모교인 케임브리지대학교 킹스칼리지 자금이었다. 1929년 원자재시장이 하락하기 시작할 때, 케인스는 고무, 밀, 면화, 주석 선물에 대한 투기를 하고 있었다.[1] 오만하기로 악명 높은 그는 경기순환에 대한 자신의 '우월한 지식'을 이용하면 (미래 예측을 더 잘할 수 있으므로)[2] 다른 투자자들을 앞지를 수 있다고 믿었다.

그러나 케인스는 원자재시장이 하락할 때 포지션을 잘못 잡았다. 설상가상으로 그가 기대했던 '위험 상쇄*'도 되지 않았다. 원자재 포지션이 무너질 때 주식시장이 폭락하면서 그가 잡았던 투기적 주식 포지션도 무너졌기 때문이다. 그는 이를 통상적인 경기순환을 마무리하는 단기 하락이라고 믿었으므로 매수 포지션을 계속 유지했다. 그러나 1930년대로 접어들자 이번에는 통상적인 하락이 아닌 것으로 밝혀졌다. 그는 원자재 포지션을 모두 날려버렸다.

1920년대 초 투자 원금을 모두 날렸던 케인스는 이제 두 번째로 무일푼이 될 위기에 직면했다. 시장이 고점에서 바닥으로 떨어지는 동안 케인스는 투자 원금의 80%를 잃었다. 그의 포트폴리오를 받쳐주는 종목은 배당을 지급하는 유틸리티(수도, 전기, 가스 등 공익사업) 주식뿐이었다. 이 대폭락을 통해서 케인스는 자신의 잘못을 깨달았다. 오만했던 그는 태도를 바꾸어 거시경제적 하향식 투기와 시점 선택market timing 방식에서 서서히 벗어나기 시작했다. 1932년까지 외환 투기와 원자재 투기로 거액을 벌었다가

---

* opposed risks. 포트폴리오 일부에서 발생한 손실이 포트폴리오 일부에서 발생한 이익으로 반드시 상쇄된다는 개념

날린 케인스는 이후 평생 가치투자를 추구하게 되었다.

위대한 가치투자자 겸 투자학자 벤저민 그레이엄과 마찬가지로 케인스도 제1차 세계대전, 1929년 대폭락Great Crash, 대공황Great Depression, 제2차 세계대전 등 파멸적인 시장 붕괴를 여러 차례 경험했다.[3] 케인스는 그레이엄과 교류한 적이 없었고, 그레이엄과 데이비드 도드David Dodd 공저의 《증권분석(Security Analysis)》(1934)을 읽어본 적도 없었다.[4] 그런데도 (미래 현금흐름을 바탕으로 추정하는) 내재가치 대비 시장가격을 평가하는 방식으로 마침내 투자 스타일을 변경했다. 그레이엄과 마찬가지로 케인스도 투기와 투자를 구분했는데, 그는 1936년 출간한 《고용, 이자 및 화폐에 관한 일반이론(The General theory of Employment, Interest and Money)》에서 투자를 '사업enterprise'으로 표현했다.

시장 심리를 예측하는 활동을 투기speculation라 부르고, 수명이 끝날 때까지 자산에서 나오는 수익을 예측하는 활동을 사업enterprise이라고 부른다면, 투기가 항상 사업보다 나은 것은 절대 아니다. (중략) 세계 최대 투자시장 중 하나인 뉴욕에서 투기가 미치는 영향은 엄청나다. 심지어 금융계 밖에서도 흔히 미국인들은 대중이 예상하는 '대중의 견해'를 파악하려고 과도한 관심을 기울인다. 그래서 이런 약점 탓에 주식시장에서 천벌을 받는다. 영국인 중에는 지금도 '소득'을 얻으려고 투자하는 사람이 많지만, 미국인은 '가격 상승'이 기대되지 않으면 좀처럼 투자하지 않는다. 다시 말해서 미국인들은 자산에서 나오는 수익보다 자산의 가격이 상승하길 기대하면서 투자한다. 즉 미국인들은 투기를 한다.

케인스는 투자를 '수명이 끝날 때까지 자산에서 나오는 수익을 예측하는 활동'으로, 투기를 '대중보다 조금 먼저 가격 변동을 예측하는 활동'으로 정의했는데,[5] 그레이엄이 내린 정의와 비슷하다. 그레이엄은 이렇게 정의했다. "투자란 철저한 분석을 바탕으로 원금의 안전과 만족스러운 수익을 약속하는 것이다. 이런 요건을 충족하지 못하는 운용은 투기다."[6] 나중에 그레이엄은 "투기는 모두 가격 변동과 관계가 있다"[7]라고 설명을 덧붙였다.

증권의 가격이 증권의 내재가치와 전혀 다르다는 케인스의 생각도 그레이엄이 《증권분석》에 서술한 내용과 일맥상통한다. 케인스는 그레이엄을 뛰어넘어 독자적인 가치투자 철학을 확립한 듯하다. 그래서 그는 "워런 버핏, 로버트 실러Robert Shiller 등 투자자는 물론 경제학자들에게도 영감을 준 가장 혁신적인 투자자의 한 사람"[8]으로 평가받기도 한다. 워런 버핏, 조지 소로스George Soros,[9] 데이비드 스웬슨David Swensen[10] 등 많은 투자자가 케인스에게 영향받았다고 인정했다.

특히 버핏은 자신의 투자 방식도 나중에 케인스가 채택한 집중 가치투자 방식과 매우 비슷해졌다고 말했다. 버핏은 1991년 주주 서한에서 케인스를 "걸출한 사상만큼이나 투자 솜씨도 걸출했던" 인물로 평하면서, 케인스가 1934년 8월 15일 지역 보험사 회장이었던 사업 동료 프랜시스 스콧Francis C. Scott에게 보낸 편지를 인용했다. 그리고 이 편지가 자신의 투자 철학을 모두 설명해준다고 버핏은 덧붙였다.[11]

시간이 흐를수록 나는 자신이 잘 알고 경영진을 철두철미하게 믿을 수 있는 회사에 거액을 집어넣는 것이 올바른 투자 방법이라고 더욱 확신하게 된다네. 아는 것도 없고 특별히 믿을 이유도 없는 기업에 널리 분산투자하고서 위험이 감소했다고 생각하는 것은 착각이야. 사람의 지식과 경험은 분명히 한계가 있어서, 나는 완전히 믿음이 가는 기업을 한 시점에 서너 개 이상 본 적이 없어.

1938년 제2차 세계대전을 앞두고 시장이 폭락하면서 케인스의 새 투자철학이 시험대에 오르자, 그는 "장기간 내재가치 상승 가능성이 높으면서 가격이 싼 종목 소수를 신중하게 선정"해야 한다고 밝혔다.[12] 버핏은 1988년 주주 서한에서, 케인스가 "경기순환 이론에 의지해서 시점 선택 방식으로 투자를 시작하고서 숙고를 거쳐 가치투자자로 전향"했다고 말했다.[13] 게다가 케인스는 버핏처럼 소수 종목을 장기 보유하는 가치투자 스타일을 선택했다. 1932년 이후 케인스는 단호한 집중 가치투자자였다. 1938년 세 번째 입은 큰 손실을 회복하고 나서 그가 남긴 재산은 유가증권만 거의 44만 파운드(2015년 가치로 3,000만 달러)였다. 또한 미술 소장품의 가치는 1946년에 3만 파운드였는데 1988년에는 1,700만 파운드(6,800만 달러)로 평가되었다.[14] 이제부터 케인스가 가치투자자로 변신한 과정과, 그가 집중 가치투자 이론에 기여한 바를 살펴보기로 한다.

명성 높은 경제학자

광활한 하늘을 보면서도 나는 전혀 겸손할 줄을 모른다.

- 케인스, "F. P. 램지", 《Essays in Biography(인물평전)》(1933)

존 메이너드 케인스는 1883년 6월 5일 영국 케임브리지에서 태어났다. 아버지 존 네빌 케인스 John Neville Keynes는 케임브리지대학교 경제학 및 윤리학 교수였고, 어머니 플로렌스 에이다 케인스 Florence Ada Keynes는 사회개혁가였다. 당시 영국은 빅토리아 여왕 시대로서 예의범절이 엄격했고 세계 평화 유지에 앞장선 변영기 Pax Britanica였다. 당시 미국도 황금기였고 유럽도 아름다운 시대 Belle Epoque였다.

삼 남매 중 장남인 케인스는 총명한 학생이었다. 그는 이튼 Eton에서 장학금을 받았다. 이튼은 총리 등 '영국 정치인 양성소'로 유명한 명문 사립학교다. 수학, 고전, 역사에 탁월한 성적을 기록한 케인스는 1902년 장학생으로 케임브리지 킹스칼리지에 진학했다. 1904년 5월에는 수학과를 우등으로 졸업했다. 졸업 후 뚜렷한 계획은 없었지만 장래를 확신하며 1905년 친구 리튼 스트레이치 Lytton Strachey에게 다음과 같은 글을 보냈다.[15]

나는 철도회사를 경영하거나 신탁회사를 설립하고 싶어. 아니면 투자자들에게 사기라도 칠 거야. 이런 일은 원리를 익히기도 쉽고 아주 매력 있거든.

1906년, 케인스는 관료가 되려고 경쟁이 치열한 행정고시에 응시해서 2등으로 합격하고서도 실망했다. 그는 하급 공무원이 되어 런던 소재 인도성 India Office에서 영국령 인도제국 British Raj 관리를 담당했다. 그러나 곧 싫증을 느끼고 2년 뒤 케임브리지로 돌아가 확률 이론을 공부하면서, 그의 아버지와 경제학자 아서 피구 Arthur Pigou가 후원하는 프로젝트에 참여했다. 1909년 그는 처음으로 경제학 논문을 발표했고 케임브리지에서 정규 경제학 강사로 채용되었다. 이 과정의 기금 제공자가 당대에 가장 영향력 있는 경제학자 중 하나였던 앨프리드 마셜 Alfred Marshall 로서, 탁월한 영국 경제학 교과서를 저술한 인물이다.

1914년 제1차 세계대전이 발발하자 케인스는 재무부에서 전쟁 자금 조달 업무를 지원했다.[16] 1919년 5월에는 재무부를 사직하고 2개월 동안《평화의 경제적 결과(The Economic Consequences of Peace)》를 저술했다. 이 책은 독일에 과도한 배상을 요구한 베르사유 조약을 강하게 비판했다. 이 책에서 케인스는 가혹한 요구 조건이 독일 경제를 파탄으로 내몰아, 20년 안에 독일이 다시 세계대전을 일으킬 수 있다고 예측했다. 이 책은 세계적인 베스트셀러가 되었고 케인스는 대표적인 진보 경제학자로 확고하게 자리 잡았다. 마침내 예측이 적중하자 그는 세계적인 지식인으로 명성을 얻었다.

불합리한 시장

우리 계좌보다 시장의 광기가 훨씬 오래간다.
- 케인스, A. 게리 실링, 〈포브스〉 151, no. 4(1993)

케인스가 경제학자로서 활동한 내용은 상세한 기록으로 남아 있다. 그러나 투자자로서 활동한 내용에 대해서는 기록이 많지 않다. 경제학자 존 바식 John F. Wasik 은 철저하게 조사해서 쓴 책《Keynes's Way to Wealth(케인스의 부에 이르는 길)》[17]에서 케인스의 투자를 소개한다. 바식은 케임브리지 킹스칼리지 도서관에서 100년 지난 케인스의 강의 노트 등 방대한 자료를 뒤져서 케인스의 25년간 투자 실적을 찾아냈다.

케인스는 1919년 제1차 세계대전이 끝날 무렵 자기 돈으로 주식, 채권, 통화, 선물에 대한 투기를 시작했다.[18] 그리고 38세이던 1921년에 처음으로 정식 펀드매니저의 역할을 맡게 되었다. 그는 1910년 케임브리지에서 주식 시장에 관해서 강의할 때 "주식시장은 실전이 중요하므로 책이나 강의로 는 제대로 배울 수 없습니다. 나도 주식은 실전 경험이 없습니다"라고 설명 했다.[19] 그리고 1911년, 대학의 부동산과 기금을 관리하는 킹스칼리지 재 산관리위원회 위원으로 임명되어 자금 운용을 경험했다. 재산관리위원회 는 부동산을 제외한 자산 대부분을 현금으로 보유했다. 케인스는 이 현금 으로 채권을 사서 보유하라고 강하게 압박했다.[20] 당시에는 주식 투자가 불가능했기 때문이다. 당시 주식은 개인 투자자들의 영역일 뿐, 기관투자 가가 투자할 영역이 아니라고 간주되었다.[21]

케인스는 물려받은 재산이 없었고 하급 공무원으로 근무할 때 급여도 많지 않았다. 그는 케임브리지에서 강의하고 개인 지도도 하면서 돈을 벌 기 시작했다. 《평화의 경제적 결과》(1919)에서 인세가 들어오고 강연과 기 고문 수입도 있었으므로 그는 4,000파운드(2016년 가치로 약 30만 달러)를 빌릴 수 있었다.[22] 브로커는 그에게 원금의 10배까지 신용거래를 허용했 고,[23] 그는 상당한 규모로 신용을 사용하면서 통화 투기 거래를 시작했다. 그는 재무부에서 실무를 경험했고 《평화의 경제적 결과》를 저술하는 등 연구도 했다. 또한 확률 공부와 경제학 강의를 병행하는 가운데 탁월한 지 식을 쌓으면 초기 통화시장에서 성공할 수 있다고 믿었다.

기존에는 환율이 고정되어 있었지만 제1차 세계대전이 발발하면서 변 동 환율로 바뀌었다. 케인스는 전쟁 이후 각국의 거시경제를 예측해 외환 포지션을 결정했다. 프랑스 프랑, 독일 마르크, 이탈리아 리라는 인플레이션 탓에 경제가 붕괴하면서 가치가 폭락할 것으로 예측했다. 그래서 이들 통화를 공매도하면서 미국 달러를 샀다.[24] 1920년 부활절 무렵, 그의 계좌 잔고는 1만 4,000파운드(90만 5,000달러)로 불어났다.[25]

1924년, 케인스는 투자회사인 인디펜던트 인베스트먼트 컴퍼니 Independent Investment Company를 공동 설립해 런던증권거래소에 상장하면서, 투자설명서에 자신의 거시경제 투자철학 개요를 실었다.[26] 그는 이 시점 선택 기법을 '신용순환 투자 이론credit cycle investment theory'이라고 불렀다.[27] 훗날 이 이론을 다음과 같이 설명했다. "신용순환은 시장이 하락할 때 대표 종목을 매도하고 시장이 상승할 때 대표 종목을 매수하는 기법으로, 각종 비용과 이자를 감안하고서도 많은 수익을 올리려면 비범한 기술이 필요하다."[28] 그는 이전의 투자회사 두 곳과 킹스칼리지 기금 운용에 이 기법을 사용했다.

1920년, 케인스는 재무부 근무 시절에 만난 주식 브로커 오스왈드 토인비 폭시 포크Oswald Toynbee 'Foxy' Falk와 함께 비공식 투자조합을 만들어, 블룸즈버리그룹Bloomsbury Set 친구들과 자신의 자금을 운용하면서 외환 투기를 했다.[29] (블룸즈버리그룹은 버지니아 울프Virginia Woolf, E. M. 포스터E. M. Forster, 리튼 스트레이치 등 영국의 저명한 작가, 지식인, 예술가들로 구성된 비공식 집단으로, 모두 블룸즈버리 근처에 살면서 함께 활동했다.) 현재의 헤지펀드와 비슷한 이 투자조합은 당시는 보기 드문 것이었다. 기관투자가들은 채권과 부동산을 선호했다. 이 투자조합은 처음 몇 달 동안 거래에 여러 번 성공해 많은 수익을 냈다.

그러나 성공은 오래가지 않았다. 1920년 5월, '독일에 대한 낙관론이 갑자기 쏟아져 나오면서' 유럽 통화들이 반등하자, 과도하게 신용을 사용하던 투자조합은 치명타를 입었다.[30] 절정기에 1만 4,000파운드까지 올라갔던 케인스의 신용거래 계좌 잔고가 이제는 마이너스 1만 3,125파운드(85만 달러)가 되었다.[31] 브로커는 추가 증거금 7,000파운드(45만 달러)를 요구했다.[32] 케인스는 이 요구에 응할 수가 없었다. 그는 무일푼이 되어 생활비까지 아버지에게 의지하는 처지가 되었다. 그래도 자신감을 잃지 않은 37세의 케인스는 저명한 은행가 어니스트 카셀Ernest Cassel을 찾아가 말했다.

"2개월 정도 자금을 대주시면 막대한 이익을 낼 가능성이 매우 높다고 봅니다."[33]

버나드 바루크Bernard Baruch는 저명한 은행가 카셀의 말을 다음과 같이 인용했다.

> 무명 청년 시절 내가 성공을 거두자 사람들은 나를 도박꾼으로 불렀다. 이후 내 사업 영역이 확대되자 사람들은 나를 투기꾼으로 불렀다. 이후에도 사업 영역이 계속 확대되어 현재의 모습을 갖추자 사람들은 나를 은행가라고 불렀다. 그러나 실제로 내가 한 일은 항상 똑같았다.[34]

케인스는 "저는 이제 무일푼이라서 투입할 자본이 없습니다"라고 밝혔다.[35] 그런데도 카셀은 자금을 대주었다. 케인스는 카셀에게 빌린 5,000파운드와 출판사에서 받은 계약금 1,500파운드로 추가 증거금을 납부하고 연초에 잡은 공매도 포지션을 유지했다.[36] 그의 장기 경제 전망은 옳았던 것으로 밝혀졌다. 전후 인플레이션이 유럽을 휩쓸었고 유럽 통화들은 몰락했다. 1920년 중반 마이너스였던 케인스의 계좌 잔고는 1922년에는 빌린 돈을 갚고서도 2만 2,558파운드로 불어났다. 2016년 현재 가치로 약 180만 달러에 이른다.[37]

케인스는 첫 번째 투자회사가 무너진 직후인 1921년 7월, 두 번째 투자회사 AD 인베스트먼트 트러스트A.D. Investment Trust Limited를 설립했다.[38] 이 회사는 전후 유럽 재건에 로프, 금속, 석유, 식량, 면화 등 원자재가 필요하다는 점에 착안해서 원자재를 거래했고 주식에도 투자했다. 그는 원자재 시장이 비효율적이어서, 수요와 공급이 균형에서 벗어나면서 가격이 잘못 형성된다고 보았다. 생산자들이 헤지 목적으로 매수하는 과정에서 원자재 가격이 과도하게 상승하면, 투기자들이 '위험을 떠안으면서' 가격을 바로잡는 역할을 한다고 본 것이다. 따라서 케인스는 "보험사가 개별 주택의 화재 발생 확률을 잘 알지 못해도 이익을 내는 것처럼, 원자재 투기자도 단지 위험을 떠안으면서 과도한 가격 변동을 막아주는 것만으로도 상당한 보수를 받을 수 있다"라고 말했다.[39] 이 회사는 주식, 채권, 부동산, 금도 거래했다.

그는 이른바 '위험 상쇄' 개념을 이용해 주식 포지션의 위험을 원자재 포지션으로 헤지했다.[40] 즉 가격이 반대로 움직이는 자산을 포트폴리오에 편입하는 방식으로 위험을 방어할 수 있다고 믿었다.[41] 그래서 사업에 필수적인 원자재 가격 상승으로 투자한 기업의 수익성이 악화될 것 같으면 해당 원자재도 매수했다. 예를 들어 납으로 자동차 배터리를 만드는 회사에 투자했다면 납도 매수했다. 납 가격이 하락하면 배터리회사의 주가는 상승한다. 납 가격이 상승하면 배터리회사의 주가는 하락하겠지만 납 원자재 계약에서 나오는 이익으로 그 손실을 상쇄한다.

케인스는 '위험 상쇄' 개념을 투기에 적용했는데, 이 개념은 이후 분산투자를 다루는 현대 포트폴리오 이론에 다소 기여했다고 생각한다.[42] 케인스는 이 회사의 이사로 활동하다가 1927년 11월 사직하고 주식을 모두 처분했다.[43] 이 회사는 1923년부터 1927년까지 실적이 좋아서 매년 10%씩 배당했다. 사임 시점에 케인스의 재산은 3만 9,550파운드(약 360만 달러)로 불어났다.

사임 후에도 케인스는 개인 계좌로 원자재 투기를 계속했다. 1929년 대폭락 후에도 다양한 주식과 원자재의 매수 포지션을 유지했는데, 이때 '위험 상쇄' 개념에서 치명적 결함이 드러났다. 평소 주식과 원자재 포지션은 반대로 움직였지만, 공황 상태에 빠진 양쪽 시장에서 무차별적으로 매물이 쏟아지면서 두 포지션 모두 하락한 것이다. 케인스는 레버리지가 내재된 원자재를 신용으로 거래했으므로 두 번째로 무일푼이 되었다. 한때 그가 운용을 맡았던 AD 인베스트먼트 트러스트도 무너졌다. 굴욕적인 순간이었다.

투자자

시장의 불안정은 투기에서도 비롯되지만 인간의 본성에서도 비롯된다. 인간은 대부분 (도덕, 쾌락, 경제 어느 분야에서든) 수학적 기댓값보다는 자발적 낙관주의에 따라 행동하기 때문이다. 즉 우리 행위의 결과는 대부분(가만있기보다는 뭔가를 해보려는) 야성적 충동에서 비롯된다고 보아야지, (기대 이익에 확률을 곱해서 산출하는) 수학적 기댓값에서 비롯된다고 볼 수는 없다. 아무리 솔직하고 진실한 기업이더라도 설립 취지에 따라 사업을 하지는 않는다. 기업이 산출하는 기대 이익의 근거는 남극 탐험보다 크게 나을 바가 없다. 그러므로 야성적 충동이 힘을 잃고 자발적 낙관주의가 쇠퇴해 인간이 수학적 기댓값만 따르게 되면 기업은 쇠망할 것이다. 이익에 대한 희망이 근거가 부족하듯이, 손실에 대한 공포 역시 근거가 부족할지 모른다.

- 케인스, 《고용, 이자 및 화폐에 관한 일반이론》(1936)

1929년 대폭락을 계기로 케인스는 거시경제 투기자에서 가치투자자로 확실히 변신했지만, 그의 변신이 시작된 시점은 그 이전으로 보인다. 그는 AD 인베스트먼트 트러스트를 공동 설립한 폭시 포크와 함께 1923년에도 PR 파이낸스P.R. Finance Company라는 투자회사를 설립했다. 케인스는 PR 파이낸스의 자금 중 3분의 1만 운용했지만, 이 회사의 포지션은 AD 인베스트먼트 트러스트와 겹치는 부분이 많았다. 따라서 이 회사도 1928년에 큰 손실을 보았다. 그러나 어려운 고비를 넘기고 계속 유지되다가 1930년대 중반에 청산되었다.[44]

케인스는 1920년대 초에는 원자재와 통화 위주로 포트폴리오를 운용하다가 1930년대 초부터 주식에 비중을 두었다. PR 파이낸스는 오랜 기간 생존해 그의 새 투자 전략을 뚜렷이 보여주었다. 이 회사는 미국 유틸리티 주식을 보유하고 있었다. 1920년대 말에 보유하던 원자재 포지션은 무너졌지만 유틸리티 주식은 배당을 지급했으므로 원자재만큼 무너지지는 않았다. 이후 원자재 포지션에서는 손실이 계속 증가했는데도, 유틸리티 주식 덕분에 이 포트폴리오의 평가액은 1929년 저점을 기록하고 나서 계속 증가했다. 청산 시점에는 평가액이 투자 원금 근처까지 회복되었으므로 투자자들은 거의 손실을 보지 않았다. 당시로서는 이례적인 일이었다.[45] 바식은 말한다.

"처음에는 공격적인 헤지펀드처럼 보였지만 나중에는 보수적인 배당주 펀드의 모습이었다."[46]

케인스의 투자철학은 자신이 경기순환에 대한 '우월한 지식'을 이용해 돈을 벌 수 있다는 신념을 의심하면서 발전하기 시작했다. 그는 신용순환 투자 이론을 이용한 자신의 거시경제 투자 실적을 검토하고 나서 말했다.

"우리는 경기순환 단계에 따라 체계적으로 주식을 매매하는 방식으로 는 돈을 벌지 못했습니다."[47]

1930년에는 케인스의 투자철학에 확실한 변화가 나타났다. 시장이 바닥에 도달한 순간 동료 이사가 PR 파이낸스의 주식을 염가에 처분하려 하자, 케인스는 다음과 같이 주장하면서 반대했다.

"우리가 시장 심리에 휩쓸려 지금 주식을 처분한다면 절대 다시 사지 못할 거야. 그러면 시장이 회복할 때 따라가지 못한다네. 시장이 영영 회복하지 못한다면 어차피 마찬가지고."[48]

1934년 8월 그가 스콧에게 보낸 편지를 보면, 그의 투자 기법이 완전히 수정되었음을 알 수 있다.

"시간이 흐를수록 나는 자신이 잘 알고 있으며 경영진을 철두철미하게 믿을 수 있는 회사에 거액을 집어넣는 것이 올바른 투자 방법이라고 더욱 확신하게 된다네."[49]

케인스는 이후 내재가치보다 싼 핵심 종목 소수에 집중투자해서 장기 간 보유한 덕분에 킹스칼리지 기금 운용에 성공할 수 있었다. 그가 스콧에 게 편지를 보낸 1934년에 그레이엄의 《증권분석》이 출간되었으므로, 그가 이 책을 읽었을 가능성도 없지는 않다. 그러나 그는 독자적으로 가치투자 기법을 개발한 듯하다. 1925년 논문에서 그는 1924년 에드거 스미스[E. L. Smith]가 출간한 《Common Stocks as Long-Term Investments(주식 장기 투자)》를 인용했는데, 이 책은 미국 주식에 투자해서 '산업 성장에 대한 잔여 청구권'에 참여하라고 권유했다.[50] 채권보다 높은 소득을 올리는 진정한 가치주라면 영국 주식에 투자해도 채권보다 높은 수익을 얻을 수 있다고 케인스는 생각했다.[51]

2015년 발표된 케인스의 투자 실적에 대한 연구에서, 저자들은 과거 기록과 통계를 근거로 1932년이 전환점이었다고 주장했다. (저자는 케임브리지 저지 비즈니스스쿨 교수 데이비드 체임버스[David Chambers], 런던 비즈니스스쿨 명예교수 엘로이 딤슨[Elroy Dimson], 케임브리지 박사 후 과정 저스틴 푸[Justin Foo]다.)

1932년 이전까지 케인스가 쓴 기법은 일종의 모멘텀 투자였다. 그는 주로 시장보다 대폭 상승한 주식을 매수했는데, 그가 사고 나면 주가가 하락했다. 그래서 매도하면 손실이 확정되었다. 그러나 투자 기법을 변경한 1932년 이후에는 실적이 대폭 개선되었다. 케인스는 여전히 시장보다 더 상승한 주식을 매수했지만, 1932년 이전에 매수했던 종목들보다는 초과 수익률이 낮은 종목들이었다. 이런 종목들은 케인스가 매수한 후에도 대폭 상승했고, 그가 매도한 후에도 완만하게 상승세를 이어갔다. 저자들은 케인스에게 시점 선택 능력이 없다고 결론지었다.

그러나 처음에 '우월한 지식'을 이용해 하향식 투기를 하던 케인스는 이제 상향식 가치투자자처럼 장기 전망이 밝은 견실한 배당주에 투자했다. 재무제표를 이해할 수 있고 상품과 서비스도 객관적으로 평가할 수 있는 기업에 거액을 투자해서 이익을 냈다. 그는 저서 《고용, 이자 및 화폐에 관한 일반이론》(1936) 서문에 "문제는 새 아이디어를 찾지 못하기 때문이 아니라 낡은 아이디어를 버리지 못하는 데서 온다"라고 이야기했는데, 마침내 시점 선택 투기와 신용순환 투자 이론을 버렸다.

케인스의 내재가치

저는 정보가 바뀌면 결론도 바꿉니다. 선생님은 어떻게 하십니까?
- 대공황 기간에 통화 정책에 대한 태도를 바꿨다는 비판에 케인스가 보인 반응[52]

케인스는 1919~1938년 내셔널 뮤추얼 라이프 어슈런스 소사이어티 National Mutual Life Assurance Society와 1923~1946년 프로빈셜 인슈런스Provincial Insurance Company의 투자도 담당했지만, 그가 완벽하게 재량권을 행사한 곳은 케임브리지 킹스칼리지뿐이다. 그는 케임브리지로 돌아가 강사가 되고 2년 뒤인 1911년, 킹스칼리지 재산관리위원회 위원에 위촉되었다. 이후 재무부에서 일하다가 1919년 11월 케임브리지로 돌아왔을 때는 회계실 차장Second Bursar에 임명되었다. 회계실장First Bursar은 킹스칼리지의 회계 업무를 책임지면서 수업료 수금과 자산 관리를 담당했고, 회계실 차장은 회계실장을 보좌했다. 케임브리지는 학칙과 수탁자법을 준수해야 했으므로 우량 등급 채권만 보유할 수 있었다.[53]

　1920년 중반, 케인스는 학교를 설득해, 운용에 제한을 받지 않는 별도 포트폴리오를 구축했다.[54] 새 포트폴리오에는 주식, 통화, 원자재 선물을 편입할 수 있었다.[55] 기금에서 발생한 소득은 대학이 소비했으므로 포트폴리오에 재투자되지 않았다. 케인스는 장기 국채를 매도해 주식 등에 투자했는데도 기금의 소득은 감소하지 않았다.

1921~1929년 킹스칼리지 영국 주식 포트폴리오의 평균 배당수익률은 6.0%로서 영국 주식시장의 평균 배당수익률 5.2%보다 높았고 국채 수익률 4.6%보다도 높았다. 1930~1939년 이 포트폴리오의 평균 배당수익률은 5.9%로서 역시 영국 주식시장의 4.4%와 국채의 3.4%보다 높았다. 1940~1946년에도 이 포트폴리오의 평균 배당수익률은 5.8%로서 역시 영국 주식시장의 4.0%와 국채의 3.0%보다 높았다.[56] 주식 매매를 투기로 생각하는 대학 동료들이 맹렬하게 반대했는데도 케인스는 킹스칼리지의 부동산을 매각해 주식에 투자하기도 했다.[57] 케인스는 가격을 알 수 없는 자산에 '투자'하기보다는 매일 가격이 제시되는 유동성 높은 자산에 '투기'하겠다고 응수했다.[58]

케인스는 킹스칼리지 기금을 운용하면서 펀드매니저로서 명성을 확립했다. 그는 1924년 킹스칼리지 회계실장에 임명되자, 1920년에 별도로 구축한 재량 포트폴리오와 '체스트펀드Chest Fund'로 알려진 다른 재량 포트폴리오를 통합해 단일 재량 포트폴리오로 만들었다.[59] 회계실장으로서 재량 포트폴리오는 물론이고 규제 대상 포트폴리오에 대해서도 최종 투자 판단을 내렸다.[60]

오랜 기간 케임브리지와 인연을 맺은 케인스는 (그의 아버지는 케임브리지 대학교 교수였고, 그는 여기서 대학원 과정을 마쳤으며 1909년 이후 강의도 했다) 자기 계좌보다도 케임브리지의 포트폴리오에 더 정성을 기울였다. 그는 신용 거래를 삼갔고, 자기 계좌로는 원자재와 통화 거래를 했지만 학교 포트폴리오로는 거의 하지 않았다. 그리고 케임브리지 재량 포트폴리오에서 환투기의 비중을 계속 줄여 1933년에는 미미한 수준까지 낮췄다. 1933~1945년의 12년 중 1,000파운드(10만 달러) 이상 환투기 손익이 발생한 해는 4년에 불과했고, 전체 기간의 누적 손익도 339파운드(2만 1,500달러) 손실에 그쳤다.[61]

케인스는 자신의 신념에 따라 킹스칼리지 주식 포트폴리오를 구축했다. 1921~1945년 전체 기간의 각 연도 말 기준으로 비교해보면, 킹스칼리지 주식 포트폴리오와 케인스의 개인 포트폴리오는 평가액 기준으로 81%가 일치했고, 종목 기준으로 65%가 일치했다.[62]

그는 재량 포트폴리오에서 보통주의 비중을 늘렸다. 보통주 비중이 1922~1929년에는 75%였고 1930~1939년에는 46%였으며 1940~1946년에는 69%였다.[63] 1930년대에는 미국 보통주도 매수했다. 미국 보통주를 포함하면 재량 포트폴리오의 보통주 비중이 1930~1939년에는 평균 57%였고 1940~1946년에는 73%였다. 그는 영국 우선주와 미국 우선주도 편입했다. 우선주 비중은 1922~1929년에는 12%였고 1930~1939년에는 22%였으며 1940~1946년에는 20%였다.[64]

50년 뒤 루 심프슨이 미국에서 그랬듯이, 케인스는 영국에서 보험사 자산운용에 혁신을 일으켰다. 케인스 이전에는 기관의 투자란 채권과 부동산을 사서 계속 보유하는 것뿐이었다. 영국 기관들의 주식 보유 비중은 1920년에는 겨우 3%였고 1937년에도 10%에 불과했다.[65] 케인스는 킹스칼리지에서와 마찬가지로, 그가 관여했던 영국 보험사 두 곳에서도 주식 투자 비중을 높이려고 노력했다. 그는 기관 포트폴리오에서 주식의 비중을 75%까지 높여야 한다고 주장했는데, 이는 당시 어느 보험사 포트폴리오의 주식 비중보다도 훨씬 높은 수준이었다.[66]

케인스는 집중투자를 좋아해서 5개 종목에 포트폴리오의 절반을 투자하기도 했다.[67] 그는 급등할 것으로 생각하는 산업에 즐겨 거액을 걸었다. 체임버스 등에 의하면 케인스는 전체 운용 기간에 상공업 섹터와 금속광업 섹터에 각각 영국 주식 포트폴리오의 3분의 1씩을 집중해서 투자했다.[68] 케인스는 거시경제 관점에서 1920년대 중반에는 주석광산주를 선호했고 1930년대 초에는 금광주를 선호했다. 주석은 공급에 대한 가격 탄력성이 높은 데다가 수요도 증가해서 가격이 폭등할 것으로 보았다.[69] 그는 자기 계좌로는 주석 선물을 매수했지만 킹스칼리지 포트폴리오로는 말레이시아 저가 주석광산주를 매수해 다소 보수적으로 접근했다.[70] 그는 1924년에 발간한 저서 《화폐개혁론(A Tract on Monetary Reform)》에서 금을 '야만적 유물barbarous relic'로 지칭하면서도, 1933년 남아프리카 금광주에 자신의 포트폴리오 3분의 2를 집중투자했다.[71] 남아프리카 통화인 란드rand가 평가절하되면 남아프리카 금광회사들의 이익이 증가할 것으로 추측했기 때문이다.[72]

이렇듯 케인스는 저평가된 주식을 발견하면 외국에도 서슴없이 투자했다. 그는 포트폴리오에 외국 주식, 고배당 중소형주를 가득 채웠다. 당시 사람들은 100대 종목조차 위험하다고 생각했으므로 케인스의 이런 투자 방식은 매우 이례적이었다. 그는 기술주에도 집중적으로 투자했는데 1930년대에는 자동차와 항공기 제조, 발전과 전기공학, 화학과 제약 섹터가 이에 해당되었다. 그는 인기 기술주의 기업공개에는 참여하지 않았고 대신 시장이 가라앉았을 때 시장에서 사들였다.[73] 그가 보유했던 자동차 제조사 주식 2대 종목은 오스틴모터스Austin Motors와 레일랜드Leyland로, 1930~1934년 포트폴리오에서 차지한 비중이 4분의 1에서 3분의 1에 달했다.

처음에 케인스는 주로 거시경제적 관점을 바탕으로 광산주에 투자했지만 이후 가치투자자로 진화했다. 그는 스콧에게 보낸 편지에서 남아프리카 금광주 유니언 Union Corporation에 투자한 근거를 제시했다.[74] 유니언은 1933~1946년 케인스가 보유한 금광주 중에서 평균 비중이 절반을 넘어갔다.[75] 그는 1934년 6월 1일 자 편지에서 이 종목은 '가치주'이며 경영진을 매우 존경한다고 말했다.[76] 그리고 회사가 보유한 현금과 국채만으로도 '내재가치'[77]의 3분의 1을 족히 채운다고 말한 대목은 벤저민 그레이엄을 연상시킨다.[78] 당시 주가는 케인스가 추정한 내재가치보다 3분의 1이나 낮았다.

오스틴모터스 투자를 보면 케인스의 평가 기법이 발전했음을 알 수 있다. 그는 이익수익률(PER의 역수로서 EPS를 주가로 나눈 비율)과 생산단위당 시가총액 market capitalization per unit produced을 사용했다.[79] 그가 1933년 10월에 한 계산에 의하면 오스틴모터스의 주가는 제너럴모터스 General Motors 보다 3분의 2나 저평가되었다.[80]

그레이엄과 마찬가지로 케인스도 주가가 내재가치에서 벗어날 수 있으며 이는 재무제표를 면밀하게 분석하면 알 수 있다고 생각했다. 역시 그레이엄과 마찬가지로 케인스도 비상장기업을 매매할 때 협의해서 결정하는 가격이 내재가치라고 보았다. 주식시장에서는 내재가치를 계산해두면 주가가 내재가치에서 크게 벗어날 때 이를 이용할 수 있다고 생각했다. 그는 《고용, 이자 및 화폐에 관한 일반이론》에서 다음과 같이 주장했다.[81]

사회는 물론 개인도 구식 비상장사에 투자한 다음에는 이 결정을 되돌릴 수 없다. 그러나 이제는 전반적으로 소유와 경영이 분리되면서 증권시장이라는 중대한 요소가 새로 등장했는데, 증권시장은 투자를 촉진하기도 하지만 시스템의 안정성을 흔들기도 한다. 증권시장이 없다면 투자 대상의 가격을 끊임없이 재평가할 이유도 없다. 그러나 증권시장은 매일 투자 대상의 가격을 재평가하므로, 개인은 자신의 결정을 자주 바꿀 수 있다. 이는 마치 농부가 아침 식사 후 기압계를 보고 나서, 오전 10~11시에는 농사에 투입한 자본을 회수하기로 결정하고, 주 후반에는 농사에 자본을 다시 투입할지 검토하는 것과 같다.

그러나 증권시장이 매일 가격을 재평가하는 주된 목적은 개인 사이에서 기존 투자가 활발하게 이전되도록 촉진하는 데 있지만, 이런 재평가는 현재의 투자 속도에도 결정적인 영향을 미칠 수밖에 없다. 증권시장에서 기존 기업을 싼 가격에 살 수 있다면, 더 많은 비용을 들여가면서 비슷한 기업을 설립할 이유가 없다. 그러나 곧바로 증권시장에 상장해 이익을 얻을 수 있다면, 사람들은 막대한 비용을 들여서라도 기업을 설립할 것이다. 따라서 일부 투자는 전문 기업가의 예측이 아니라, 증권시장에서 일반인들의 예측에 의해 형성되는 가격에 좌우된다. 그러면 시시각각 이루어지는 이토록 중요한 재평가는 실제로 어떤 방식으로 진행되는가?

케인스는 선호하는 주식을 '귀염둥이 pets'[82]라고 불렀고, 일단 매수한 다음에는 '결혼한 것처럼'[83] 영원히 보유하고자 했다. 그는《고용, 이자 및 화폐에 관한 일반이론》에서 다음과 같이 밝혔다.

현재 증권시장에서 벌어지는 해악을 없애려면, 한번 결혼하면 사망 등 중대한 사유가 없으면 이혼할 수 없듯이, 한번 투자하면 영원히 팔지 못하게 해야 한다는 생각이 가끔 든다. 그러면 투자자는 오로지 기업의 장기 전망에만 관심을 쏟게 될 것이다. 그러나 조금 더 생각해보면, 이 방법에는 심각한 문제가 있다. 증권시장이 제공하는 유동성은 신규 투자를 가끔 방해하기도 하지만, 대체로 신규 투자를 촉진하기 때문이다.

개인 투자자는 투자 대상에 유동성이 있다고 생각할 때 불안감을 극복하고 위험을 떠안기가 훨씬 쉽다. 반면에 투자 대상에 유동성이 없다고 생각하면 신규 투자를 매우 꺼릴 것이다. 이것이 딜레마다. 돈을 저축하거나 빌려줄 수 있는 한, 개인은 주식 투자에 그다지 매력을 느끼지 못한다. (주식을 거의 알지 못해서 관리하지 못하는 사람일수록 더 그렇다.) 신규 투자를 촉진하려면, 주식을 쉽게 현금화할 수 있도록 증권시장에서 유동성을 제공해야 한다.

케인스는 마침내 장기 투자자가 되어 주식을 대개 5년 이상 보유했다. 〈월스트리트저널(The Wall Street Journal)〉에 '현명한 투자자(Intelligent Investor)'라는 칼럼을 연재하는 제이슨 츠바이크Jason Zweig에 의하면 2016년 현재 미국 주식형 펀드가 주식을 보유하는 기간은 평균 15개월에 불과하다.[84]

체임버스 등의 연구에 의하면 케인스는 1932년 분기점 이후 중기 및 장기 투자 실적이 훨씬 개선되었다. 1933~1946년 케인스의 중기 투자(보유 기간 12개월 이하) 수익률은 시장보다 14.1%포인트나 높았다.[85] 그러나 1921~1932년에는 시장보다 8.7%포인트 낮았다.[86] 1933~1946년 케인스의 장기 투자(보유 기간 12개월 초과) 수익률은 시장보다 3.4%포인트 높았다.[87] 그러나 1921~1932년에는 시장보다 6.8%포인트 낮았다. 케인스는 시점 선택에서는 실적을 전혀 내지 못했다. 세월이 흐를수록 실적이 오히려 나빠졌다. 1933~1946년 그가 매도한 장기 보유 종목은 매도 이후 12개월 동안 수익률이 시장보다 4.5%포인트 높았다.

체임버스 등은 케인스가 1932년 이후 종목 선택 능력이 향상된 덕분에 투자 실적이 개선되었다고 결론지었다. 케인스는 매수 시점 선택이 빗나가는 경우가 많았으므로, 이른바 '정액 매수 적립식 dollar cost averaging' 기법으로 주가가 더 하락할 때 계속 매수하곤 했다. 그는 역발상 투자 기법도 활용해, 주가가 대폭 하락한 다음 주식을 사기도 했다. 체임버스 등에 의하면 케인스는 제2차 세계대전 초기인 1939년 항공기 제조 등 방위산업 주식이 대폭 하락하자 이들을 사들였다. 이제부터는 케인스의 케임브리지 재량 포트폴리오 운용 실적을 살펴보자.

케인스가 기록한 수익률

나는 이제 투자에 성공하려면 이런 종목들을 대량으로 사서, 투자 판단에 명백한 실수가 드러나지 않는 한 목표가 달성될 때까지 장기간 끈질기게 보유해야 한다고 믿게 되었다. 그러나 현대 증권시장에서 주식을 계속 보유하려면 상당한 배짱, 인내심, 불굴의 용기가 필요하다.

- 케인스[88]

케인스가 가장 오래 운용한 자금은 킹스칼리지 재량 포트폴리오이고 이에 대한 기록이 남아 있다. 이 기록은 '기관투자가로서 케인스의 관점과 능력을 가장 선명하게' 보여주는 자료로 간주된다.[89] 그는 1921년 8월 재량 포트폴리오 운용을 시작해서 1946년 사망할 때까지 계속 운용 책임을 맡았다.

케인스의 운용 실적을 분석한 학계의 연구는 두 가지다. 첫 번째는 1983년 재무 분석가 제스 추아Jess Chua와 리처드 우드워드Richard Woodward의 분석으로, 1928~1946년 킹스칼리지 체스트펀드의 수익률을 조사했다. 추아 등은 케인스의 투자 능력이 주목할 만하다고 판단했다. 케인스가 운용한 기간에는 1929년 주식시장 대폭락, 대공황, 제2차 세계대전이 포함되었는데도 원금이 거의 5배로 증가했다. 같은 기간에 영국 시장은 거의 15% 하락했고 미국 시장은 21% 하락했다. [표 2.1]은 체스트펀드와 영국 시장의 연수익률 등을 나타낸다.

추아 등은 체스트펀드의 실적이 "시장보다 확실히 우수했지만 1929년 시장 폭락의 영향에서 벗어나지는 못했다"고 평했다.[90] 시장이 1930년 20.3% 하락할 때 체스트펀드는 32.4% 하락했고, 1931년 시장이 25% 하락할 때 체스트펀드는 24.6% 하락했다. 그러나 체스트펀드는 시장보다 훨씬 빠른 속도로 회복했다. 시장이 전혀 회복하지 못하는 동안에도 이 펀드는 5년 연속 33~56% 상승했다. 체스트펀드의 실적이 최악이었던 해는 1938년으로, 시장이 16.1% 하락하는 동안 40.1%나 하락했다. 이번에도 이 펀드는 빠르게 회복해서 시장이 횡보하는 동안 대폭 상승했다.

전체 기간 18년 동안 체스트펀드 연간 수익률의 산술평균은 13.06%였고 연복리 수익률은 9.12%였다. 이 기간 시장은 거의 15% 하락했으나 체스트펀드의 원금은 4.8배로 증가했다. 그러나 포트폴리오의 표준편차는 29%로 시장의 두 배가 넘었으므로 위험은 높은 수준이었다.[91]

두 번째 학계 연구는 2013년 체임버스 등이 케인스의 투기 수익률과 투자 수익률을 조사한 연구였다. 저자들은 1920년대 케인스가 킹스칼리지 회계실장을 맡은 이후 운용한 모든 포트폴리오를 조사했다.[92] 이들은 킹스

[표 2.1] 체스트펀드의 수익률과 통계(1927~1945)

연도	체스트펀드 지수	체스트펀드 수익률 (%)	영국 시장 수익률 (%)	단기 국채 수익률 (%)	체스트펀드 위험 프리미엄 (%)	영국 지수 위험 프리미엄 (%)
1927	100.0					
1928	96.6	-3.4	7.9	4.2	-7.6	3.7
1929	97.4	0.8	6.4	5.3	-4.5	1.1
1930	65.8	-32.4	-20.3	2.5	-34.9	-22.8
1931	49.6	-24.6	-25.0	3.6	-28.2	-28.6
1932	71.8	44.8	-5.8	1.5	43.3	-7.3
1933	97.0	35.1	21.5	0.6	34.5	20.9
1934	129.1	33.1	-0.7	0.7	32.4	-1.4
1935	186.3	44.3	5.3	0.5	43.8	4.8
1936	290.6	56.0	10.2	0.6	55.4	9.6
1937	315.4	8.5	-0.5	0.6	7.9	-1.1
1938	188.9	-40.1	-16.1	0.6	-40.7	-16.7
1939	213.2	12.9	-7.2	1.3	11.6	-8.5
1940	179.9	-15.6	-12.9	1.0	-16.6	-13.9
1941	240.2	33.5	12.5	1.0	32.5	11.5
1942	238.0	-0.9	0.8	1.0	-1.9	-0.2
1943	366.2	53.9	15.6	1.0	52.9	14.6
1944	419.2	14.5	5.4	1.0	13.5	4.4
1945	480.3	14.6	0.8	1.0	13.6	-0.2
산술평균		13.06	-0.11	1.56	11.50	-1.66
기하평균		9.12	-0.89		7.36	-2.50
표준편차		29.28	12.55		29.87	12.88
베타					1.78	
샤프지수		0.385	-0.129			

자료: Jess H. Chua and Richard S. Woodward, "J. M. Keynes's Investment Performance: A Note," *Journal of Finance* XXXVIII, no. 1(March 1983).

칼리지 기금 연례 투자보고서를 모두 조사했는데, 1921~1946년 각 회계 연도 말(8월) 보유 종목까지 분석할 수 있었다(단, 1926년 보고서만 분실되었다). 킹스칼리지 기금은 1447년 설립 이후 부동산도 대량으로 보유했으나, 케인스 사망 후에야 평가했으므로 부동산은 포트폴리오 분석에서 제외되었다. 1921년 8월~1933년 케인스가 운용한 재량 포트폴리오에는 추아 등이 분석한 체스트펀드 외에 다른 펀드도 포함되었다.[93] 그리고 1933년에는 재량 포트폴리오에 이른바 '펀드 B'도 포함되었는데,[94] 둘 다 운용 방식이 비슷했으므로 체임버스 등은 펀드 B의 수익률도 분석했다.

체임버스 등은 1920년대 케인스의 거시경제적 하향식 투자의 실적이 실망스러웠다고 지적했다. 이들은 다양한 통계를 분석했으나 케인스에게 시점 선택 능력이 있다는 증거를 찾아내지 못했다.[95] 그러나 케인스가 가치투자로 전향한 이후에는 실적(매수 후 1년 동안 초과수익률 기준)이 대폭 개선되었다. 1922년 8월~1946년 8월 기간에 동일 비중 영국 주식시장의 수익률 평균은 10.4%였지만 케인스의 재량 포트폴리오 수익률 평균은 16%로, 평균 초과수익률이 연 5.6%였다.[96] 하지만 규제 대상 포트폴리오의 수익률 평균은 6.8%에 불과해서 영국 국채 수익률 7.1%보다 다소 낮았다. [표 2.2]는 체임버스 등의 연구에서 발췌한 자료다.

재량 포트폴리오의 수익률이 시장 수익률보다 낮았던 해는 25년 중 6년에 불과했다.[97] 그 6년 중에서 1923, 1926, 1927, 1928년에는 영국 주식시장이 이례적으로 강세를 보였다. 케인스는 우월한 거시경제 지식에도 불구하고 1929년 10월의 주가 폭락을 예견하지 못했고 1930년 급락도 피하지 못했다. 1922년 운용 개시 이후 1930년까지 재량 포트폴리오의 누적 수익률은 동일 비중 영국 주식시장지수보다 12.6%포인트 낮았고 5년 누적 수

[표 2.2] 킹스칼리지의 수익률과 통계(1922~1946)

회계연도	재량 포트폴리오 (1)	규제 대상 포트폴리오 (2)	부동산 제외 펀드 전체 (3)	영국 주가 지수 (4)	영국 국채 지수 (5)	상대 실적 (1)-(4)
1922	35.33	16.80	18.17	31.40	26.40	3.94
1923	9.55	9.41	9.43	30.66	4.59	-21.11
1924	15.68	5.59	6.47	0.69	2.26	14.99
1925	41.32	4.70	9.62	11.46	3.10	29.87
1926	6.29	5.42	5.61	10.81	2.65	-4.53
1927	1.42	2.70	2.48	26.30	3.08	-24.88
1928	2.96	7.95	6.99	18.78	8.12	-15.82
1929	6.36	3.64	4.14	5.99	-0.31	0.37
1930	-14.21	0.36	-2.19	-18.74	9.13	4.53
1931	-11.53	-6.34	-7.16	-30.89	8.03	19.37
1932	32.65	5.82	9.40	26.15	29.40	6.50
1933	51.43	30.93	34.40	32.13	5.87	19.30
1934	26.60	13.39	17.50	11.38	12.92	15.21
1935	34.02	7.77	17.27	7.21	6.71	26.81
1936	39.57	11.77	23.40	22.83	4.39	16.74
1937	11.30	-1.00	4.26	1.67	-10.15	9.63
1938	-22.58	-8.55	-15.01	-8.71	4.93	-13.87
1939	8.92	-3.93	1.36	-5.57	-10.01	14.50
1940	-5.85	5.83	0.41	-18.84	16.61	13.00
1941	30.45	23.74	26.60	28.52	15.01	1.93
1942	8.39	9.04	8.77	10.85	4.43	-2.46
1943	39.74	7.82	22.04	27.86	-0.49	11.88
1944	15.60	5.24	10.70	12.06	2.87	3.54
1945	13.29	4.42	9.67	5.59	12.33	7.70
1946	22.48	7.84	17.36	19.66	14.58	2.83
산술평균	15.97	6.81	9.67	10.37	7.06	5.60
표준편차	19.08	8.48	10.85	17.11	9.06	13.87
샤프지수	0.73	0.57	0.71	0.49	0.56	n/a

익률은 40.3%포인트나 낮았다. 그러나 1930년 이후에는 1938년 회계연도만 제외하면 3년 수익률 기준이든 5년 수익률 기준이든 재량 포트폴리오가 영국 주식시장지수보다 낮은 적이 한 번도 없었다.[98]

체임버스 등에 의하면 1921년 킹스칼리지 기금은 평가액이 28만 5,000파운드(2,010만 달러)였다. 이후 투자수익과 현금 유입에 의해서 1946년에는 평가액이 122만 2,000파운드(7,400만 달러)로 증가했다. 이 25년 동안 재량 포트폴리오가 킹스칼리지 기금(부동산 제외)에서 차지하는 비중은 8%에서 68%로 증가했다. 세월이 흐를수록 재량 포트폴리오의 매매회전율은 감소했다. 평균 매매회전율이 1921~1929년에는 55%였고 1930~1939년에는 30%였으며 1940~1946년에는 겨우 14%였다.[99]

체임버스 등은 25년 동안 실적이 가장 좋았던 종목과 가장 나빴던 종목에 대해서도 통계분석을 했다.[100] 실적 상위 5종목과 하위 5종목은 수익률 차이가 매우 컸으나 케인스는 상위 종목의 비중을 거의 늘리지 않았다.

[표 2.3]도 체임버스 등의 연구에서 발췌한 자료인데, 각 분기 초 모든 보유 종목(비중 0.01% 미만은 제외)의 분기 실적을 분석해서 정리했다. 패널 A는 수익률 상위 5종목의 1921~1946년과 세부 기간의 연간 수익률 평균을 나타낸다. 이 표에서 '가중: 가치가중'은 상위 5종목이 포트폴리오에서 차지하는 비중을 가리키고, '가중: 동일 비중'은 모든 종목을 동일 비중으로 보유할 경우 상위 5종목이 포트폴리오에서 차지하는 비중을 가리킨다. '시장조정 가중: 가치가중'은 상위 5종목이 시장조정수익률에 기여하는 정도를 가리키고, '시장조정 가중: 동일 비중'은 모든 종목을 동일 비중으로 보유할 경우 상위 5종목이 시장조정수익률에 기여하는 정도를 가리킨다. 패널 B는 수익률 하위 5종목을 같은 방식으로 분석했다.

[표 2.3] 수익률 상위 5종목과 하위 5종목(1921~1946)

%	실제 수익률	시장조정 수익률	가중		시장조정 가중	
			가치가중	동일 비중	가치가중	동일 비중
A: 상위 5종목						
1921~1946	28.5	25.4	16.5	15.6	3.0	3.3
1921~1929	16.3	12.9	27.6	25.1	3.0	2.7
1930~1939	37.0	34.9	13.7	12.4	3.8	4.4
1940~1946	30.9	26.6	7.0	8.9	1.7	2.4
B: 하위 5종목						
1921~1946	-19.2	-21.3	11.7	15.6	-2.1	-3.1
1921~1929	-14.8	-17.6	20.4	25.1	-3.0	-4.1
1930~1939	-25.0	-25.9	6.1	12.4	-2.1	-3.3
1940~1946	-16.0	-18.9	6.1	8.9	-1.1	-1.7

케인스는 1920년대와 1930년대는 상위 5종목의 비중을 평균보다 약간만 높였고 1940년대는 평균보다 낮췄다. 그러나 하위 5종목에 대해서는 비중을 더 낮추어 전체 기간의 실적을 개선했다. 이는 케인스가 집중투자를 하긴 했지만 초과수익 종목을 거의 구분하지 못했다는 이야기다. 또한 상위 종목의 비중 조절에 관심을 집중하지 않았다는 뜻이기도 하다. 다음으로 케인스의 집중 가치투자 철학을 살펴보기로 한다.

집중투자 철학

나만큼 단기 매매차익에 초연한 사람도 드물 걸세. 나는 단기 등락은 무시한 채 먼 미래만 내다본다고 비난받는다네. 나는 자산과 펀더멘털 수익력이 만족스러우면서 저평가된 종목을 사려는 것이네.

- 케인스, 1942년 "스콧에게 보낸 편지"[101]

케인스는 지금은 가치투자로 성공하기가 "거의 불가능할 정도로 어렵다"고 《고용, 이자 및 화폐에 관한 일반이론》에서 주장했다.[102]

> 가치투자자는 대중의 행동을 예측하려는 사람보다 훨씬 많은 수고와 위험을 감수해야 한다. 지능이 비슷하다면 가치투자자가 큰 실수를 저지를 확률이 높다. 먼 미래를 내다보는 것보다는 민첩한 반응으로 이득을 취하는 편이 더 쉽다. 게다가 인생은 길지 않다. 그래서 사람들은 본능적으로 빨리 결실을 얻고자 하고, 일확천금을 꿈꾸며, 먼 미래의 소득은 매우 심하게 할인해서 평가한다. 도박 본능이 없는 사람이라면 전문적인 투자는 견딜 수 없이 따분하고 갑갑하며, 도박 본능이 있는 사람도 적절한 대가를 치러야 한다.

이는 "매일 증감하는 평가손익이 실제로는 전혀 중요하지 않지만 시장에 미치는 영향이 터무니없을 정도로 크기 때문"이라고 케인스는 말한다.[103] 매일 증감하는 평가손익을 무시할 수 있는 사람은 매일 이익을 추구하는 사람보다 훨씬 유리한 위치에 서게 된다. 그러나 장기 이익에 집중하다 보면 단기적으로는 시장 수익률에도 못 미칠 위험이 있다. 체임버스 등에 의하면 케인스의 포트폴리오는 추적오차 tracking error가 13.9%로, 오늘날 일반적인 기관 펀드의 4배 가까운 수준이다.[104] 추적오차가 플러스이면 초과실적이 나오고, 추적오차가 마이너스이면 미달 실적이 나온다. 그러

나 어느 쪽이든 "일반인들의 눈에는 이상하고 색다르며 경솔해 보인다".[105]

초과실적을 내더라도 사람들은 그가 경솔하다고만 생각할 것이다. 그리고 단기적으로는 미달 실적을 내기가 쉬운데, 그러면 용서받기가 쉽지 않다. 세속적 지혜에 의하면 관례를 거슬러 성공하는 것보다 관례를 따르다 실패하는 쪽이 평판에 유리하다.

이는 케인스가 제대로 알고 한 말이다. 케인스는 두 기관의 포트폴리오를 운영하면서 전혀 다른 경험을 했다. 덕분에 관례를 거슬러 투자할 때 얻을 수 있는 기회와 위험을 깨달았고 투자 원칙을 끝까지 지켜야 한다는 사실도 실감했다.

킹스칼리지가 재량권을 부여한 덕분에 케인스는 장기 투자를 하면서 시장 변동성을 견뎌낼 수 있었다. 그는 자유롭게 투자 결정을 내렸고 필요하면 투자 기법을 변경할 수 있었다. 물론 집중투자도 할 수 있었고 그 결과 탁월한 실적을 달성했다.[106] 그는 매우 이례적인 포트폴리오를 구축했다. 완벽한 재량권이야말로 케인스가 투자에서 누린 가장 큰 이점이었다고 체임버스 등은 판단한다.

1938년 시장이 8.7% 하락할 때 킹스칼리지 재량 포트폴리오는 22.6% 하락하면서 최악의 실적을 기록했는데도 대학은 케인스가 아무 방해 없이 계속 투자를 담당하도록 허용했다. 재량 포트폴리오는 이후 회복했다가 1940년 다시 하락했지만 1938년 저점 밑으로 내려간 적은 없었다. 1941년 말에는 1937년 고점을 돌파했고, 1946년 케인스가 사망할 때까지 5년 동안 계속 상승해 두 배로 늘어났다. 1938년 저점 기준으로 재량 포트폴리오가 기록한 복리 수익률은 연 13%였다. (하위 포트폴리오인 체스트펀드는 변동성이 더 높아서 40.1%나 폭락한 적도 있는데 1943년에는 1937년 고점을 돌파했다. 이 펀드도 1938년 저점 밑으로 내려간 적이 없으며 이 저점 기준으로 기록한 복리 수익률이 12.4%였다.)

같은 기간 시장은 변동성은 감소했으나 계속 하락하다가 1940년 바닥을 쳤고 1942년이 되어서야 1937년 고점을 돌파했다. 저점 기준 시장의 복리 수익률은 6.5%여서 케인스가 운용한 재량 포트폴리오 수익률의 질빈에 불과했다.

킹스칼리지는 장기 투자에 매우 협조적이었지만 케인스가 이사회 의장 겸 자산운용을 맡았던 보험사 내셔널 뮤추얼 라이프 어슈런스 소사이어티는 정반대였다. 1919년 케인스는 이 회사의 이사로 선임되었고[107] 이사회 의장으로 일하다가 1921년부터 포트폴리오 운용을 도왔다.

1937년 이 포트폴리오에서 64만 1,000파운드(6,100만 달러)에 이르는 손실이 발생했다. 케인스가 심장마비에서 회복할 무렵, 임시 의장이었던 커즌F. N. Curzon이 케인스에게 손실에 대한 해명을 요구했다.[108] 커즌 등 이사회는 시장이 하락하는 동안에도 케인스가 '귀염둥이' 종목을 계속 보유했다고 비난했다.[109] 1938년 3월, 케인스는 커즌의 비난에 대해 다음과 같이 반박하는 서신을 보냈다.[110]

1. 고가에 팔지 못했다면, 저가에 판다고 문제가 해결되는 것은 아닙니다. 합리적으로 추정한 내재가치 밑으로 주가가 떨어진 순간, 할 수 있는 일은 아무것도 없습니다. 기존 정책을 수정하기에는 이미 너무 늦었습니다. 현재 포지션을 고수하는 방법뿐입니다.

2. 시장이 바닥일 때 주식을 보유해도 수치라고 생각하지 않습니다. 시장이 하락할 때마다 끊임없이 손절매하는 것은 기관과 개인의 업무가 아니며 책임은 더더욱 아니라고 생각합니다. 따라서 보유 주식의 평가액이 하락한다고 해서 비난받을 일이 아닙니다. 투자자의 주된 목표는 장기 실적이 되어야 하며 오로지 장기 실적으로 평가받아야 합니다. 시장이 하락할 때 주식을 모두 남에게 떠넘기고 자신은 현금만 보유하겠다고 모든 사람이 생각하면 시스템 전체가 붕괴합니다.

3. 나는 우리가 실제로 특별히 잘못한 일이 있다고 생각하지 않습니다. 주식을 거래하다 보면 큰 폭의 등락은 피할 수 없습니다.

제2차 세계대전 발발 직전, 이사회는 케인스에게 포트폴리오를 금이나 국채 등 안전 자산으로 재편하라고 요구했다.[111] 혐오감을 느낀 케인스는 이 요구를 거절하고 1938년 10월 의장직을 사임했다.[112]

그러나 프로빈셜 인슈런스는 달랐다. 이 회사는 가족이 경영하는 소형 보험사로 스콧이 자산을 운용하고 있었고 분위기는 킹스칼리지와 비슷했다. 케인스는 1923년 프로빈셜 인슈런스 이사에 선임되어 1946년 사망할 때까지 활동했다. 그는 스콧과 자주 서신을 교환하면서, 시장 하락기에도 주식을 계속 보유하는 편이 유리하다고 설득할 수 있었다.

런던이 폭격을 당하고 미국은 참전을 꺼리는 상황에서도 케인스는 굳건히 주식을 보유했다.[113] 그는 영국의 승리를 확신했다. 1940년의 그 견해는 이례적으로 낙관적인 것이라고 존 바식은 평가한다. 프랑스는 항복했고, 영국 원정군은 됭케르크에서 철수했으며, 150만 톤에 이르는 영국 선박이 독일 유보트에 격침당했다. 케인스는 1929년 대폭락을 떠올렸을 법하나,

영국이 전쟁에 승리하지 못해도 '결과는 마찬가지'라고 생각했다.[114] 그는 초기 서한에서 이렇게 썼다. "세계의 종말처럼 피할 수 없는 위험이라면 걱정해도 소용없다고 생각한다."[115]

앞에서 보았듯이 케인스가 운용한 재량 포트폴리오와 개인 포트폴리오 모두 회복하긴 했지만 이 폭락 과정에서 그는 속이 뒤집힐 것 같은 고통을 견뎌내야 했다. 그의 개인 포트폴리오 평가액은 1936년 말 50만 6,222파운드(5,200만 달러)에서 1938년 말 18만 1,244파운드(1,800만 달러)로 약 3분의 1 수준으로 쪼그라들었다.[116] 1946년 그가 사망했을 때 개인 포트폴리오의 평가액은 44만 파운드(3,000만 달러)였으므로 1936년 고점을 끝내 회복하지 못했다.[117]

커즌에게 답신을 보내고서 2개월 후인 1938년 5월, 케인스는 킹스칼리지 재산관리위원회에 자신의 투자 정책을 요약한 메모를 배포했다. 체스트 펀드 등 재량 포트폴리오가 막대한 손실을 보면서 사상 최악의 실적을 기록했기 때문이다. 메모에 담긴 표현은 커즌에게 보낸 답신보다 온건했지만 그가 제시한 원칙에는 협상의 여지가 없었다. 이 메모에서 그는 장기 투자와 집중 가치투자가 필요한 근거를 매우 명확하게 설명했다. 1930년대 초 PR 파이낸스 이사회를 설득하던 방식으로, 케인스는 신용순환 투자 이론에 의한 시점 선택이 이제 효과가 없는 이유부터 설명했다.[118]

우리는 경기순환 단계에 따라 체계적으로 주식을 매매하는 방식으로는 돈을 벌지 못했습니다. 신용순환은 시장이 하락할 때 대표 종목을 매도하고 시장이 상승할 때 대표 종목을 매수하는 기법으로서, 각종 비용과 이자를 감안하고서도 많은 수익을 올리려면 비범한 기술이 필요합니다. (중략)

이런 경험을 하고 나서 나는 대규모 신용순환 매매는 가능하지 않으며 바람직하지도 않다고 확신하게 되었습니다. 대개 뒤늦게 사거나 팔게 되고, 매매가 지나치게 빈번해져서 막대한 비용이 발생하며, 지나치게 투기적이어서 마음이 불안해집니다. 이런 매매가 확산되면 변동성이 확대되어 사회에도 큰 해를 끼치게 됩니다.

케인스는 제자 리처드 칸Richard Kahn에게 보낸 서한에도 신용순환 투자 이론에 의한 시점 선택 전략이 실패했다고 썼다. "거의 20년 동안 투자자 다섯 명이 이 전략을 시도했지만 나는 성공한 사례를 한 건도 보지 못했다네."[119] 그는 킹스칼리지에 보낸 메모에서 세 가지 원칙으로 자신의 투자철학을 밝혔다.[120]

1. 장기적으로 전망한 내재가치보다 싸고 그 시점의 대체투자 종목보다도 싼 종목을 소수만 신중하게 선택한다.
2. 이런 종목들을 대량으로 사서, 투자 판단에서 명백한 실수가 드러나지 않는 한 목표가 달성될 때까지 장기간 끈질기게 보유한다.
3. 투자 포지션의 균형을 유지한다. 즉 소수 종목을 대량 보유하더라도 가능하면 위험이 상쇄되도록 위험을 다각화한다.

끝으로 그는 말했다. "이상적인 포트폴리오는 정말로 안전하게 이자소득을 확보하는 증권과, 수많은 난관을 세계 최고의 기술로 극복할 수 있는 기업의 주식으로 구성된다."[121] 이는 대공황을 포함해 거의 20년 동안 케인스가 힘든 경험을 통해 얻은 독창적인 생각이다. 그레이엄이 《현명한 투자자(The Intelligent Investor)》(1949)에서 제시한 투자철학보다 10여 년이나 앞선 것이다.

케인스는 극단적인 분산투자를 멀리하면서 핵심 종목에 집중적으로 투자했다. 현대 포트폴리오 이론에서는 상장 주식을 모두 포함해야 포트폴리오의 위험이 완벽하게 분산된다고 주장한다. 반면에 완벽하게 집중투자를 하려면 포트폴리오에 한 종목만 포함해야 한다.

투자자는 집중투자를 통한 수익률 극대화와 분산투자를 통한 위험 극소화 사이에서 균형을 유지해야 한다. 이는 결국 보유 종목의 수에 좌우된다. 장기적으로 가치투자자의 실적은 저평가 종목(안전마진이 큰 종목) 발굴 능력에 달렸다. 보유 종목의 수가 증가할수록 포트폴리오의 안전마진은 감소한다. 반대로 안전마진을 최대한 확보하려면 가장 저평가된 종목 하나만으로 포트폴리오를 구성해야 한다. 그러나 그런 경우, 단일 종목 특유의 위험을 피할 수 없다. 결국 투자자는 집중투자를 통한 수익률 극대화와 분산투자를 통한 위험 극소화 사이에서 균형을 유지할 수밖에 없다. 그러면 최적 보유 종목 수는 얼마인가? 답은 투자자의 능력에 달렸다.

노련한 투자자는 보유 종목의 안전마진을 극대화해서, 즉 최고의 투자 아이디어에 집중해서 장기 실적을 높일 수 있다. 노련한 투자자는 가장 저평가된 종목을 발굴해서 포트폴리오를 구성할 수 있어야 한다.

그러나 이 과정에서 분식회계나 재정난 등 뜻밖의 사건이 발생해 회복 불능의 손실을 입을 수도 있다. 이런 회복 불능의 손실을 원금 손실이라고 부르며 가치투자자들은 이를 진정한 위험으로 간주한다. 그러나 단지 시장가격이 변동해 평가손익이 발생하는 현상은 진정한 위험으로 보지 않으므로 가치투자자들은 이를 무시하거나 이용하려고 한다. 원금 손실이 포트폴리오에 미치는 영향은 개별 종목의 비중에 좌우된다. 즉 개별 종목의 비중이 커질수록 이 종목의 원금 손실이 포트폴리오에 미치는 영향도 커진다. 따라서 포트폴리오의 집중도가 높아질수록 개별 종목에서 발생하는 악재가 포트폴리오에 미치는 영향도 커진다. 케인스는 위험에 대해 다음과 같이 이야기한다.[122]

> 위험 측면에서는, 확신하지 못하는 여러 분야의 주식을 보유하는 것보다 확신하는 종목 소수를 대량으로 보유하는 편이 낫다. 그러나 이런 확신이 착각일 수도 있다.

케인스는 가치투자 능력이 없는 사람들에게는 광범위한 분산투자가 더 적합하다고 한다.

> 전반적으로 지식이 부족하다면 최대한 광범위하게 분산투자하는 방법이 가장 현명할 것이다. 십중팔구 그것이 더 안전하다.

케인스는 미숙한 투자자도 분산투자를 통해 장기 수익률을 극대화할 수 있다고 믿었다. 지금은 저비용 인덱스펀드를 이용하면 잘 분산된 시장 포트폴리오를 구축할 수 있다. 노련한 투자자라면 보유 종목의 재정 건전성이나 분식회계 위험을 평가하고 비중을 조절하는 방식으로 원금 손실 위험을 제한할 수 있다.

원금 손실 외에도 포트폴리오에 따르는 위험으로는 변동성과 추적오차가 있다. 변동성은 시장가격 변동에 의해 발생하는 평가손익을 가리키고 추적오차는 포트폴리오의 실적이 시장 실적에서 벗어나는 위험을 가리킨다. 케인스가 운용한 포트폴리오는 시장보다 변동성이 높았고 추적오차도 컸다. 그는 능력을 발휘해 초과수익을 창출했지만 평가손익이 큰 폭으로 증감했고 주기적으로 시장 실적에 못 미쳤다. 킹스칼리지에서는 아무 문제가 없었으나 내셔널 뮤추얼 라이프 어슈런스 소사이어티에서는 이 때문에 사직할 수밖에 없었다. 투자자들은 이런 위험을 얼마나 수용할 수 있는지 숙고해보아야 한다.

집중투자 수준이 높아질수록 변동성과 추적오차도 커진다. 광범위하게 분산투자하면 시장 수익률과 같아지며 추적오차도 최소화된다. 단일 종목으로 포트폴리오를 구성하면 한 종목에 의해 실적이 결정되며 추적오차가 극대화된다. 현대 포트폴리오 이론에서는 투자자는 시장을 이길 수 없기 때문에 광범위한 분산투자가 최선이라고 주장한다. 가치투자 이론에서는 시장에서 가격 오류가 발생하므로, 포트폴리오에서 저평가 종목의 비중을 높이고 고평가 종목의 비중을 낮추면 초과수익을 얻을 수 있다고 주장한다.

인상적인 것은 케인스가 자신의 실수에서 배워 투자철학을 수정했다는 점이다. 체임버스 등이 조사한 바에 따르면 케인스의 운용 실적이 항상 뛰어났던 것은 아니다. 그도 투자 분야에서 시종일관 전인미답의 길을 걸어가지는 않았다. 그는 자신의 실적이 부진하다는 사실을 깨닫고 거시경제적 하향식 투기를 포기했다. (체임버스 등의 통계분석에서도 케인스는 시점 선택 능력이 없는 것으로 밝혀졌다.) 그는 경제학자로 명성을 누렸으므로, 경기순환에 대한 자신의 '우월한 지식'을 이용해서도 실적을 올리지 못했다고 인정하기가 결코 쉽지 않았을 것이다.

1932년 케인스가 투자 방식을 바꾸자 실적이 개선되었다. 하향식 투기를 포기하고 나서 자신이 좋아하는 종목에 집중할 수 있었으므로 종목 선택 능력이 향상되어 실적이 개선된 것이다. 그가 운용한 킹스칼리지 포트폴리오는 1938년만 제외하고 1930년대 내내 초과실적을 기록했다. 장기 가치투자로 전향한 덕분에 그는 1938년 시장 급락기에도 주식을 계속 보유할 수 있었다. 그리고 시장 하락기에도 장기적 관점을 유지하면서 주식을 보유하는 편이 유리하다는 사실을 보여주는 탁월한 사례를 만들어 냈다.

케인스가 킹스칼리지 회계실장으로 임명되어 운용하는 동안, 2만 파운드를 조금 웃돌던 재량 포트폴리오는 운용 실적과 현금 유입에 의해 82만 파운드로 증가했다. 이 재량 포트폴리오의 25년 수익률은 연 16%로, 영국 주식시장의 수익률보다 연 5.6%포인트나 높았다. 그러나 추적오차는 매우 커서 당시 미국 대학 기금의 4배 가까운 수준이었다. 케인스가 학계와 공직 등 여러 분야에서 활동했다는 사실을 고려하면 그의 운용 실적은 매우 이례적이다. 케인스는 집중투자를 했지만 방식이 체계적이지는 않았다. 체임버스 등의 조사에 의하면 그는 종목별로 저평가 수준을 비교하지 못했으므로 직관에 의지해 집중투자를 했다.

다음 장에서는 케인스의 직관을 수학적으로 확장해서 활용한 탁월한 인물들을 알아보기로 한다.

3

켈리, 섀넌, 소프

수학자 출신 투자자들의 집중 계량투자

존 켈리

클로드 섀넌

에드워드 소프

나는 에머슨 주식을 계속 매수했다. 브로커가 물었다.

"내일 주가가 또 떨어지면 어떻게 해드릴까요?"

이 말에 나는 정신이 번쩍 들었다. 이제 손실액이 1,500달러였다. 얼마나 더 떨어

질까? 1958년 초 에머슨 주식이 상승했을 때, 나는 모두 매도하여 500달러를 벌

었다. 1년 뒤 에머슨의 주가는 3배로 뛰었다.

나는 막대한 이익을 놓쳐버린 데다가 주가가 급등락하자 애가 탔다.

- 소프와 카슈프, 《Beat the Market(시장을 이겨라)》(1967)

1983년, 전환사채 차익거래 전문가인 전직 수학 교수가 미국 역사상 최대

기업의 주식으로 뉴욕증권거래소 역사상 최대 금액의 대량 거래를 실행

했다.[1] 그가 약 6억 6,000만 달러를 거래해(마벨 주식 3억 3,000만 달러 매수,

베이비벨 '발행 예정' 주식 3억 3,250만 달러 공매도) 얻은 이익은 250만 달러

에 불과했다. 더 흥미로운 점은 그의 펀드 규모가 겨우 1,500만 달러였다

는 사실이다. 이렇게 작은 펀드가 어떻게 그토록 거대한 거래를 대담하게

해냈을까? 게다가 이렇게 작은 펀드에 어떻게 그런 대규모 거래가 허용되

었을까?

마벨^{Ma Bell}은 AT&T의 별명으로, 알렉산더 그레이엄 벨^{Alexander Graham} Bell이 발명한 전화를 사업화하려고 1877년 설립된 회사이고 곧 분할될 예정이었다. 1974년 법무부는 셔먼 반독점법^{Sherman Antitrust Act} 위반 혐의로 AT&T를 고소했다. 방어하던 AT&T는 결국 1982년 법무부에 굴복해서 22개 지역 교환 서비스회사들을 분할하는 데 합의했다. 따라서 7개 독립 사업회사(베이비벨)로 구성되어 1983년 각각 나뉠 예정이었다. 그러나 벨연구소^{Bell Labs}, 웨스턴 일렉트릭^{Western Electric}, 장거리 전화 사업은 마벨이 계속 보유하기로 했다.

기존 마벨 주주들은 분사 후 새 마벨과 7개 베이비벨 주식 패키지를 받게 된다. 새 패키지는 기존 마벨과 구성이 똑같은데도, 투자자들의 관심이 집중된 탓에 주가가 0.76% 높아졌다. 이 차이는 미미해서 투자자들은 대부분 무시했다. 하지만 전환사채 차익거래가 주업이었던 에드워드 소프^{Edward O. Thorp}의 눈에는 보기 드문 기회였다. 다만 의미 있는 수익을 얻으려면 거래 규모를 키워야 했다. 6억 6,250만 달러를 동원해야 겨우 250만 달러를 벌 수 있었다. 그가 위험을 무릅쓰고 이렇게 막대한 금액을 동원한 근거는 무엇일까? 소프에게는 비법이 있었다. 그는 최적 포지션 규모를 결정하는 비밀스러운 공식인 켈리 기준^{Kelly Criterion}을 이용했다. 켈리 기준이 명확하게 제시한 답은 전 재산을 거는 것이었다.

클로드 섀넌과 에드워드 소프

1960년 11월, MIT에서 박사 후 연구원으로 근무하던 소프는 미국수학회

American Mathematical Society에 연례회의 발표문 초록을 제출했다. 원고의 제목은 '행운의 공식: 블랙잭 게임(Fortune's Formula: The Game of Blackjack)'으로, 카지노 블랙잭 게임에서 이기는 방법이 들어 있었다. 그러나 미국수학회 선정위원회는 이 원고를 거절하려 했다.[2] 수학적으로 해결이 불가능한 문제를 풀었다고 주장하는 괴짜들의 기고가 해마다 이어졌기 때문이다. 도박은 기댓값이 마이너스어서 장기적으로는 돈을 잃을 수밖에 없는데도 '도박에서 승리하는 시스템'을 다루는 원고가 자주 들어왔다.[3] 바로 이때 선정위원이었던 수리학자數理學者 존 셀프리지John Selfridge가 회의론자들을 설득했다. 그는 소프가 UCLA에서 수학 박사 과정을 밟을 때부터 알고 지냈고 소프는 괴짜가 아니라고 설명했다.[4]

선정위원회가 마침내 소프의 원고를 채택하자 1961년 1월 소프는 미국수학회에서 발표할 수 있었다. 이 발표가 토대가 되어 나중에《딜러를 이겨라(Beat the Dealer)》가 출간되었다. 이 책은 이후 수많은 책과 논문에 영감을 주었고, 오늘날 도박 분야의 고전이 되었다.《머니 사이언스(Fortune's Formula)》에서 저자 윌리엄 파운드스톤William Poundstone은 소프의 통찰을 설명했는데, 블랙잭 게임에서 카드 한 벌(52장)을 섞지 않고 사용한다는 점이 핵심이었다.

수학자였던 소프는 블랙잭 패가 서로 '독립적'이지 않다는 사실을 발견했다. 이미 나온 패에서 얻은 정보를 다음 패 예측에 이용할 수 있다는 뜻이다. 게임 참가자는 공개되는 패를 계속 계산한다. 이 계산으로 남은 패의 유불리를 판단하고 이에 따라 베팅 금액을 조절한다. 남은 패가 유리하다고 판단되면 베팅 금액을 높인다. 물론 판단은 적중할 때도 있고 빗나갈 때도 있지만, 게임 횟수가 많아지면 확률상 우위를 점하게 되므로 십중팔구 승리한다. 그렇다면 확률이 유리할 때 베팅 금액을 얼마나 높여야 하는 가? 그리고 불리할 때는 베팅 금액을 얼마나 낮춰야 하는가?

소프는 블랙잭에서 발견한 내용을 MIT 동료 클로드 섀넌^{Claude Shannon}과 협의했다. 섀넌 역시 탁월한 수학자로, 1948년 단독으로 작성한 석사학위 논문에서 '정보 이론^{information theory}'을 처음 제시해 디지털 회로와 컴퓨터의 시대를 예고한 인물이다.

그의 논문은 신호 전달과 소음의 관계를 다뤘는데 "아마도 20세기의 가장 중요한 논문이자 가장 유명한 석사학위 논문"이었다.[5] 문제는 신호를 키우면 소음도 증가한다는 사실이다. 그러면 소음 탓에 신호를 잃지 않으면서 메시지를 전달하는 방법은 무엇일까? 논문에서 그는 정보의 기본 단위로 2진수^{binary digit, bit}를 제안했다. 비트^{bit}는 0이나 1 중 하나로, 참이나 거짓, 예나 아니요, 켜짐이나 꺼짐으로 해석되며 '불 대수^{Boolean algebra}'를 적용해 논리적 관계를 풀 수 있다. 섀넌의 논문은 전기 스위치에 적용되어 논리 기능을 수행했을 뿐 아니라 사실상 모든 디지털 회로와 컴퓨터의 기초가 되었다. 섀넌은 취미도 다양해서 저글링, 외발자전거 타기, 전기 장치 납땜 등을 즐겼고, 끌리는 일에는 끝장을 볼 때까지 열정을 쏟았다.

1960년 소프에게서 블랙잭 베팅 이야기를 들은 섀넌은 이번에도 열정을 쏟았다. 섀넌의 1948년 석사학위 논문을 바탕으로 5년 전에 벨연구소 동료가 쓴 논문이 떠올랐다.

1950년대 말 섀넌은 주식시장에 흥미를 느껴 집중적으로 공부를 시작했다.[6] 그는 자신의 정보 이론으로 주식시장의 랜덤워크^{random walk}를 풀어 보려고 했다. 이 과정에서 그의 서재는 애덤 스미스^{Adam Smith}의 《국부론(Wealth of Nations)》, 존 폰 노이만^{John von Neumann}과 오스카 모르겐슈테른

Oskar Morgenstern의 《Theory of Games and Economic Behavior(게임 이론과 경제 행동)》, 폴 새뮤얼슨 Paul Samuelson의 《Economics(경제학)》, 프레드 쉐드 주니어 Fred Schwed Jr.의 《고객의 요트는 어디에 있는가(Where Are the Customer's Yachts?)》 등으로 가득 찼다. 섀넌은 노트에 프랑스 수학자 루이 바슐리에 Louis Bachelier, 벤저민 그레이엄, 브누아 망델브로 Benoit Mandelbrot 등 다양한 사상가를 열거했다. 신용거래, 공매도, 손절매 주문, 시장 공황이 미치는 영향, 자본이득세, 거래비용에 대해서도 적었다.

그러나 섀넌의 연구 자료 중 남아 있는 것은 1956년 봄 학기의 MIT 강의 '정보 이론 세미나'에서 배포한 등사판 인쇄물뿐이다. 인쇄물에 따르면 그는 '포트폴리오 문제 The Portfolio Problem'라는 강의에서 '6만 4,000달러짜리 문제 $64,000 Question', 경마 정보를 제공하는 통신사, 켈리 기준을 다뤘다. 이것이 전부다.

강의 제목 '6만 4,000달러짜리 문제'로 판단하건대 베팅 금액에 관한 강의로 짐작된다. '6만 4,000달러짜리 문제'는 1955~1958년에 방송된 미국 게임 쇼로, 참가자들이 관심 카테고리를 선택해 문제에 답하는 게임이었다. 정답을 맞히면 상금을 받았다. 첫 번째 문제에 정답을 맞히면 상금으로 1달러를 받았다. 두 번째 문제를 맞히면 상금은 두 배로 뛰어 2달러가 되었고 세 번째 문제에서는 4달러, 이후에는 8달러, 16달러, 32달러로 증가해 대상으로 6만 4,000달러까지 받을 수 있었다. 참가자는 받은 상금이 512달러 이상이 되면 언제든 게임을 중단하고 상금을 가져갈 수 있었다. 그러나 게임을 계속 진행하면 지금까지 받은 상금을 모두 잃을 수도 있었다. 게임이 진행될수록 문제는 더 어려워졌다. 정답을 맞히지 못하면 위로금을 제외한 모든 상금을 잃었다. 상금 합계액이 512달러 이상이면 위로금으로 512달러를 가져갈 수 있었고, 4,000달러 이상이면 캐딜락을 가져갈 수 있었다.

이 쇼는 엄청난 성공을 거두어 시청률 85%를 기록하기도 했다.[7] '6만 4,000달러짜리 문제'는 원금과 딴 돈을 모두 거는 게임이다. 참가자는 매번 가진 돈을 모두 건다. 이기면 배당률만큼 돈이 불어나고, 지면 모두 잃어 무일푼이 된다. '6만 4,000달러짜리 문제'에서는 배당률이 1:1, 즉 100%이므로 이기면 상금이 두 배가 되고 지면 (위로금을 제외하고) 무일푼이 된다.

벨연구소에서 섀넌과 함께 근무했던 텍사스 출신 물리학자 존 켈리John Kelly는 줄담배를 피우는 거물급 투기꾼이었다. 그는 게임 쇼와 관련된 사기에 대해 들었다. 이 쇼는 뉴욕에서 제작되어 동해안 지역에 생방송되었고, 3시간 뒤 서해안 지역에 재방송되었다. 서해안 도박꾼들은 전화로 우승자를 알아내서, 서해안에 쇼가 방송되기 전에 돈을 걸 수 있었다.[8]

켈리는 서해안 도박꾼들처럼 내부 정보를 이용한 내기 가능성에 흥미를 느꼈다. 이런 상황이라면 도박꾼은 돈을 얼마나 걸어야 할까? 가진 돈을 모두 걸고 싶지만 '틀림없는 일'이 때로는 틀리기도 하므로, 가진 돈을 모두 걸었다가는 파산할 수도 있었다. 돈을 조금만 걸면 파산은 피하겠지만 드물게 찾아오는 기회를 놓치는 셈이다. 수익을 극대화하는 최적 베팅 금액은 얼마인가? 켈리는 섀넌의 정보 이론을 적용해보면 어떨까 생각했다. 섀넌은 이 말을 듣고서 켈리에게 연구 결과를 발표하라고 권했다.

켈리의 논문은 〈벨연구소 기술 저널(Bell System Technical Journal)〉 1956년 호에 '정보 속도에 대한 새로운 해석(A New Interpretation of the Information Rate)'이라는 제목으로 게재되었다. 켈리는 제목을 '정보 이론

과 도박'으로 붙이고 싶어 했지만, 이런 제목으로 '사설 전화 회선'을 언급하면 AT&T가 경마 방송을 운영하는 범죄 조직에 전화 회선을 임대하는 것처럼 인식될 우려가 있다면서 AT&T 임원들이 걱정했다. 그래서 제목을 변경했다.[9]

논문에서 켈리는 경마 대신 야구의 승부를 맞히는 게임으로 설명했다. 여기서 도박꾼은 '소음 없는' 사설 전화 회선을 이용해 남들보다 먼저 승부를 정확하게 알 수 있었다. 두 팀의 기량이 막상막하하여서 사람들이 동일하게 베팅한다면 도박꾼은 배당률 100%를 얻을 수 있었다. 이렇게 도박꾼이 완벽한 정보를 얻는 상황이라면 그가 버는 금액은 오로지 베팅 금액에 좌우된다. 그는 얼마를 걸어야 할까? 가진 돈을 모두 걸어야 한다. 그러면 원금이 기하급수적으로 증식한다. N번 베팅 후에는 원금이 2^N배로 늘어난다. 예를 들어 100달러로 시작하면 두 배로 늘어 200달러가 되고, 이어서 400달러, 800달러, 1,600달러, 3,200달러 식으로 증가한다. 10회 베팅한 후에는 원금이 100달러×2^{10}이 되어 10만 2,400달러로 증가한다. 이렇게 원금이 기하급수적으로 증가하는 현상을 켈리는 주간 복리 이자율이 100%인 투자에 비유했다. 그는 '도박꾼 원금의 기하급수적 증가율'을 G라고 불렀다.

이번에는 '소음 있는' 사설 전화 회선을 이용한다고 가정했다. 소음 탓에 정보가 틀릴 확률이 p이고 맞을 확률이 q였다. 이번에도 도박꾼이 가진 돈을 모두 건다면, 원금의 기대가치는 여전히 극대화할 수 있지만 파산할 수도 있다. 소음 탓에 정보가 한 번이라도 틀리면 그는 파산하며, 이 게임을 무한히 반복하면 정보가 한 번은 틀릴 수밖에 없다. 도박꾼이 원금의 일부만 건다면 어떻게 될까? 그는 얼마를 걸어야 할까? 최적 베팅 금액은

'도박꾼 원금의 기하급수적 증가율' G를 극대화하는 금액이다. 켈리는 섀넌이 정보 이론 논문에서 사용한 전송 속도 정리定理를 다음과 같이 단순화했다.

$$f^* = \frac{bp - q}{b} = \frac{p(b + 1) - 1}{b}$$

f^*: 베팅 금액의 비중('베팅 금액'을 '보유 자금'으로 나눈 비율)

b: 배당률. 즉 1달러를 걸고 승리했을 때 1달러를 더 받으면 1.

p: 승리 확률

q: 패배 확률. 1-p와 같음.

위 방정식이 복잡해 보이지만 단순화할 수도 있다. 만일 배당률이 1이고 승리 확률이 절반이라면 (예컨대 동전을 던져서 이기면 원금이 두 배가 되고, 지면 원금을 모두 잃는다면) 최적 베팅 금액은 제로다. 켈리 기준에 의하면 배당률이 1이고 승리 확률이 전혀 유리하지 않다면 돈을 걸어서는 안 된다. 그러나 승리 확률이 100%라면 최적 베팅 금액은 보유 자금 전부가 된다. 승리 확률이 50~100%라면 최적 베팅 금액은 배당률과 승리 확률에 따라 달라진다.

승리 확률이 높아질수록 최적 베팅 금액이 증가하고, 승리 확률이 낮아질수록 최적 베팅 금액이 감소한다. 켈리의 기준이 전통적인 도박 공식과 다른 점은 원금의 기하급수적 증가율 극대화를 추구한다는 사실이다. 켈리는 논문에서 이 모형을 다른 경제 상황에도 적용할 수 있다고 주장했다. 다만 이익을 재투자할 수 있고 투자 금액을 조절할 수 있으면 된다.

켈리 기준을 이용해 베팅 금액을 계산해보자. 배당률이 1이고 승리 확률이 51%라면 켈리 기준이 추천하는 최적 베팅 금액은 2%다. 즉 보유 자금이 100달러라면 2달러가 된다.

f = (bp - q) / b
= (1 × 0.51 - 0.49) / 1
= 0.02, 즉 2%

켈리 기준은 '6만 4,000달러짜리 문제'에도 적용할 수 있다. 배당률이 1인 게임에서 보유 자금을 모두 걸어야 한다면, 켈리 기준에 의하면 승리 확률이 100%여야 한다. 게임 수가 매우 많을 때 승리 확률이 100%에 조금이라도 못 미치면 결국은 보유 자금을 모두 잃게 되기 때문이다. 이런 조건이라면 '6만 4,000달러짜리 문제' 참가자는 만물박사가 되어야 한다.

그러나 참가자가 상금 512달러에 도달해서 위로금을 확보한 다음에는 게임의 양상이 크게 바뀐다. 상금 512달러에서는 상금을 두 배로 늘리는 다음 문제에 도전해도 아무 위험이 없다. 켈리 기준에 의하면 참가자는 다음 문제에 도전해야 한다.

이어서 그다음 문제에 도전한다면, 이기면 976달러(2,000달러 - 1,024달러)를 얻고, 지면 512달러(1,024달러 - 512달러)를 잃는다. 켈리 기준에 의하면 문제를 맞힐 확률이 67% 이상일 때 도전해야 한다. 그다음 문제에 도전한다면, 이기면 2,000달러(4,000달러 - 2,000달러)를 얻고, 지면 1,488달러(2,000달러 - 512달러)를 잃는다.

이 문제를 맞히면 다음 문제에 도전하게 되는데, 또 이기면 8,000달러를 받고, 지더라도 4,000달러 상당의 캐딜락을 받는 기회다. 이 기회 덕분에 배당률이 대폭 개선된다. 이 기회(8,000달러나 캐딜락 획득)를 제외하면 켈리 기준이 요구하는 승리 확률은 85% 이상이다. 그러나 이 기회를 포함하면 켈리 기준이 요구하는 승리 확률은 81% 이상으로 약간 내려간다. 이 기회가 게임의 특성을 바꾼 덕분에, 참가자들은 확신이 다소 낮아도 위험을 무릅쓰고 다음 문제에 도전하게 되었고, 그래서 게임이 더 흥미진진해졌다.

켈리의 논문은 그의 살아생전에는 주목받지 못했다. 그는 41세이던 1965년, 길에서 심장마비로 사망했다. 전해지는 이야기로는 켈리는 자신이 만든 기준으로 베팅해본 적이 없다. 그러나 이 기준이 야구나 경마가 아니라 블랙잭에 사용되었다는 사실은 틀림없이 알았을 것이다.

1960년, 에드워드 소프는 카드 계산 기법과 켈리 기준을 결합해 딜러에게 이기는 방법을 찾아냈다. 그는 섀넌과 함께 가끔 가짜 턱수염과 선글라스로 위장하고 카지노에 가서 오랜 시간 블랙잭 게임을 했다. 파운드스톤에 의하면 소프가 라스베이거스에서 큰 성공을 거두자 카지노들은 대응책을 마련했다. 카드를 여러 벌로 늘리고, 카드를 더 자주 섞었으며, 딜러가 카드를 조작했고, 상해를 입히겠다고 협박했으며, 나중에는 소프의 카지노 입장을 금지했다.

곧 소프는 블랙잭에 흥미를 잃고 주식시장에 몰두하게 되었다. 그는 블랙잭 모형으로 자본시장의 비효율성을 이용할 수 있다고 주장했다. "최고급 정보나 우수한 기술이 있으면 시장의 비효율성을 어느 정도는 이용할 수 있다."[10] 그는 주식시장에서 이용할 우위를 탐색하기 시작했다.

켈리는 도박에 사용하던 베팅 금액 기준을 투자에도 똑같이 적용할 수 있었다. 결국 그는 그의 공식이 다른 경제 상황에 사용되는 길을 열어놓았다. 다만 이익을 재투자할 수 있고 투자 금액을 조절할 수 있으면 된다. 2005년 UC 버클리 수학 교수 얼윈 벌리캠프Elwyn Berlekamp(1960~1962년 켈리의 조교였고, 1967년 정보 이론에 관한 섀넌의 마지막 논문의 공저자였음)는 켈리 기준을 투자에 적용하는 데 대해 다음과 같이 썼다.[11]

여기서는 펀드매니저가 각 투자자산에서 기대되는 실적의 확률 분포를 정확하게 안다고 가정한다. 여기에 켈리 기준을 적용하면 각 자산의 보유 비중이 나온다. 기대수익률이 마이너스인 자산이라면 보유 비중은 당연히 제로가 된다. 그러나 기대수익률이 플러스인 자산이라면 조금씩 보유하는 편이 유리하다. 기대수익률이 비슷하다면, 손실 위험이 큰 자산보다는 낮은 자산의 보유 비중을 늘려야 한다.

1960년대 중반, 소프는 섀넌을 다시 만났다. 섀넌은 1950년대 말부터 주식시장을 집중적으로 연구한 덕분에 이 무렵에는 투자 전문가가 되어 있었다. 처음에 섀넌은 MIT나 벨연구소 시절 동료들이 설립한 첨단 기술 회사에 투자하기 시작했다.[12]

그가 처음으로 대박을 터뜨린 종목은 1954년 설립된 '해리슨 래버러토리Harrison Laboratories'로, 전직 벨연구소 과학자인 찰스 윌리엄 '빌' 해리슨Charles William 'Bill' Harrison과 그의 아내 그웬Gwen이 만든 회사였다. 이 회사는 개발 초기 단계였던 컬러 TV 카메라 부품을 생산했다. 1962년 휴렛팩커드Hewlett-Packard가 이 회사를 인수했고, 섀넌은 그 과정에서 받은 휴렛팩커드 주식으로 막대한 이익을 얻었다.[13]

그는 MIT 대학원 시절 절친 헨리 싱글턴Henry Singleton이 설립한 벤처기업 텔레다인^{Teledyne}에도 투자했다. 1961년 기업을 공개할 때 1달러에 샀는데[14] 1967년에는 24달러가 되었다. 나중에 워런 버핏은 싱글턴을 '슈퍼스타 경영자'[15]라고 부르면서, "경영 및 자본 배분 능력이 미국 최고"[16]라고 평가했다. 섀넌은 텔레다인 이사회에 참여해, 싱글턴이 기업을 인수할 때 기술 검토와 실사를 지원했다.

1963년 섀넌은 역시 MIT 시절 동료가 세운 모뎀 제조회사 코덱스^{Codex} ^{Corporation}에도 참여했다.[17] 이 회사는 훗날 모토로라^{Motorola}가 되어 막대한 투자수익을 안겨주었다. 그는 제록스^{Xerox}에도 투자했으나, 너무 일찍 매도한 탓에 이익이 많지 않았다.[18]

섀넌도 처음에는 케인스처럼 시점 선택을 사용했다. 그는 주식시장에 유입·유출되는 자금을 분석해 시장 흐름을 대강 예측하는 시스템을 만들어냈다.[19] 이 시스템이 1963년이나 1964년을 약세장으로 예측하자 그는 방어적 투자로 전환했지만 1966년까지 강세장이 이어졌다. 1966년에는 다우지수가 25% 하락해 1963년 수준으로 돌아갔지만, 그의 시스템은 시장흐름이 바뀌는 시점도, 폭도 예측하지 못했다. 그는 이 시스템을 포기했다.

이 무렵 그는 인기 기술주의 기업공개에 참여해 돈을 벌어들이고 있었다. 이 무렵 소프가 섀넌의 집을 방문했다고 파운드스톤은 말한다. 섀넌의 서재 칠판에는 '$2^{11} = 2,048$'이라는 수식이 적혀 있었다.[20] 소프가 이 수식이 무슨 뜻인지 물어보자 섀넌은 잠시 뜸을 들이고 나서 설명했다. 지금까지 매달 원금을 두 배씩 불려왔는데, 11번이면 원금이 몇 배가 되는지 계산해보았다는 것이다. 섀넌이 30여 년에 걸친 전체 투자 기간에 실제로 올린 실적이 이 수준에 이르지는 못했지만 그래도 주목할 만한 수준이었다. 1950년대 말부터 1986년까지 섀넌이 기록한 수익률은 연 28%였다.[21] 원금 1달러를 30년 동안 연 28%로 증식하면 1,645달러가 되므로, 칠판에 적었던 2,048에는 미치지 못하지만 여전히 놀라운 실적이었다.

섀넌은 투자 실적이 알려지면서 투자 강사로도 인기를 얻었다. 1960년 대 중반부터 그는 MIT에서 '과학적 투자(scientific investing)'라는 제목으로 강의를 했다.[22] 여기서 과학적 투자는 기술적 분석이 아니었다. 1960년 대 초에는 그도 기술적 분석 차트를 작성해보았지만 이런 차트는 '주요 데이터로 소음만 복제할 뿐'이라고 판단해 포기했다.[23]

그가 강의한 내용은 주식시장의 랜덤워크를 이용하는 통계적 기법이었다. 그런 기법 중 하나를 파운드스톤은 '섀넌의 도깨비 Shannon's Demon'라고 불렀다. 현금과 주식을 절반씩 보유하는 포트폴리오를 구성하고 정기적으로 리밸런싱 rebalancing해 시장의 랜덤워크를 이용하는 방법이다. 예를 들어 정오에 현금 5,000달러와 주식 5,000달러로 1만 달러짜리 포트폴리오를 구성한다. 이튿날 정오가 되면 포트폴리오를 리밸런싱한다. 만일 주가가 반토막이 나서 포트폴리오 평가액이 7,500달러(현금 5,000달러, 주식 2,500달러)가 되었다면, 현금 1,250달러를 주식에 투자해 현금과 주식의 평가액을 똑같이 3,750달러로 맞춘다. 이튿날 정오에 주가가 두 배로 뛰어 포트폴리오 평가액이 1만 1,250달러(현금 3,750달러, 주식 7,500달러)가 된다면, 주가가 이틀 전의 위치로 돌아오는 동안 1,250달러를 번 셈이 된다. [그림 3.1]은 80일 동안 주가 흐름과 섀넌의 도깨비 포트폴리오의 실적을 나타낸다.

80일 동안 주가가 하루는 반토막 나고 이튿날은 두 배로 뛰며 매일 포트폴리오를 리밸런싱한다면 80일 후 포트폴리오의 평가액은 110만 달러를 넘어간다. 이 기간 주가는 제자리였으므로, 주식을 계속 보유한 사람들은 한 푼도 벌지 못했다. 어떻게 이런 결과가 나올 수 있을까?

[그림 3.1] 주가 흐름과 섀넌의 도깨비 포트폴리오

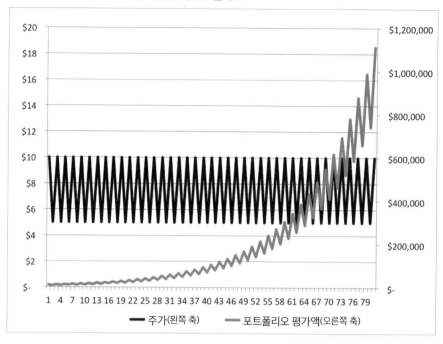

자료: Carbon Beach Asset Management, LLC.

이는 상관관계가 낮은 두 자산을 계속 리밸런싱해서 얻은 결과다. 리밸런싱 과정에서 투자자는 주식을 싸게 사서 비싸게 팔게 된다. 투자에 정액매수 적립식을 이용하면 이런 이점을 누릴 수 있다. 주가가 처음 매입한 가격보다 내려가면 주식을 더 낮은 가격에 더 많이 매입하기 때문이다. 루 심프슨 같은 가치투자자들도 이런 기법을 이용했다. 심프슨은 핵심 종목을 장기간 보유하면서, 주가가 내재가치를 초과하면 보유 비중을 줄이고 주가가 내재가치 밑으로 내려가면 보유 비중을 늘렸다.

섀넌의 도깨비는 매회 베팅 금액을 일정하게 유지하므로 켈리 기준의 특수 사례에 해당한다. 섀넌은 이 기법을 사용하느냐는 질문을 받자 "아니요. 거래비용 때문에 망하거든요"라고 답했다.[24] 그러면 그는 어떤 기법을 사용했을까?

섀넌은 과학 분야에는 많은 글을 남겼지만 투자에 관해서는 글을 남기지 않았다. 파운드스톤은 그가 투자 기법에 관한 책 출간을 오랫동안 생각했지만 자신만의 독창적인 생각을 찾아내지 못했다고 한다. 유일하게 남아 있는 자료는 1986년 엔지니어 출신 투자 자문업자 필립 허쉬버그Phillip Hershberg가 인터뷰한 기록뿐이다. 파운드스톤은 이 기록을 읽고 나서 섀넌의 비밀을 파악하려고 허쉬버그를 인터뷰했다.

파운드스톤에 의하면 섀넌은 오히려 확고한 장기 가치투자자였다. 섀넌은 주가가 장기적으로는 이익 성장을 따라간다고 믿었으므로 "기업 경영진을 평가하고 제품의 미래 수요를 예측해 향후 몇 년 동안 이익 성장률을 추정했다".[25] 그러므로 핵심 데이터는 "며칠이나 몇 달 동안의 주가 흐름이 아니라 과거 몇 년 동안의 이익 흐름"이었다.[26] 섀넌은 로그 차트에 회사의 과거 이익을 표시하고 나서 이 추세를 바탕으로 미래 이익을 추정했다. 그는 추세를 좌우하는 요소가 무엇인지 생각해보았다. 섀넌은 아내와 함께 신생 기술회사를 찾아가 경영진을 만났다. 두 사람은 기업이 판매하는 제품을 테스트하기도 했다. 켄터키 프라이드 치킨Kentucky Fried Chicken, KFC을 분석할 때는 치킨을 사서 손님들에게 대접했다. "우리가 직접 사용해보고서 마음에 들지 않으면 투자 대상에서 탈락시켰습니다."[27]

섀넌은 주가 데이터를 내려 받아 분석하기도 했다. 1981년 주가 정보 서비스에 가입해 애플Ⅱ로 주가 데이터를 내려 받았고, 스프레드시트로 포트폴리오 평가액을 자동 계산했다. 허쉬버그의 자료에는 1981년 1월 자 출력물이 있었고, 섀넌의 포트폴리오를 분석해서 [표 3.1]에 나타냈다.

[표 3.1] 섀넌의 포트폴리오 수익률과 통계

기업	주식 수	매수 가격 (달러)	1981년 가격 (달러)	평가액 (달러)	수익률
백스터 인터내셔널	30	42.75	50.00	1,500.00	17%
크라운 코르크 앤드 실	50	8.00	31.75	1,587.50	297%
휴렛팩커드	348	0.13	82.00	28,536.00	62,977%
인터내셔널 플레이버 앤 프래그런스	70	26.50	22.00	1,540.00	-17%
존 할랜드	1	30.00	39.00	39.00	30%
매스코	120	1.63	28.88	3,465.00	1,672%
M.I.L.I.	40	32.00	28.13	1,125.00	-12%
모토로라	1,086	1.13	65.00	70,590.00	5,652%
슐럼버거	22	44.00	108.75	2,329.50	147%
텔레다인	2,428	1.00	194.38	471,942.50	19,338%
합계				582,717.50	

섀넌의 포트폴리오 평가액은 58만 2,717.50달러로서 2015년 가치로는 약 150만 달러에 해당한다. 이 포트폴리오에는 보유 종목 중 데이터마린 인터내셔널Datamarine International이 빠져 있는데, 섀넌이 허쉬버그에게 말한 바로는 실적이 가장 나쁜 종목이었다.[28] 1971년에 매수했고 이후 연 수익률이 '겨우' 13%였다.[29]

포트폴리오에서 특히 두 가지가 눈에 띈다. 첫 번째는 극단적인 집중투자다. 텔레다인 한 종목의 비중이 무려 81%에 이른다. 2위 종목은 모토로라로 12%를 차지하고 3위 종목은 휴렛팩커드로 5%를 차지했다. 나머지 7개 종목은 비중이 2%에 불과하다.

두 번째는 극단적인 집중투자를 하게 된 이유다. 섀넌은 포트폴리오에 손을 대지 않았다. 종목을 편입한 다음에는 그대로 내버려 두었다. 모토로라는 투자 원금의 57배가 되었다. 보유 비중이 가장 큰 텔레다인은 투자 원금의 무려 194배가 되었다. 보유 비중 3위인 휴렛팩커드는 자그마치 630배로 뛰었다. 심지어 보유 비중이 낮은 종목들도 장기간 보유하는 동안 대폭 늘어났다. 1%에 못 미치는 매스코Masco는 17배가 되었다. 0.3%인 크라운 코르크 앤드 실Crown Cork & Seal도 투자 원금의 3배가 되었다. 섀넌이 집중투자해 장기간 보유한 것은 의도적인 선택이었다. 그는 허쉬버그에게 지난 30년 동안 포트폴리오를 조정한 적이 한 번도 없다고 말했다.

> 나는 세금을 절약하려고 주식을 장기 보유한 것이 아닙니다. 나는 돈을 빌려서라도 주식을 계속 보유하고 싶지, 주식을 팔아 채권에 투자할 생각은 없습니다.[30]

섀넌에게 가장 큰 이익을 안겨준 3대 종목(보유 비중 98%)은 모두 MIT와 벨연구소 동료들과의 인연으로 투자한 종목이었다. 섀넌은 허쉬버그에게 말했다.

"나의 투자는 의사소통 과정에서 소음을 걸러내어 신호를 추출해내는 작업에 가까웠습니다.[31] 똑똑한 투자자라면 자신이 우위를 확보한 분야를 찾아내 그 분야에서만 기회를 탐색할 것입니다."[32]

소프와 켈리 기준

1969년 11월, 소프는 자칭 세계 최초의 시장 중립형 헤지펀드인 컨버터블 헤지 어소시에이츠 Convertible Hedge Associates(1974년 프린스턴-뉴포트 파트너즈 Princeton-Newport Partners로 명칭 변경)를 설정했다.[33] 이 펀드는 워런트, 장외 옵션, 전환사채, 우선주, 보통주를 이용해 '델타 중립 delta neutral', 즉 기초 자산의 가격이 바뀌어도 영향받지 않는 포트폴리오를 구성했다.

섀넌은 '섀넌의 도깨비'로 시장의 랜덤워크를 이용하려 했지만 소프는 '전환 차익거래'로 시장의 랜덤워크를 이용하고자 했다. 소프는 가격이 변동하면서 평균으로 회귀하는 유사 증권들을 끊임없이 리밸런싱해서 조금씩 이익을 얻는 전략을 썼다. 섀넌이 자신의 강의 제목을 '과학적 투자'로 불렀듯이, 소프는 저서 《Beat the Market(시장을 이겨라)》과 《딜러를 이겨라》에서 자신의 투자 기법을 '과학적 주식시장 시스템 A Scientific Stock Market System'이라고 불렀다.

소프는 차익거래 전략을 추구했다. 예를 들어 1974년 아메리칸모터스 American Motors 전환사채는 채권 수익률이 8.3%인데도 전환 기준가가 주식의 시장가격과 같았다. 소프는 전환사채를 사는 동시에 주식을 공매도해 채권 수익률을 챙겼다. 나중에 그는 이 거래에 대해 말했다. "이처럼 단순하고 명쾌한 기회는 흔치 않습니다. 그러나 우리는 주로 이런 기회를 이용해 수익을 얻었습니다."[34]

이런 거래는 위험이 거의 없었다. 공매도한 주식이 급등하면 매수한 전환사채의 가격도 십중팔구 급등하므로 위험을 피하게 된다. 만일 전환사채가 주식만큼 급등하지 않는다면 전환사채를 주식으로 전환해 공매도 포지션을 청산하면 된다. 매수한 전환사채의 가격이 하락하면 공매도한 주식의 가격도 십중팔구 하락하므로 역시 위험을 피하게 된다. 소프는 거래량이 많지 않은 이름 없는 증권들 사이에서 차익거래 기회를 계속 찾아냈다.

소프가 10여 년에 걸쳐 부지런히 차익거래를 하던 중, 마벨이 회사 분할을 발표했다. 이번에도 소프는 대규모 포지션을 잡아야 했다. 포지션 규모를 제약하는 요소는 대개 켈리 기준이 아니라 증권의 유동성이었다. 워런트? 장외 옵션? 전환사채? 투자자 대부분은 이런 용어를 들어보지도 못했으므로 내용은 더더욱 이해하지 못했다. 바로 이런 이유로 차익거래 기회가 존재한다. 이런 증권들은 흔치 않아서 거래하기가 어렵다.

그러나 마벨은 달랐다. 상장 회사 중 최대 규모였으므로 거래량이 많았다. 그런데 '발행 예정' 증권은 생소한 형태여서 시장에서 형성된 가격이 합리적이지 않았다. 구성이 똑같은 증권이었는데도 마벨보다 가격이 약간 높았다. 규모가 크고 유동성이 높은 데다가 위험도 없는 희귀한 기회였다. 켈리 기준이 상당히 큰 베팅 비율을 제시하자 소프는 판을 최대한 키웠다. 소프는 증권사에서 허용하는 신용한도를 모두 동원해 포트폴리오를 가득 채웠다. 그는 약 6억 6,000만 달러를 매매해 무위험 차익 250만 달러를 벌어들였다. 이 거래는 규모가 막대했으므로 월스트리트의 관심을 끌었다. 블랙잭 전문가였던 전직 수학 교수가 전환 차익거래로 무위험 이익을 올렸다는 사실이 알려지자 소프는 또다시 유명 인사가 되었다. 켈리 기준 역시 드디어 주목받게 되었다.

그러나 모두가 켈리 기준에 매혹된 것은 아니다. 미국에서 최초로 노벨 경제학상을 받았고 〈뉴욕타임스(New York Times)〉에서 20세기 최고의 미국 경제학자로 평가받은 폴 새뮤얼슨은 화가 나서 반박 논문까지 발표했다. 그 논문은 1979년 〈저널 오브 뱅킹 앤드 파이낸스(Journal of Banking and Finance)〉에 '장기 투자에 평균 로그 기준이 부적절한 이유(Why We Should Not Make Mean Log of Wealth Big Though Years to Act Are Long)'라는 제목으로 실렸다. 여기에는 다음과 같은 보석 같은 글이 담겼다.[35]

> 그럼 사람들이 돈을 기하급수적으로 증식하려고 하는 이유는 무엇일까? 그렇게 해야 돈을 더 많이 벌 수 있고 돈은 많을수록 좋다고 생각하기 때문이다. 그러나 그건 잘못된 생각이다. 그들이 생각하지 못한 것이 있다. 거액을 걸었다가 실패하면 (장담컨대 실패할 수 있다) 거액을 잃을 수 있다는 점이다.

요점은 거액의 손실 위험을 무릅쓰고 대박을 추구하는 행위는 사람에 따라 바람직하지 않을 수 있다는 것이다. 예를 들어 이미 부유한 사람이라면 이런 행위에 매력을 느끼지 못할 것이다. 켈리 기준의 목표는 원금의 기하급수적 증가율을 극대화하는 것이지만, 그 기준이 종종 지나치게 커서 실적의 단기 변동성이 매우 높을 수 있다.

그래서 일부 투자자는 켈리 기준이 제시하는 기준을 절반만 적용한다. 이것이 이른바 '하프 켈리 베팅half-Kelly bet'이다. 변동성은 켈리 기준의 절반으로 낮추면서 복리 수익률은 켈리 기준의 4분의 3을 달성하는 전략이다.[36] 베팅 금액을 켈리 기준보다 높이는 것은 전혀 득이 되지 않는다. 켈리 기준은 배당률과 승리 확률을 고려해서 걸 수 있는 최대 금액이기 때문이다. 오히려 위험이 지나치게 커져서 원금의 증가율이 낮아질 수 있다.

[그림 3.2]는 2010년 소프의 공저 논문에서 인용한 자료다. 블랙잭(2%

[그림 3.2] 원금이 반으로 줄기 전 2배·4배가 될 확률

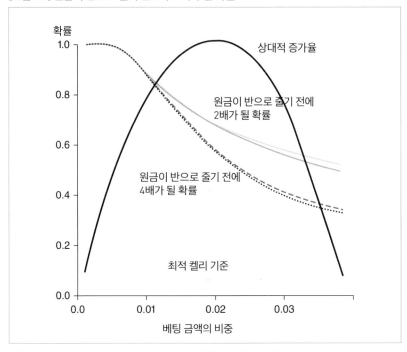

자료: Leonard MacLean, Edward O. Thorp, and William T. Ziemba, "Good and Bad Properties of the Kelly Criterion," *Wilmott Magazine*, January 1, 2010.

우위: p=0.51, q=0.49)에서 베팅 금액 비중에 따라 원금이 반으로 줄기 전에 2배·4배가 될 확률을 나타낸다.

이 그래프에는 켈리 기준의 중요한 단점이 드러난다. 켈리 기준은 매우 공격적이어서, 확률이 유리해질수록 추천하는 베팅 금액이 더 커진다. 그러나 이 정도로 대담한 사람은 거의 없다. 마벨 분할에 맹렬하게 뛰어들었던 소프조차 다른 상황에서는 켈리 기준보다 낮추라고 자주 권고했다.

2010년 논문에서 소프는 공저자 빌 짐바Bill Ziemba와 함께 (그해 미국 최고

의 순종 경마로 간주된) 1984년 제1회 브리더스 컵 클래식^{Breeder's Cup Classic} 300만 달러 경마에 켈리 기준을 적용했던 사례를 설명했다. 켈리 기준에 의하면 승률이 3 대 5인 경주마 슬루오브골드^{Slew of Gold}에 대한 최적 베팅 금액은 보유 자금의 64%였다. 소프와 짐바는 복승식複勝式과 삼승식三勝式에 걸었다(복승식은 선택한 말이 1위나 2위를 하면 승리하고 삼승식은 1~3위를 하면 승리한다. 배당률은 단승식보다 낮다). 소프와 짐바는 베팅 금액을 켈리 기준보다 낮췄다.[37] 슬루오브골드는 3위로 들어왔으나, 2위 경주마 게이트댄서가 실격 처리된 덕분에 2위가 되었다. 짐바는 "베팅에는 운도 중요하다"라고 했다.[38]

켈리 기준은 직관적으로 쉽게 이해할 수 있다. 확률상 우위가 있을 때는 과감하게 베팅하고 우위가 없을 때는 베팅하지 말라는 것이 핵심이다. 케인스는 '켈리 베팅 유형'으로 평가받는다.[39] 그는 확신하는 종목에 과감하게 베팅했지만 수학적 정밀성까지 추구하지는 않았다. "우리의 기존 지식으로는 정확한 수학적 기댓값을 산출할 수 없다"고 보았기 때문이다.[40]

최적 베팅 금액을 제시하는 켈리 기준은 위험을 정확하게 보여준다. 켈리 기준은 원금의 기하급수적 증가율 극대화를 추구하면서 기댓값에서 드러나지 않는 위험까지 포착해낸다. 따라서 파산 위험을 절대 떠안으려 하지 않는다. 확률이 유리하면 베팅을 늘리고 확률이 불리하면 베팅을 줄이면서 균형을 유지한다.

켈리 기준의 단점은 확률이 유리할 때 추천하는 베팅 비중이 지나치게 커서 투자자들이 변동성을 감당하기 어렵다는 점이다. 그래서 해결책으로 켈리 기준의 일부만 적용하는 투자자가 많다. 켈리 기준은 베팅 금액의 최고 한도로 보는 편이 옳다. 베팅 금액이 이 한도를 넘어서면 기대수익률은 증가하지 않고 손실 위험만 증가한다. 이런 모든 특성은 직관적으로 공감할 수 있을 것이다. 켈리는 베팅 이론을 수식으로 정리해 발전시켰다. 다른 어떤 전략보다도 켈리 기준을 따를 때 장기적으로 수익이 더 늘어난다는 점을 켈리는 보여주었다.

소프는 도박과 투자에 켈리 기준을 가장 먼저 적용해 널리 알렸지만 가치투자자는 아니었다. 그는 《Beat the Market(시장을 이겨라)》 서문에서 가치투자에 대해 언급했다.[41]

> 나는 '가치'를 추구했다. 이른바 기본적 분석으로 주식시장에 접근했다. 가치투자자들은 모든 주식에 '내재가치'가 있으며, 내재가치는 시장가격과 전혀 다를 때가 많다고 믿는다. 내재가치는 장래 이익과 배당의 흐름에 의해서 결정된다. (중략)
>
> 가치투자자들은 재무제표, 산업과 기업의 전망, 경영진의 능력, 정부 정책, 기타 미래 이익과 관련된 모든 요소를 분석한다. 이런 분석을 통해 미래 이익 흐름을 추정하고 나아가 내재가치를 평가한다. 주식의 시장가격이 내재가치보다 낮으면 그 주식은 매력적이고, 내재가치보다 높으면 그 주식은 피해야 한다.

소프는 가치투자로는 돈을 벌 수 없다고 판단해서 결국 가치투자를 버리고 차익거래를 선택했다.[42]

> 내 친구들은 아무 생각 없이 투자하면서도 큰돈을 벌었지만, 나는 기본적 분석을 하면 할수록 실적이 나빠졌다. 나는 현실 문제에 부닥치면서 갈수록 기

본적 분석에 흥미를 잃었다. 1년이나 2년 뒤의 이익을 추정하기는 거의 불가능하다. 문제는 여기서 그치지 않는다. 내가 저평가된 주식을 사고 남들도 비슷한 방식으로 평가해 그 주식을 사야만 주가가 상승한다. 그러나 아무리 장래 전망을 정확하게 평가해 '저평가' 종목을 사도, 장기간 저평가 상태에서 벗어나지 못해 투자자를 좌절하게 하는 종목이 많다.

켈리 기준을 처음으로 가치투자에 적용한 인물은 워런 버핏일 것이다. 다음 장에서는 그가 켈리 기준을 어떻게 사용했는지 살펴보자.

4

워런 버핏

켈리 베팅
집중 가치투자

우리 전략은 일반적인 분산투자 이론을 따르지 않습니다. 따라서 전문가들은 우리 전략이 전통적인 분산투자 전략보다 더 위험하다고 말할 것입니다. 그러나 우리 생각은 다릅니다. 집중투자 전략을 사용하면 기업 분석을 더 강도 높게 할 수 있고 기업의 경제 특성에 대해 좀 더 안심할 수 있으므로 오히려 위험을 낮출 수 있다고 생각합니다. 이때 우리는 위험을 사전과 동일하게 '손실이나 피해 가능성'으로 정의합니다.

- 워런 버핏, 1993년[1]

앤서니 '티노' 데 안젤리스Anthony 'Tino' De Angelis가 경영하는 뉴저지 '얼라이드크루드 베지터블 오일 컴퍼니The Allied Crude Vegetable Oil Company'는 도매회사로서 식물성 기름 선물 거래도 했다. 얼라이드크루드는 샐러드에 사용되는 대두유를 경쟁사들보다 훨씬 낮은 가격에 팔았다. 덕분에 경이적인 성장세를 유지했으나 1963년 11월 갑자기 파산하고 말았다.

파산 관재인들은 얼라이드크루드의 잔여 재산 중 샐러드유를 담은 탱크를 압류해 조사했다. 탱크에는 샐러드유 대신 바닷물이 가득 들어 있었다. 그동안 얼라이드크루드는 보유하지도 않은 샐러드유를 저가에 매도했음이 드러난 것이다. 이 회사가 실제로 보유한 샐러드유는 5만 톤에 불과했다. 그러나 그들은 81만 톤을 보유했다고 주장했는데, 이는 당시 지구 상에 존재하는 모든 샐러드유보다 많은 양이었다.[2]

얼라이드크루드는 존재하지도 않는 샐러드유를 팔아 1억 7,500만 달러를 챙겼다. 어떤 방법을 썼을까? 데 안젤리스는 초등학생들도 아는 원리를 이용했다. 기름이 물 위에 뜨는 원리다. 그는 탱크에 바닷물을 채우고 그 위에 샐러드유를 수십 센티미터 높이로 덮어서 검사관들에게 보여주었다. 그리고 이들에게 장시간 점심을 대접하는 사이 샐러드유를 창고의 다른 탱크로 옮겼고, 식곤증에 나른해진 이들에게 또 보여주었다. 〈월스트리트 저널〉 기자 노먼 밀러 Norman Miller는 당시 최악의 사기극이던 이 사건을 '샐러드유 거대 사기극(The Great Salad Oil Swindle)'[3]이라는 제목으로 기사화해 알렸고 같은 제목으로 책을 출간해 퓰리처상을 받았다.

결국 데 안젤리스는 사기죄로 7년 형을 선고받았고 월스트리트 대형 증권사 하나를 파산으로 몰아넣었다. 피해보상금을 받아내려고 물주를 찾던 채권자들은 아메리칸익스프레스의 자회사가 데 안젤리스에게 1억 4,400만 달러 상당의 샐러드유 창고 증권을 발행했음을 확인했다. 아메리칸익스프레스가 떠안을 피해보상금은 1964년 이익의 10배에 달했으므로 파산할 수도 있었다. 주가가 하룻밤 사이에 반토막이 되었다.

당시 무명이던 워런 버핏은 아메리칸익스프레스에 관심이 생겼다. 그래서 브로커 헨리 브란트 Henry Brandt에게 은행, 레스토랑, 호텔, 그 외에 아메리칸익스프레스를 취급하는 매장들의 동향을 관찰하게 했다.[4] 버핏 역시 오마하 지역 레스토랑을 이용하면서 아메리칸익스프레스 카드를 계속 받아주는지 확인했다. 그는 아메리칸익스프레스가 자금난 때문에 일시적으로 비틀거리고 있지만 탁월한 경제성이 손상되지는 않았다고 평가했다. "종양만 수술로 제거하면 뛰어난 독점력을 유지하면서" 생존할 수 있다고 보았다.[5]

그는 투자조합의 자본금 40%를 신속하게 투자했다. 지금까지 투자조합에서 투자한 것 중 최대 규모였다. 그는 1,300만 달러를 들여 아메리칸익스프레스의 지분을 5% 넘게 확보했다. 1965년 아메리칸익스프레스가 얼라이드크루드 채권자들과 6,000만 달러에 피해보상 문제를 해결하자, 35달러 아래로 내려갔던 주가가 즉시 49달러로 반등했다.[6] 단기간에 주가가 5배 이상 상승하자 버핏은 모두 매도했다.

버핏은 대형 집중투자 포지션을 만들어나갔다. 1959년에는 보유 비중이 35%에 이르는 샌본맵 Sanborn Map이 최대 종목이었다. 이 회사는 미국 전체 도시의 송전선, 수도관, 도로, 건물의 지붕 구조와 비상계단 정보 등을 담은, 지극히 상세한 지도를 발간했다. 화재보험사들은 이 지도를 대량으로 구입해서 보험영업에 사용했다. 이 회사는 한때 미국에서 가장 성공한 지도회사였다.

버핏의 1961년 투자조합 서한에 의하면 주가가 지극히 매력적이었다. 경쟁이 격해지고 보험사들이 합병하면서 1930년대 연 50만 달러였던 이익이 1958년에는 10만 달러로 감소했지만 회사의 투자 포트폴리오는 700만 달러가 넘어서 주당 65달러 수준이었다. 주가는 45달러였다. 1938년 투자 포트폴리오가 주당 20달러였을 때는 주가가 110달러였으므로 사업 가치가 주당 90달러였다. 20년 뒤인 1958년에는 주가가 45달러이므로 사업 가치가 주당 -20달러로 평가받는다는 뜻이다. 만일 사업 가치를 아예 무시한다면 투자 포트폴리오 1달러당 69센트밖에 인정받지 못한다는 의미다.

그래서 버핏은 투자조합의 자본 중 3분의 1 이상을 투자했다. 그는 마침 내 샌본맵 이사회를 설득해 72%에 이르는 자사주를 매입하게 했다. 회사 는 보유하던 포트폴리오 증권을 적정 가격으로 계산해서 교환해주었다. 그리하여 주주들이 보유한 자산의 가치가 다소 높아졌고 EPS와 배당률 도 상승했다.

아메리칸익스프레스 투자는 버핏이 (샌본맵 같은) 그레이엄 스타일의 투자에서 벗어났다는 점에 큰 의미가 있다. 아메리칸익스프레스와 샌본맵 둘 다 내재가치보다 훨씬 낮은 가격에 대규모로 매수했다는 점은 같지만 가치의 원천은 질적으로 다르다. 샌본맵은 이른바 '담배꽁초' 투자로, 실적은 부진하지만 자산가치가 높아 청산하면 이익이 실현되는 회사였다. 반면에 아메리칸익스프레스는 자산가치는 낮지만 경제성이 탁월한 회사였다. 버핏은 담배꽁초 투자 기법에서 벗어난 이유를 1989년 주주 서한에서 밝혔다.[7]

주식을 아주 싼 가격에 사면, 그 기업의 장기 실적이 형편없더라도 대개 근사한 이익을 남기고 팔 기회가 옵니다. 나는 이것을 '담배꽁초' 투자 기법이라고 부릅니다. 길거리에 떨어진, 한 모금만 남은 꽁초는 하찮은 존재지만, '싼 가격' 덕분에 이익이 나올 수 있습니다.

그러나 청산 전문가가 아니라면 이런 기법을 쓰는 것은 바보짓입니다. 첫째, 처음에는 싼 가격이라고 생각했으나 나중에 십중팔구 싸지 않았던 것으로 밝혀질 것입니다. 난국에 처한 회사는 한 문제가 해결되면 곧바로 다른 문제가 등장합니다. 주방에서 바퀴벌레 한 마리가 눈에 띈다면 한 마리만 있는 것은 절대 아닙니다.

둘째, 처음에 싼 가격에서 얻은 이점은 기업의 낮은 수익률 때문에 곧바로 사라질 것입니다. 예를 들어 1,000만 달러에 되팔거나 청산할 수 있는 기업을 800만 달러에 샀을 때, 즉시 팔거나 청산하면 높은 이익을 실현할 수 있습니다. 그러나 10년 동안 투자 금액의 겨우 몇 퍼센트만 벌면서 보유했다가 1,000만 달러에 판다면 실망스러운 실적이 나올 것입니다. 시간은 훌륭한 기업에는 친구지만 신통치 않은 기업에는 적입니다.

샌본맵에 투자한 후 버핏은 직접 나서서 문제를 해결해야 했다. 그는 샌본맵 이사회를 설득해 적절한 시기에 절세되는 방법으로 자사주를 매입하게 했다. 버핏이 직접 개입하지 않았다면 샌본맵은 주가가 청산가치에도 못 미치는 담배꽁초 상태에 머물렀을 것이다.

반면 아메리칸익스프레스는 일시적으로 자금난에 빠진 우량 기업이었다. 자금난이 완화되자 주가가 반등했으므로 버핏은 탁월한 중기 수익을 실현할 수 있었다. 그러나 버핏은 투자조합 지분을 매각하고 나서 아메리칸익스프레스가 계속 성장할 것으로 생각했다. 그래서 버크셔 해서웨이 경영권을 확보한 뒤 아메리칸익스프레스 주식을 다시 사들이기 시작했다. 그가 13억 6,000만 달러에 사들인 아메리칸익스프레스 지분 14.2%는 평가액이 138억 달러에 이른다. 버핏이 투자조합 시절 1,300만 달러에 사들인 아메리칸익스프레스 지분 5%를 이후 50여 년 동안 계속 보유했다면 2016년 현재 평가액은 45억 달러로서 연 수익률 13%를 기록했을 것이다. 버핏은 1994년 주주 서한에서 아메리칸익스프레스에 관해 다음과 같이 밝혔다.[8]

아메리칸익스프레스와 관련된 사건이 두 가지 있습니다. 1960년대 중반 아메리칸익스프레스가 샐러드유 스캔들에 휘말려 주가가 폭락했을 때, 우리는 버핏투자조합의 자본금 약 40%를 투자했습니다. 이는 당시까지 투자조합이 투자했던 최대 금액이었습니다. 우리는 1,300만 달러를 들여 5%가 넘는 지분을 확보했습니다. 현재 우리 지분은 10%에 약간 못 미치며 취득원가는 13억 6,000만 달러입니다. (아메리칸익스프레스의 이익은 1964년에는 1,250만 달러였으나, 1994년에는 14억 달러였습니다.)

1964~1994년의 30년 동안 아메리칸익스프레스의 이익은 100배가 넘게 증가했다. '시간은 훌륭한 기업에는 친구지만 신통치 않은 기업에는 적'이라는 버핏의 견해는 이로써 증명되었다. 1994~2014년의 20년 동안 아메리칸익스프레스의 이익은 25배 증가해 340억 달러가 되었다. 버핏이 처음 매수한 1964년 기준으로는 이익이 280배 증가했다.

1967년 투자조합 서한에서 버핏은 샌본맵 같은 양적 저평가 종목과 아메리칸익스프레스 같은 질적 저평가 종목의 차이를 언급했다.[9]

지금까지 투자 목적으로 증권과 기업을 평가할 때는 항상 질적 요소와 양적 요소를 혼합해서 사용했습니다. 한쪽 극단에서는 질적 요소만 주목하는 분석가가 '(산업의 내재적 여건과 경영진 등을 고려해서 전망이 밝은) 기업만 제대로 고르면 가격 문제는 저절로 해결된다'라고 주장했습니다. 그리고 반대편 극단에서는 양적 요소만 중시하는 분석가가 '사는 가격만 적절하면 기업의 문제는 저절로 해결된다'라고 주장했습니다. (중략)

나는 양적 요소 중시 집단에 속한다고 스스로 생각하지만(지금까지 이탈했다가 돌아온 사람이 하나도 없어서, 이 집단에 남은 사람이 나뿐인지 모르겠지만), 내게 정말로 '가능성 높은 통찰'이 떠오를 때는 질적 요소를 크게 중시하기도 했습니다. 이런 통찰에서 대박이 터지니까요. 그러나 양적 요소를 평가할 때는 통찰이 아예 필요 없습니다. 방망이로 머리를 얻어맞은 듯 어떤 숫자에서 통찰이 떠오르는 사례는 흔치 않습니다. 따라서 진짜 대박은 흔히 질적 요소를 잘 판단했을 때 터지고, 확실한 수익은 명확한 양적 요소를 잘 판단했을 때 얻게 된다고 생각합니다.

아메리칸익스프레스 등에 집중투자한 덕분에 버크셔는 이례적으로 빠르게 성장할 수 있었다. 소프는 버핏의 투자 실적을 분석했다. 버핏은 뉴잉글랜드 직물회사 버크셔의 지분을 주당 20달러에 인수했다. 1997년이 되자 버크셔의 주가는 3,500배 상승한 7만 달러가 되어 연 수익률 27%를 기록했다. 버핏이 버크셔 주가와 순자산가치를 복리 증식시킨 속도가 켈리 기준의 기하급수적 증가율과 매우 비슷하다고 소프는 평가했다.[10] (버크셔 A주는 1만 배 이상 상승해 2016년 현재 20만 달러가 훨씬 넘으며 연 수익률 19.4%를 기록하고 있다.)

소프의 경험적 증거에 의하면 지금까지 버핏은 켈리 기준과 같은 방식으로 주력 종목에 계속해서 집중투자했다. 이는 엄청난 기량이 필요한 이례적인 투자 방식이다.

유사 인덱스펀드

분산투자를 통해서 시장 수익률을 추적하는 과정에는 고려할 요소가 있다. 거래비용 등 각종 비용을 줄이려면 보유 종목 수를 최소화해야 하지만, 시장 수익률을 충실하게 추적하려면 보유 종목 수를 최대화해야 하므로, 둘 사이에서 균형을 유지해야 한다.

에드윈 엘튼 Edwin Elton과 마틴 그루버 Martin Gruber는 1977년 논문에서, 보유 종목이 20~30개면 분산투자의 이점을 대부분 누리게 된다고 주장했다.[11] 이들은 동일 비중 종목 3,290개로 구성된 모집단에서 무작위로 종목을 추출해서 규모가 다양한 동일 비중 포트폴리오를 구성했다. 엘튼과 그루버는 달성 가능한 최저 위험을 시장 위험으로 간주하고 이 위험을 시장의 '분산'으로 표시했다.

분산은 해당 증권의 수익률이 시장 수익률에서 벗어나는 정도를 측정한다. 분산이 0이라면 두 수익률이 똑같다는 뜻이다. 분산이 크면 해당 증권의 수익률이 시장 수익률에서 크게 벗어난다는 의미다. 모집단을 구성하는 3,290개 종목을 모두 포트폴리오에 포함하면 그 포트폴리오의 수익률은 시장 수익률과 같아지므로 분산은 0이 된다. (분산이 0인 포트폴리오도 수익률이 변동하므로 위험이 있지만, 학계에서는 이를 분산 불가능한 위험으로 간주해서 무시한다.) 이와 반대로 단일 종목으로 구성된 포트폴리오는 분산이 가장 크므로 위험도 가장 크다고 엘튼과 그루버는 간주했다.

[표 4.1]은 엘튼과 그루버의 연구를 분석한 논문에서 발췌한 자료다.[12] 포트폴리오에 동일 비중 종목들을 무작위로 선택해 추가함에 따라 위험 (엘튼과 그루버는 주간 수익률의 분산으로 정의했지만 여기서는 연간 수익률의 표준

[표 4.1] 분산투자 효과

포트폴리오 구성 종목 수	연 수익률의 기대 표준편차(%)	단일 종목 포트폴리오의 표준편차 대비 비율(%)
1	49.24	1.00
2	37.36	0.76
4	29.69	0.60
6	26.64	0.54
8	24.98	0.51
10	23.93	0.49
12	23.20	0.47
14	22.26	0.46
16	21.94	0.45
18	21.20	0.45
20	21.68	0.44
25	21.20	0.43
30	20.87	0.42
40	20.46	0.42
50	20.20	0.41
400	19.29	0.39
500	19.27	0.39
1,000	19.21	0.39
무한대	19.16	0.39

편차로 정의)이 감소하는 추세를 보여준다.

이 표에서 단일 종목 포트폴리오의 표준편차는 49.24%다. 종목이 2개가 되면 표준편차는 37.36%가 되어 위험이 0.76배 수준으로 감소하지만, 그래도 시장의 표준편차인 19.16%의 거의 두 배에 이른다. 종목이 4개가 되면 위험은 단일 종목 포트폴리오의 0.6배 수준으로 감소한다. 그러나 종목이 하나씩 늘어날 때마다 위험 감소 속도가 갈수록 둔화한다는 점에 주목하기 바란다. 종목이 20개에 도달하면 포트폴리오 위험의 92%가 사라진다. 여기에 10개를 더해 30개로 늘리면 포트폴리오 위험은 95% 사라지지만 겨우 3%포인트 개선될 뿐이다. 종목이 30개를 넘어가면 위험 감소 효과보다 거래비용 등 각종 비용이 더 증가하는 경향이 있다.

2008년 경영대학원 학생들이 분산투자에 관해 질문했을 때, 버핏은 '분산투자에 대해 두 가지 관점'이 있다고 대답했다.[13]

> 자신감 넘치는 투자 전문가에게는 과감한 집중투자를 권하겠습니다. 그러나 나머지 모든 사람에게는 철저한 분산투자를 권합니다. 투자 전문가에게는 분산투자가 이치에 맞지 않습니다. 1위 선택 종목이 있는데도 20위 선택 종목에 투자하는 것은 미친 짓입니다. 찰리와 나는 주로 5개 종목에 투자했습니다. 내가 운용하는 자금이 5,000만 달러, 1억 달러, 2억 달러라면, 5대 종목에 80%를 투자하면서 한 종목에 최대 25%까지 투자할 것입니다. 1964년에는 한 종목에 40% 이상을 투자하기도 했습니다. 나는 투자자들에게 원하면 자금을 인출해 가라고 말했지만 인출한 사람은 없었습니다. 그 종목은 샐러드유 스캔들이 터진 아메리칸익스프레스였습니다.

분산투자에 관한 버핏의 관점은 스펙트럼의 양극단에 해당한다. 한쪽은 시장 포트폴리오이고 다른 쪽은 켈리 기준에 가까운 집중투자다. 투자에 충분한 시간과 노력을 투입할 수 없는 사람들에게는 시장 포트폴리오에 가까운 저비용 인덱스펀드가 최상의 대안이라고 버핏은 말한다. 그러나 시간과 노력을 투입해 저평가 종목을 찾아낼 수 있는 사람들에게는 집중투자가 더 이치에 맞는다고 말한다. 그런 저평가 종목이 과연 존재할까? 1988년 주주 서한에서 버핏은 다음과 같이 지적했다.[14]

> 학계, 투자 전문가, 기업 경영자들은 시장이 '자주' 효율적인 모습을 확인한 다음, 시장이 '항상' 효율적이라고 잘못된 결론을 내렸습니다. 그러나 '자주' 와 '항상'의 차이는 낮과 밤만큼이나 큰 것입니다.

1994년 버핏의 동업자 찰리 멍거는 서던캘리포니아대학교 경영대학원에서 한 강연에서 이에 대해 덧붙여 설명하면서 투자를 경마 베팅에 비유했다. 경마 결과는 예측할 수 없는데도 계속해서 승리하는 사람이 있다고 멍거는 말했다.[15]

> 지금까지 인류 역사상 패리 뮤추얼 시스템* 에서 승리한 사람들 사이에는 단순한 공통점이 하나 있습니다. 여간해서는 베팅을 하지 않는다는 것입니다. 세상만사를 다 아는 사람은 세상에 없습니다. 그러나 열심히 노력하면 간혹 가격이 왜곡되어 승산이 높은 내기 기회를 발견할 수 있습니다. 이런 기회를 발견하면 현명한 사람들은 과감하게 베팅합니다. 이들은 확률이 유리할 때 크게 베팅하고, 평소에는 베팅하지 않습니다. 원리는 아주 단순합니다.

시장은 자주 효율적이어서 가격이 왜곡되는 사례가 흔치 않으므로 포

---

* pari-mutuel system, 수수료를 공제하고 판돈을 승자에게 모두 배분하는 내기

트폴리오에 포함되는 종목을 늘리기가 어렵다. 훗날 인터뷰에서 멍거는 '버크셔 스타일 투자자들'(장기 가치투자자들)이 대개 집중투자를 한다고 말했다.[16]

버크셔 스타일 투자자들은 상대적으로 집중투자를 하는 경향이 있습니다. 학계는 분산투자를 찬양해서 현명한 투자자들에게 끔찍한 피해를 입혔습니다. 나는 분산투자 개념 자체가 그야말로 미친 생각이라고 봅니다. 분산투자는 투자 실적이 시장 평균 실적에서 크게 벗어나지 않으므로 마음이 편하다고 강조합니다. 그러나 아무 이점도 없는 투자를 왜 합니까?

2013년 데일리저널 Daily Journal Company 주주총회에서 멍거는 버크셔 투자자들이 "소수 종목으로 매우 좋은 실적을 올린 듯하다"고 말했다.[17] 좀 더 광범위하게 분산투자할수록 실적은 시장 평균에 가까워지기 쉽고, 좀 더 집중투자할수록 실적은 시장 평균에서 벗어나기 쉽다. 따라서 시간이 부족한 사람들에게는 시장 수익률을 추구하는 저비용 인덱스펀드가 유리하다.

학계에서는 실적이 시장 평균에서 벗어날수록 위험이 크다고 간주한다. 그런데 우리 목표가 시장 평균 실적에서 벗어나는 것이라면? 그 목표를 달성하기는 얼마나 어려울까? 통계의 표본 이론을 이용하면 알 수 있다. S&P500은 미국 500대 기업의 주식으로 구성된 대표적인 주식시장지수다. 그리고 'S&P500 EW 투자총수익 지수'는 똑같은 종목을 동일 비중으로 구성하고 배당을 포함한 지수다. 우리는 시장 수익률을 원하지만 인덱스펀드는 없고, 자금이 부족해서 500종목을 모두 살 수도 없다고 가정해보자. S&P500 EW 투자총수익 지수의 실적을 대강이라도 따라가려면 몇 종목을 사야 할까? 종목을 무작위로 선정해서 구성한 포트폴리오가 이 지수를 따라갈 확률은 얼마나 될까? 이 질문에는 통계를 이용해서 대답할 수 있다.

통계에서는 모집단의 특성을 파악하고자 할 때 표본을 이용한다. 예를 들어 캘리포니아 남자들(모집단)의 평균 신장을 알고자 한다. 그러나 캘리포니아 남자 모두의 신장을 측정하는 것은 현실적으로 불가능하다. 그러면 예컨대 표본으로 1,000명을 무작위로 선택해 신장을 측정할 수 있다. 표본 1,000명의 신장으로 캘리포니아 남자들 신장을 추정하면 된다. 여기서 표본으로 선정된 남자들이 모집단을 대표할 것으로 기대하지만 실제로는 이 표본의 신장이 모집단보다 더 크거나 작을 수도 있다. 통계학에서는 이렇게 표본의 특성이 모집단의 특성과 달라지는 현상을 '표본오차 sampling error'라고 부른다. 다른 조건이 모두 같다면, 표본의 수가 증가할수록 표본오차가 감소한다.

포트폴리오를 구성할 때도 똑같은 현상이 나타난다. 우리 사례에서 모집단은 S&P500 EW 투자총수익 지수에 포함된 500종목이고 표본은 포트폴리오다. 우리는 표본의 수익률이 S&P500 EW 투자총수익 지수의 수익률과 얼마나 일치하는지 알고자 한다. 그러면 몬테카를로 시뮬레이션 Monte Carlo Simulation 기법으로 다양한 크기의 포트폴리오를 구성한 다음 그 수익률을 지수의 수익률과 비교하면 된다.

《워런 버핏 집중투자(The Warren Buffett Portfolio)》에서 로버트 해그스트롬 Robert G. Hagstrom 은 집중투자가 실적에 미치는 영향을 1979~1996년의 18년 컴퓨스테트 Compustat 데이터베이스로 분석했다.[18] 그는 250, 100, 50,

144

15종목으로 구성된 포트폴리오의 수익률과 S&P500지수의 수익률을 비교했다. 해그스트롬은 종목 수를 줄이면 초과수익 가능성이 증가한다고 결론지었다. 그러나 미달수익 가능성도 그만큼 증가한다고 덧붙였다.

우리는 그의 방식을 약간 수정해서 분석을 실행했다. 해그스트롬은 1,200종목으로 구성된 모집단에서 표본을 추출했지만 우리는 S&P500 종목에서 표본을 추출했다. 그리고 포트폴리오는 동일 비중으로 구성해 S&P500 EW 투자총수익 지수의 수익률과 비교했다. 우리는 아래의 종목 수로 구성되는 포트폴리오를 연도별로 1,000개씩 무작위로 생성했다.

10종목 포트폴리오 1,000개

15종목 포트폴리오 1,000개

20종목 포트폴리오 1,000개

25종목 포트폴리오 1,000개

30종목 포트폴리오 1,000개

50종목 포트폴리오 1,000개

100종목 포트폴리오 1,000개

250종목 포트폴리오 1,000개

분석 기간이 1999년 1월~2014년 10월의 15년이므로 생성된 포트폴리오는 모두 12만 개(8,000개×15년)였다. 우리는 각 포트폴리오의 연 수익률 평균을 산출해 S&P500 EW 투자총수익 지수 연 수익률의 평균과 비교했다. [그림 4.1]은 몬테카를로 시뮬레이션의 결과를 나타낸다. [표 4.2]에서는 주요 통계를 정리했다.

[그림 4.1] 포트폴리오의 규모와 연 수익률 평균의 분포
(1999~2014, 몬테카를로 시뮬레이션)

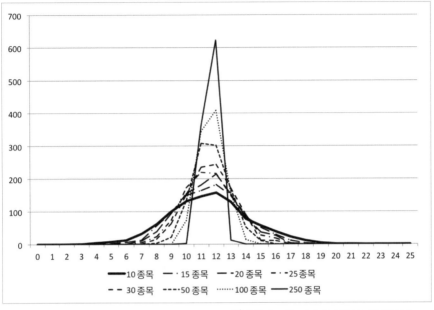

자료: Carbon Beach Asset Management, LLC.

[표 4.2] 포트폴리오의 규모와 연 수익률 평균의 주요 통계
(1999~2014, 몬테카를로 시뮬레이션, S&P500 EW 투자총수익 지수)

	10 종목 (%)	15 종목 (%)	20 종목 (%)	25 종목 (%)	30 종목 (%)	50 종목 (%)	100 종목 (%)	250 종목 (%)	전체
평균	12.01	12.08	12.07	12.09	12.13	12.16	12.19	12.16	12.16
중앙값	12.05	12.08	12.07	12.09	12.13	12.16	12.19	12.16	12.16
최솟값	3.71	5.40	5.32	5.90	7.51	8.13	10.12	10.69	12.16
최댓값	21.32	19.96	18.68	17.23	17.33	15.79	14.78	13.50	12.16
표준편차	2.69	2.21	1.93	1.73	1.53	1.18	0.80	0.40	0.00

[그림 4.1]과 [표 4.2]를 보면 각 포트폴리오의 수익률은 평균을 중심으로 모여 있다. S&P500 EW 투자총수익 지수의 15년 연 수익률 평균은 12.16%였다. 250종목 포트폴리오와 50종목 포트폴리오의 연 수익률 평균도 마찬가지로 12.16%였다. 10종목 포트폴리오의 연 수익률 평균은 지수보다 약간 낮았지만 그래도 매우 비슷했다. 직관적으로 이해할 수 있는 결과다. 각 포트폴리오의 연 수익률 평균은 지수의 연 수익률 평균과 거의 같다고 볼 수 있다. 소규모 포트폴리오의 연 수익률 평균이 지수보다 약간 낮지만 무시할 수 있는 수준이다. 시뮬레이션 횟수를 늘릴수록 각 포트폴리오의 연 수익률 평균은 지수의 연 수익률 평균에 수렴한다.

종목 수가 감소할수록 수익률이 넓게 분산된다는 점이 주목할 만하다. 차트에서 250종목 포트폴리오는 정점이 가장 높고 수익률이 가장 좁게 밀집되어 있다. 지수 수익률에서 많이 벗어나지 않는다는 뜻이다. 250종목 포트폴리오 연 수익률 평균의 최솟값은 10.69%이고 최댓값은 13.5%였다. 대조적으로 10종목 포트폴리오는 정점이 가장 낮고 수익률이 가장 넓게 분산되어 있다. 지수 수익률에서 크게 벗어나기 쉽다는 뜻이다. 10종목 포트폴리오 연 수익률 평균의 최솟값은 겨우 3.71%였고 최댓값은 무려 21.32%였다.

[표 4.3]은 각 포트폴리오의 연 수익률 평균이 지수의 연 수익률 평균에서 벗어날 확률을 나타낸다. 이 내용에 따르면 종목 수가 감소할수록 초과수익의 가능성이 증가한다. 250종목 포트폴리오는 연 1% 이상 초과수익 달성 확률이 0.2%에 불과했고 연 2% 이상 초과수익은 전혀 없었다. 반면 10종목 포트폴리오는 연 1% 이상 초과수익 달성 확률이 35.2%였고 연 2% 이상 초과수익 달성 확률은 22.1%였다. 즉 지수의 수익률이 12.16%였

[표 4.3] 지수 대비 초과수익 확률
(1999~2014, 몬테카를로 시뮬레이션, S&P500 EW 투자총수익 지수)

	10 종목 (%)	15 종목 (%)	20 종목 (%)	25 종목 (%)	30 종목 (%)	50 종목 (%)	100 종목 (%)	250 종목 (%)	전체
연 1% 이상	35.20	32.40	30.20	27.70	23.40	15.80	7.30	0.20	—
연 2% 이상	22.10	17.50	14.70	10.40	8.20	2.50	—	—	—
연 3% 이상	12.10	7.90	5.20	3.00	1.80	0.30	—	—	—
연 4% 이상	5.90	2.20	1.30	0.60	0.10	—	—	—	—
연 5% 이상	2.60	0.80	0.20	0.10	—	—	—	—	—

으므로 수익률 13.16% 달성 확률은 35.2%, 수익률 14.16% 달성 확률은 22.1%였다. 그리고 연 5% 이상 초과수익, 즉 수익률 17.16% 달성 확률이 2.6%였다.

물론 그 반대도 성립한다. 250종목 포트폴리오는 연 1% 이상 미달수익 발생 확률이 0.2%였고 연 2% 이상 미달수익 발생은 전혀 없었다. 반면에 10종목 포트폴리오는 연 1% 이상 미달수익 발생 확률이 35.2%였고, 연 2% 이상 미달수익 발생 확률은 22.1%였으며, 연 5% 이상 미달수익 발생 확률은 2.6%였다. 이상에서 보듯이 보유 종목 수가 감소하면 포트폴리오 수익률이 지수 수익률에서 벗어날 확률이 높아진다. 그래도 포트폴리오의 기대수익률은 지수의 수익률과 여전히 같은 수준이다. 그러나 우리의 관심사는 지수 수익률이 아니다. 미달수익률은 더더욱 아니다.

흔히 초과수익은 저평가 종목에서 나온다. 주식을 저평가 순서대로 열거하고 저평가 종목으로 집중투자 포트폴리오를 구성해서 실적을 조사해

보면 어떤 결과가 나올까? 평가 척도로 잉여현금흐름을 선호하는 투자자들도 있지만, 널리 사용되는 단순한 저평가 척도로 주가순자산배수(PBR)가 있다. 다른 조건이 모두 같다면, PBR이 낮을수록 그 주식은 저평가되어 있다.

케네스 프렌치Kenneth R. French가 정리한 데이터를 이용해 저평가 포트폴리오의 실적을 분석해보자. (케네스 프렌치는 다트머스대학 턱경영대학원 로스 패밀리 석좌교수다.) 2014년 9월 현재 3,443개 종목으로 구성된 모집단으로 포트폴리오 5개를 만든다. 먼저 시장 포트폴리오에는 3,443개 종목을 모두 포함한다. 이어서 집중도를 기준으로 포트폴리오를 4개 구성한다. '50% 포트폴리오'에는 PBR 기준 저평가 상위 50%에 속하는 종목 1,959개를 포함한다. '33% 포트폴리오'에는 PBR 기준 저평가 상위 33% 종목 1,105개를 포함한다. '20% 포트폴리오'에는 같은 기준으로 상위 20% 종목 749개를 포함한다. '10% 포트폴리오'에는 같은 기준으로 상위 10% 종목 407개를 포함한다. 포트폴리오를 매년 리밸런싱해서 1929년 7월 1일~2014년 9월 30일 실적을 분석한다.

[그림 4.2]는 각 포트폴리오의 복리 실적을 나타낸다. 이 그림을 보면 포트폴리오의 저평가 순위가 높을수록 실적이 더 좋아서 10% 포트폴리오의 실적이 가장 높았다. 로그 차트여서 10% 포트폴리오의 복리 실적이 과소평가되는 경향이 있으니 [표 4.4]의 실적을 살펴보자.

[표 4.4]는 각 포트폴리오의 수익률과 표준편차를 나타낸다. 시장 포트폴리오의 전체 기간 연 수익률(기하평균 수익률)은 13.4%였다. 거래비용과 세금을 무시하면, 1929년 7월 1일 투자한 100달러는 2014년 9월 30일 620만 달러가 되었다. 10% 포트폴리오의 연 수익률은 19.9%였고, 1929년

[그림 4.2] PBR 포트폴리오의 실적(1929~2014, 로그 차트)

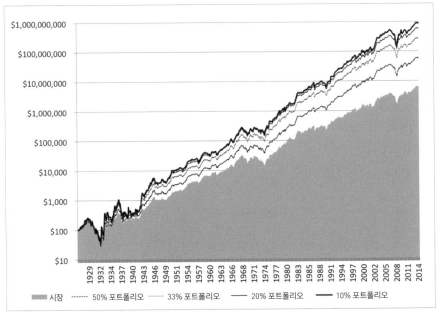

자료: Carbon Beach Asset Management, LLC, and Kenneth R. French

[표 4.4] PBR 포트폴리오의 실적(1929~2014)

	시장	50% 포트폴리오	33% 포트폴리오	20% 포트폴리오	10% 포트폴리오
연 수익률	13.4	16.2	18.3	19.4	19.9
표준편차	7.4	7.8	8.8	9.4	10.4

7월 1일에 투자한 100달러는 2014년 9월 30일 8억 6,300만 달러가 되어 시장 포트폴리오보다 139배 증가했다. 10% 포트폴리오는 다른 모든 포트폴리오를 능가했다. 20% 포트폴리오는 연 수익률이 19.4%여서 큰 차이가

나지 않는 듯하지만 만기 금액은 10% 포트폴리오가 50%(2억 8,400만 달러)나 많았다. 저평가 종목에 집중투자했을 때 확실히 실적이 더 좋았다. 그러나 10% 포트폴리오조차 보유 종목이 407개여서, 집중투자로 보기 어려울 정도로 종목 수가 많다. 그러면 극단적인 집중투자 포트폴리오의 실적은 어떨까?

오쇼너시 에셋 매니지먼트O'Shaughnessy Asset Management의 패트릭 오쇼너시Patrick O'Shaughnessy(CFA)는 《Millennial Money: How Young Investors Can Build a Fortune(밀레니얼 머니)》(2014)을 저술했다. 그는 2014년 11월 인베스터스 필드 가이드The Investor's Field Guide라는 웹사이트에 '가치투자 포트폴리오로 얼마나 집중투자해야 하는가?(How Concentrated Should You make Your Value Portfolio?)'라는 글을 올렸다.[19]

오쇼너시는 1964~2014년의 50년 동안 미국에서 가장 저평가된 종목(ADR 포함)으로 구성된 포트폴리오의 실적을 분석했다. 포트폴리오를 구성하는 종목의 수는 1에서 100까지 다양했다. 각 종목의 시가총액 하한선은 2억 달러(2014년 불변 가격 기준)였다. 그는 PER, 주가매출액배수(PSR), EV/EBITDA, EV/FCF, 총주주수익률(TSR, 배당에 자본수익을 더함)을 동일 비중으로 평가해 각 종목의 저평가 순위를 매겼다. 포트폴리오는 매년 리밸런싱했다. 오쇼너시는 이 책을 위해 2015년 실적까지 갱신해주었다. [그림 4.3]과 [표 4.5]는 갱신된 실적을 나타낸다.

오쇼너시에 의하면 단일 종목 포트폴리오의 연 수익률이 22.8%로 가장 높았다. 보유 종목 수가 증가할수록 수익률은 내려갔다. 샤프지수(위험조정수익률)는 25종목일 때 0.85로 가장 높았다. 그러나 25종목을 초과하면 점차 하락했다. 오쇼너시는 저평가 종목에 집중투자할수록 포트폴리

[그림 4.3] 집중투자 가치 포트폴리오의 실적(1963~2015, 매년 리밸런싱)

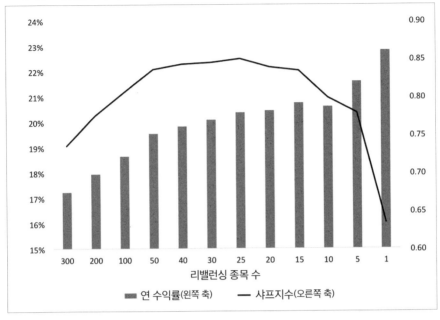

자료: O'Shaughnessy Asset Management, LLC.

[표 4.5] 집중투자 가치 포트폴리오의 실적(1963~2015, 매년 리밸런싱)

종목 수	300	200	100	50	40	30	25	20	15	10	5	1
수익률 (%)	17.2	17.9	18.6	19.5	19.8	20.1	20.4	20.4	20.7	20.6	21.6	22.8
샤프지수	0.73	0.78	0.81	0.84	0.84	0.84	0.85	0.84	0.83	0.80	0.78	0.63

오의 실적이 개선되었다고 분석했다. 과감한 집중투자를 권하는 버핏의
판단이 옳다는 뜻이다. 버핏은 "내가 운용하는 자금이 5,000만 달러, 1억
달러, 2억 달러라면, 5대 종목에 80%를 투자하면서 한 종목에 최대 25%
까지 투자할 것입니다"라고 말했다.[20]

이 분석에서는 동일 비중 포트폴리오를 가정했다. 만일 켈리 기준을 이용해 유망 종목의 비중을 늘리면 실적이 개선될까? 그렇다면 우리가 고려할 요소는 무엇일까?

켈리 베팅 가치투자자

소프는 전환 차익거래 전문가였지만 가치투자에 켈리 기준이 사용되는지를 면밀히 지켜보았다. 2007년 5월 캘리포니아 패서디나에서 열린 '밸류 인베스팅 콩그레스Value Investing Congress'에 참석했던 소프의 아들이 전한 바로는 모두가 켈리 기준을 사용하고 있었다.[21]

소프는 가치투자에 켈리 기준을 사용할 때 발생할 수 있는 여러 문제를 발견했다. 첫째, 기회비용을 간과할 수 있다. 예를 들어 자본금의 절반 이상을 투자할 종목이 하나 있는 상태에서, 역시 자본금의 절반 이상을 투자할 두 번째 종목을 발견했다고 하자. 이 상황에서 최적의 전략은 두 종목에 똑같이 투자하는 것이다. 그러나 한 종목의 최적 켈리 기준이 50%를 초과하더라도, 자본금의 50%까지 투자하면 무일푼이 될 위험이 있다. 따라서 베팅 금액은 50% 미만이 되어야 한다.

소프는 투자 대안이 둘 이상일 때도 똑같은 원칙을 적용해야 한다고 주장한다. "최적 켈리 기준을 찾아내려면, 우리는 현재 보유 종목을 알아야 하고, 새로 투자할 후보 종목도 알아야 하며, 이들의 (결합) 특성도 알아야 하고, 기존 종목의 변경 가능성까지도 알아야 한다."[22] 버핏이 샌본맵에 자본금의 35%를 투자하고 아메리칸익스프레스에 자본금의 40%를 투자한 것은 그가 켈리 베팅 투자자처럼 생각한다는 '중요한 증거'라고 소프는 지적했다. 켈리 기준에 따라 산출된 베팅 비중은 35%나 40%보다 훨씬 높았겠지만 버핏은 다른 투자 대안 또한 고려하면서 자본금 전액 손실 위험을 피하려고 35%와 40%를 투자했을 것이라고 소프는 판단했다. 최적 켈리 기준은 '훨씬 컸겠지만' 기회비용 원칙을 고려해서 비중을 낮췄을 것이라는 말이다.[23] 최적 켈리 기준을 산출할 때 가장 흔히 발생하는 실수는 다른 투자 대안을 간과하는 것이다. 소프는 이 점을 명심하라고 경고한다.[24]

이는 흔히 최적 켈리 기준을 과대 추정하기 때문에 일어나는 위험한 실수다.

투자자들은 대체로 풀 켈리 베팅을 부담스러워하므로 이보다 낮은 비중을 훨씬 더 좋아한다고 켈리는 보았다.[25] 게다가 '블랙 스완'* 같은 뜻밖의 대형 사건 때문에 실적이 기대했던 최저 수준보다도 내려갈 수 있다. 이 두 가지를 고려하면 베팅 금액을 켈리 기준보다 낮추는 편이 합리적일 수 있다.

끝으로 '켈리 기준의 우월한 특성은 점근적漸近的이어서 시간이 흐를수록 확률이 높아지지만, 이렇게 확률이 매우 높아질 때까지 사람들이 켈리 기준을 유지하기는 어려울 수 있다'고 소프는 지적했다. 즉 켈리 기준의 장점이 드러나려면 매우 오랜 시간이 걸린다는 뜻이다.

단순한 가치투자 기법을 이용해 집중투자하면 장기적으로 시장 평균

---

* black swan. '과거의 경험으로는 아무리 분석해도 미래를 예측할 수 없을 때'를 가리키는 용어로 쓰인다. 모든 백조는 희다고 믿었지만 흑조(black swan)를 발견한 이후 이제까지의 통념이 산산이 부서지는 충격을 받았다는 데서 유래했다.

에서 벗어나 초과수익을 얻게 될 것이다. 그리고 집중도를 높일수록 실적은 더 좋아질 것이다. 그래서 가치투자자들은 내재가치보다 가격이 낮은 우량주에 집중투자해야 한다고 주장한다. 세스 클라만Seth Klarman은 저서 《Margin of Safety(안전마진)》에 다음과 같이 썼다.[26]

> 신중하게 분산투자하면 그런 별난 사건이 미치는 악영향을 완화할 수 있다. 보유 종목 수가 그다지 많지 않아도 그런 위험을 적정 수준으로 낮출 수 있다. 대개 10~15종목이면 충분하다.

벤저민 그레이엄도 과도한 분산투자에는 반대했다.《현명한 투자자》(1949)에서 그는 최소 10종목, 최대 30종목을 제안했다. 그가 추천한 보유 종목 수는 학계의 연구 결과와도 일치한다. 버핏과 멍거는 5종목을 제시했고 클라만은 10~15종목을 제시했지만, 가치투자자는 소수 종목에 집중투자할 때 좋은 실적이 나온다는 생각에는 모두 동의한다. 다음 장에서는 집중 가치투자자들의 철학과 실적을 살펴보기로 한다. 이들은 켈리 기준을 사용하든, 직관에 의지하든, 모두 집중투자를 통해 탁월한 장기 실적을 기록했다. 먼저 버핏의 동업자이자 버크셔 해서웨이의 부회장인 찰리 멍거를 보자.

5

찰리 멍거

가격보다
질을 중시한,
사색하는
집중투자자

5장은 2012년 2월 23일 실시한
찰리 멍거 인터뷰를 기반으로 서술했다.

나는 장기간에 걸쳐 탁월한 실적을 기록한 사람 중 20개 업종에 걸쳐 100개 종목
을 보유한 사람을 수십 년 동안 한 번도 보지 못했습니다. 책으로 다뤄볼 만한 주
제지요. 장기간 탁월한 실적을 유지하는 사람들 중에는 빌 밀러(Bill Miller)처럼 전
문 분야에 집중하는 사람도 있지만, 대개 집중 포트폴리오를 운용하는 사람들이
오래 버티지요. 어찌 보면 당연한 결과입니다.
- 찰리 멍거, 2014년[1]

1962년 찰리 멍거는 워런 버핏의 권유에 따라 투자회사 '휠러, 멍거 앤드
컴퍼니Wheeler, Munger & Company'를 설립했다. 동업자 잭 휠러 Jack Wheeler는 퍼
시픽코스트 증권거래소에 스페셜리스트* 포스트 두 개를 공동 소유한 플
로어 트레이더** 였다.[2]

　새 회사는 스페셜리스트 포스트를 인수하고 증권거래소 2층에 사무실
을 빌렸다. (버핏투자조합과 똑같은 구조로 설립된) 투자조합의 자본 조달 작업

---

* specialist. 해당 증권의 거래를 촉진하려고 시장을 조성하는 거래소 회원
** floor trader. 자기 계정으로 매매하는 거래소 회원

에도 착수했다. 멍거는 가족, 친구, 예전 고객들에게 버핏과 똑같은 방식으로 자금을 운용하겠다고 약속했다. (법률 파트너는 로이 톨즈^{Roy Tolles}였다.) 실제로 버핏과 멍거는 똑같은 회사에 투자하는 사례가 많았다. 두 사람은 자주 통화했다.

두 사람의 포트폴리오는 똑같지는 않았지만 겹치는 부분이 많았다.[3] 소매점 체인 둘을 보유한 다이버시파이드 리테일링^{Diversified Retailing}을 함께 보유했다. 블루칩스탬프^{Blue Chip Stamps}에는 버핏이 최대 주주였고 멍거가 2대 주주였다.[4] 버핏은 멍거에게 자산운용의 멘토가 되어주었다.[5]

> 버핏의 멘토는 벤저민 그레이엄이었습니다. 버핏은 "나는 그레이엄의 그늘에서 전혀 벗어나지 못했어"라고 말했지만 실제로는 벗어났습니다. 나의 멘토는 버핏입니다. 버핏의 권유로 자산운용 분야에 발을 들여놓았습니다. 물론 내게도 나름의 방식이 있습니다. 그러나 버핏과 내 생각은 일치할 때가 많습니다.

멍거의 투자 실적도 버핏 못지않게 훌륭했다. 1962~1972년의 11년 동안 시장 수익률은 연 6.7%였지만 멍거의 수익률은 연 28.3%여서 초과수익률이 연 21.7%에 이르렀다. 이 기간 중 3년은 시장 수익률이 마이너스였는데(1962년 -7.6%, 1966년 -15.8%, 1969년 -11.6%), 멍거의 수익률이 마이너스였던 해는 1971년 -0.1%뿐이었다. 세금을 무시한다면 1972년 말 멍거의 투자수익은 S&P500의 8배에 육박했다. 그러나 [표 5.1]에서 보듯이 이후에는 실적이 부진했다.

1973년, 시장 수익률이 -13.1%일 때 멍거의 수익률은 -31.9%였다.

[표 5.1] 휠러, 멍거 투자조합의 실적

연말	수익률(%)	S&P500(%)	초과수익률(%)
1962	30.1	-7.6	37.7
1963	71.7	20.6	51.1
1964	49.7	18.7	31.0
1965	8.4	14.2	-5.8
1966	12.4	-15.8	28.2
1967	56.2	19.0	37.2
1968	40.4	7.7	32.7
1969	28.3	-11.6	39.9
1970	-0.1	8.7	-8.8
1971	25.4	9.8	15.6
1972	8.3	18.2	-9.9
1973	-31.9	-13.1	-18.8
1974	-31.5	-23.1	-8.4
1975	73.2	44.4	28.8
연 수익률(기하평균)	19.8	4.9	14.9
연 수익률(산술평균)	24.3	6.4	17.9
표준편차	33.0	18.5	14.5

자료: Warren Buffett, "Superinvestors of Graham-and-Doddsville," *Hermes Magazine*, Columbia Business School, Fall 1984.

1974년, 시장 수익률이 -23.1%일 때도 멍거의 수익률은 거의 똑같은 수준인 -31.5%였다. 1975년에는 무려 73.2%에 이르는 실적을 기록했지만 이전 고점을 회복하지는 못했다. 1975년 말 사업을 접었을 때 실적은 1972년에 기록한 고점보다 19.2% 낮은 수준이었다. 그래도 14년 전체 동안 시장 수익률은 연 4.9%였고 멍거의 수익률은 연 19.8%였으므로 초과수익률이 연 15%에 육박했다. 이 기간에 10만 달러를 S&P500에 투자했다면 세전 19만 6,170달러, 멍거의 투자조합에 투자했다면 세전 126만 달러로 6.4배가 되었을 것이다.

1973년과 1974년에 멍거의 실적을 갉아먹은 종목이 둘 있었다. 하나는 '펀드오브레터스Fund of Letters'라는 등록 투자회사였고 하나는 블루칩스탬프였다. 멍거는 1972년에 펀드오브레터스의 경영권을 인수했다.[6] 이 회사는 미등록 주식letter stock을 잔뜩 보유하고 있어서 회사 명칭이 펀드오브레터스였다. 미등록 주식은 시장에서 판매할 수 없으므로 유동성이 지극히 낮았다. 1960년대 호황기를 앞두고 시장이 급등할 때는 미등록 주식이 인기를 끌었다. 그러나 1960년대 말 시장이 급락하자, 미등록 주식을 대량 보유한 폐쇄형 펀드의 가격은 순자산가치 밑으로 내려갔다. 멍거는 대폭 할인된 가격에 사들여 결국 펀드의 경영권을 인수했다.

> 초창기에 버핏과 나는 가끔 시장에서 주식을 사들여 경영권을 인수했습니다. 이제는 그렇게 하지 않습니다. 수십 년 전 초창기나 그랬지요. 버크셔 해서웨이도 버핏이 시장에서 주식을 사들여 경영권을 인수한 사례입니다.

멍거는 곧바로 회사 명칭을 '뉴아메리카펀드New America Fund'로 변경하고 이사회 구성원들을 교체했다. 투자 스타일도 휠러, 멍거 투자조합 방식으로 바꾸었다.[7] 그동안 펀드오브레터스는 벤처캐피털 펀드처럼 운영되었지만, 뉴아메리카펀드는 상장 주식에 투자하는 가치투자회사가 되었다. 멍거는 미등록 주식을 쏟아버리고 저평가된 미디어 주식을 사들였다.[8] 캐피털 시티 커뮤니케이션즈Capital Cities Communications와, 지분 100%를 사들인 데일

리저널이 대표적인 사례다.[9]

물론 이런 변화가 결실을 맺기까지는 적지 않은 시간이 걸렸다. 1972년 말 9.22달러에 사들인 주식이, 1974년 말에는 주당 순자산가치가 9.28달러인데도 3.75달러로 폭락했다.[10] 블루칩스탬프도 마찬가지여서, 7.50달러에 사들인 주식이 1974년 말 5.25달러로 폭락했다.[11] 멍거는 자신의 계좌에서 발생한 평가 손실은 걱정하지 않았지만, 시가 평가에 따라 투자조합 계좌에 발생한 손실은 견딜 수가 없었다.[12]

그는 합자회사 구조가 자금 운용에 적합하지 않다고 판단했다. 고객들은 예고 없이 자본금을 인출할 수 있었는데, 문제는 대개 시장이 바닥에 도달했을 때 인출이 몰렸다는 점이다. 멍거가 자금을 투자하려는 시점에 조합원이 자본금 인출을 요구할 수 있었다. 실제로 그런 사례는 거의 없었지만 이를 심각하게 우려한 멍거는 투자조합을 청산하기로 했다.

1976년 멍거는 뉴아메리카펀드의 주식을 받아 1986년까지 계속 운용했다. 다이버시파이드 리테일링과 블루칩스탬프는 주식 교환 방식으로 버크셔 해서웨이에 넘겼다. 휠러, 멍거 투자조합 주주 서한을 출판할 생각이 있는지 묻자 멍거는 "전혀 생각해보지 않았습니다"라고 대답했다.

나보다는 버핏이 운용에 더 열중했습니다. 나는 운용에 도취할 정도는 아니었습니다. 내 투자는 처음 시작할 때보다 점차 개선되었고 버핏의 투자도 개선되었습니다. (버핏, 멍거, 심프슨이 올린) 투자 실적의 비밀은 일반인들의 관심을 끌 성격이 아닙니다. 끊임없이 배운 덕분에 수십 년에 걸쳐 실적이 개선된 것입니다. 경쟁은 갈수록 치열해졌지만 우리 실적은 갈수록 좋아졌습니다. 그러나 종반에 접어들면서 실적이 평범한 수준으로 내려가고 있습니다. 이제는 운용업계에 우수한 사람이 많이 진출한 데다, 이들이 수많은 틈새시장에서 열심히 노력하고 있어서 시장의 양상이 과거와 크게 달라졌기 때문입니다. 경쟁은 훨씬 치열해졌고 운용 자산이 커져서 포지션을 구축하거나 처분하기가 매우 어려워졌습니다. 중소형주는 버크셔 실적에 영향을 주지 못하므로 들여다볼 필요도 없습니다. 우리의 운용 자산이 계속 증가하고 있으므로, 경쟁이 치열해질수록 실적이 둔화합니다. 수탁자산이 계속 증가하거나 투자 소득을 전액 유보하는 대부분의 자산운용사에서 이런 현상이 나타납니다. 이유가 무엇이든, 운용 자산이 증가할수록 초과수익을 내기가 더 어려워집니다.

블루칩스탬프와 씨즈캔디

블루칩스탬프는 버핏, 멍거, 버크셔 해서웨이의 역사에 중요한 기업이다. 버크셔 해서웨이는 블루칩스탬프를 통해 씨즈캔디See's Candies, 버펄로뉴스 Buffalo News, 웨스코파이낸셜을 인수했다. 세 회사 모두 버크셔의 발전에 크게 이바지했다.

블루칩스탬프는 경품권을 발행했다. 오늘날 항공사들이 단골 고객에게 마일리지를 적립해주듯이, 소매점들이 단골 고객을 유지하려고 제공하는 보상이었다. 소매점들은 블루칩스탬프에서 경품권을 사서, 매상을 올려주는 고객들에게 제공했다. 고객들은 수집한 경품권을 장난감이나 토스터 등 경품과 교환할 수 있었다.[13] 블루칩스탬프는 1956년 쉐브론오일Chevron Oil, 스리프티드러그Thrifty Drugs와 캘리포니아의 여러 대형 식품점 체인 등

소매상 9곳이 연합해서 설립했다. (다른 경품회사인 S&H 그린스탬프^{S&H Green}
Stamps와는 별도로 운영되었다.)

버핏과 멍거는 이 회사의 플로트에 매력을 느꼈다. 블루칩스탬프가 먼
저 경품권을 팔고 현금을 받으면, 고객들은 나중에 경품권을 가져와서 경
품과 교환해 갔으므로 상당 기간 현금을 이용할 수 있었다. 게다가 경품권
은 분실되거나 버려지는 양도 많아서 플로트가 계속 증가했다. 1970년대
초에는 연 매출이 1억 2,000만 달러였고 플로트가 1억 달러에 육박했다.[14]
보험사의 플로트와 마찬가지로 블루칩스탬프의 플로트로도 투자할 수 있
었다.

블루칩스탬프의 지분 45%는 설립에 참여한 소매상 9곳이 보유했고 나
머지 지분 55%는 수천 개 소매상이 보유했다. (1963년 법무부가 9개 소매상에
독점금지법을 적용한 결과, 지분이 광범위하게 분산되었다.)[15] 버핏은 장외에서 거
래되는 이 주식이 매우 싸다고 생각했다.[16] 적극적으로 매수한 버핏은 최대
주주가 되었고 멍거는 2대 주주가 되었다. 결국 버크셔, 버핏, 멍거가 블루
칩스탬프 유통주식의 75%를 사들였고 버크셔의 지분이 60%였다.[17] 버핏
과 멍거는 곧바로 블루칩스탬프 투자위원회를 장악해 플로트를 더 효율적
으로 사용했다.

경품권 사업은 1970년 매출 1억 2,400만 달러로 정점을 기록한 이후 장
기간 서서히 둔화해 1990년대 초에는 연 매출이 겨우 10만 달러로 감소
했다. 이제 경품권 발행자는 볼링장 몇 곳뿐이었다. 멍거는 "그래서 나는
99.99% 망한 회사를 관리한 셈입니다. 완전히 실패했죠"라고 농담했다.[18]
그러나 블루칩스탬프는 투자를 통해 놀라운 실적을 거두었다. 순자산이
1972년에는 4,600만 달러였으나 1981년 말에는 1억 6,900만 달러로 늘어

났다.[19] 1981년 멍거는 투자 포트폴리오에 관해 블루칩스탬프 주주들에게 다음과 같이 설명했다.[20]

1970년대에 시작한 하나뿐인 경품권 사업은 매출이 거의 사라질 운명이었고, 이전 소유주가 경품권 판매 대금으로 투자한 증권들은 지금까지 보유했다면 처참한 실적을 기록했을 것입니다.

(버핏과 멍거가 블루칩스탬프 경영 초기에 인수한 회사 중 하나가 곤경에 빠진 폐쇄형 투자회사로서, 1960년대 호황기에 프레드 카가 운용하던 소스캐피털Source Capital이었다. 프레드 카는 1969년 잠시 루 심프슨을 고용했던 사람이다.[21]) 버핏과 멍거는 곧바로 블루칩스탬프의 플로트로 투자할 대상을 찾아냈다. 바로 씨즈캔디로, 버핏과 멍거에게는 그 시점까지 인수 대상으로 삼았던 기업 중 최대 기업이었다.

1971년 11월 투자자문업자 로버트 플래허티Robert Flaherty가 버핏에게 전화해서 씨즈캔디가 매물로 나왔다고 알려주었다. 버핏은 "에이, 캔디 사업이라고요? 캔디 사업에는 관심 없습니다"라고 말하고서 전화를 끊었다.[22] 플래허티의 비서가 다시 전화했지만, 전화번호를 잘못 돌린 탓에 몇 분이 지나서야 통화할 수 있었다. 이번에는 버핏이 먼저 말을 꺼냈다.

"씨즈캔디의 재무제표를 보고 있었습니다. 비싼 가격에라도 사겠습니다."[23]

버핏과 멍거는 로스앤젤레스 호텔에서 설립자의 아들인 CEO 해리 시Harry See와 임원 척 허긴스Chuck Huggins를 만났다. 협의할 사항은 두 가지로, 가격과 경영자였다.

CEO 시가 은퇴한다는 말을 들은 버핏이 물었다.

"회사를 인수하더라도 경영은 하지 않을 것입니다. 누가 경영을 맡게 됩니까?"[24]

시는 허긴스를 보면서 말했다.

"척이 맡을 것입니다."[25]

버핏은 "좋습니다"라고 대답했다.[26] 이제 허긴스가 차기 CEO로 선정되었다. 시 가족이 원하는 가격은 3,000만 달러였다. 그러나 버핏은 2,500만 달러까지만 지급하려고 했다. 이것도 순자산가치의 3배가 넘는 가격이었다. 결국 가격에 대한 합의는 이루어지지 않았다. 그러나 나중에 시가 버핏에게 전화해서 2,500만 달러에 팔겠다고 말했다. 1972년 1월 3일, 블루칩은 씨즈캔디를 2,500만 달러에 인수했다.

씨즈캔디를 인수하기 전까지 버핏과 멍거는 순자산가치보다 싼 기업을 찾는 그레이엄식 투자를 추구했다. 실제로 멍거는 3대 종목인 다이버시파이드 리테일링, 블루칩스탬프, 뉴아메리카펀드를 모두 순자산가치보다 훨씬 낮은 가격에 사들였다. 씨즈캔디의 가격은 순자산가치의 3배가 넘었으므로 그레이엄식 투자 방식에서 크게 벗어난 거래였다. 여기서 멍거는 중요한 교훈을 얻었다.[27]

> 씨즈캔디는 순자산가치보다 비싸게 샀지만 성공했습니다. 그러나 백화점 체인 호크실드콘(Hochschild, Kohn)은 순자산가치보다 싸게 샀는데도 실패했습니다. 두 가지 경험을 통해서 우리는 더 높은 가격을 치르더라도 우량 기업을 사야 한다고 생각을 바꿨습니다.

씨즈캔디는 과연 탁월한 회사였다. 버핏과 멍거는 유보이익으로 고속 성장하는 회사가 경영하기 훨씬 쉽다는 사실을 깨달았다. 씨즈캔디는 유보이익으로 성장하면서 현금까지 창출했으므로 버핏과 멍거는 이 현금으로 다른 기업을 인수할 수 있었다. 2007년 주주 서한에서 버핏은 씨즈캔디를 "전형적인 꿈같은 기업"이라고 표현했다.[28] 2007년 씨즈캔디가 자기자본 4,000만 달러로 벌어들인 이익은 8,200만 달러로, ROE가 무려 205%였다. 이익이 500만 달러에서 8,200만 달러로 16배 증가하는 동안, 투하자본은 겨우 5배 증가했을 뿐이다.

씨즈캔디는 1972~2007년 동안 13억 5,000만 달러를 벌어, 3,200만 달러만 자체 성장에 사용하고 나머지는 모두 버크셔에 넘겨주었다. 일반 기업이 이익을 500만 달러에서 8,200만 달러로 증가시키려면 운전자본과 고정자산에 약 4억 달러가 더 들어가며, 그러고서도 회사의 가치는 여전히 씨즈캔디에 못 미친다고 버핏은 평가했다. 씨즈캔디가 막대한 이익을 벌어들인 덕분에 버핏과 멍거는 이 돈으로 우량 기업을 인수해 버크셔를 최강 기업으로 성장시킬 수 있었다. "장기 우위를 확보한 일부 기업에는 다소 높은 가격을 치를 만하다"는 사실을 멍거는 깨달았다.[29]

치르는 가격보다 더 높은 품질을 얻으면 됩니다. 아주 간단하지요.

멍거는 씨즈캔디를 인수하고 나서, 순자산가치보다 가격이 낮은 기업보다 우량 기업을 인수하는 것이 안전마진을 더 많이 확보할 수 있다는 사실을 깨달았다. 우량 기업은 소유주가 관심과 노력을 많이 기울일 필요도 없었다. 반면 주가가 순자산가치보다 낮은 기업은 대개 사업이 부실했다. 이런 저질 기업에는 시간과 노력을 기울여도 소용없을 때가 많았다.

멍거는 인터내셔널 하베스터 International Harvester 이사회에 참여하면서, 그저 그런 회사를 경영하기가 얼마나 어려운지 실감했다. 이 회사는 비즈니스 모델에 문제가 있었다. 새 장비를 판매하려면 먼저 구입해야 했으므로 막대한 자금이 재고자산에 묶였다. 그러나 씨즈캔디는 정반대였다. 회사 운영에 추가 자본이 들어가지 않았을 뿐 아니라 막대한 현금을 창출했다. 버핏과 멍거에게 더없이 고마운 회사였다. 이런 회사를 어디에서 더 찾아낼 수 있을까?

저명한 성장주 투자자 필립 피셔 Philip Fisher는 1958년 성장주 투자자들의 바이블 《위대한 기업에 투자하라(Common Stocks and Uncommon Profits)》를 저술했다.[30] 피셔는 사실을 수집해서 우량 기업을 찾아내라고 제안했다. 경쟁자, 고객, 공급업자들을 조사해 경영진의 자질, 연구 개발 및 기술력, 고객 서비스 능력, 마케팅 역량 등을 평가하는 방법이다. 피셔는 수소문해서 얻은 사실을 바탕으로 기업의 성장 잠재력, 기술력, 서비스 품질, 소비자 독점력 등을 판단했다.[31] 버핏은 필립 피셔의 투자철학을 벤저민 그레이엄의 투자철학과 결합했다. 그레이엄은 내재가치와 안전마진 개념을 바탕으로 가치투자 철학을 집대성했다. 피셔는 우량 성장 기업에 안전마진이 풍부하다는 사실을 보여주었다.

1989년 버핏은 그레이엄, 피셔, 씨즈캔디에서 얻은 교훈을 한 문장으로 정리했다. "적당한 기업을 싼값에 사는 것보다 훌륭한 기업을 적절한 가격에 사는 편이 훨씬 낫습니다."[32] 버핏은 이 말을 자주 했고 멍거 덕분에 의미를 깨닫게 되었다고 인정했다. 그리고 덧붙였다. "멍거는 이 사실을 일찌감치 이해했지만 나는 뒤늦게야 깨달았습니다. 이제 우리는 인수할 기업이나 주식을 찾을 때 일류 경영자가 있는 일류 기업을 탐색합니다."[33] 물론 멍거는 계속 가치투자를 유지했다. 2013년 데일리저널 주주총회에서 멍거는 다음과 같이 말했다.[34]

경제성이 탁월한 기업이더라도 가격이 지나치게 비싸다면 바람직한 종목이 아닙니다. 그러나 경제성이 빈약한 기업이더라도 가격이 매우 싸다면 바람직한 종목입니다.

1972년에도 버핏과 멍거는 주가가 순자산가치보다 낮은 기업을 계속 사들였다. 1972년 늦여름에는 블루칩을 통해서 패서디나 소재 저축대부조합들의 지주회사 웨스코파이낸셜의 지분 8%를 200만 달러에 인수했다.[35] 1973년 1월, 웨스코파이낸셜은 산타바바라 소재 저축대부조합인 파이낸셜코퍼레이션 Financial Corporation을 (매우 불리한 조건으로) 인수할 계획이라고 발표했다. 이 소식에 버핏과 멍거는 격분했다.[36] 웨스코는 저평가된 자사주를 고평가된 파이낸셜코퍼레이션 주식과 교환할 예정이었다.

멍거는 웨스코 더 확보해 인수를 막고 싶었다. 버핏은 망설였지만 멍거는 그를 설득하는 동시에 블루칩을 통해 웨스코의 지분을 17%로 높였다.[37] 버핏과 멍거는 웨스코 설립자의 딸인 대주주 베티 피터스 Betty Peters를 설득해 마침내 합병을 무산시켰다.[38] 당국의 승인이 없으면 추가로 취득할 수 있는 지분이 최대 3%였으므로 버핏과 멍거는 웨스코 주식을 주당 17달러에 매수하기로 했다. (단기적으로 주가가 하락할 수 있었지만 합병 내재가치인 17달러에 사기로 했다.) 두 사람은 블루칩을 통해 합병을 무산시켰으므로 공정한 방법은 이것뿐이라고 판단했다. 그러나 SEC가 이 거래에 주목하게 되었고 블루칩은 일상 업무에 큰 지장을 받게 되었다.

SEC는 블루칩이 17달러에 매수 주문을 내서 웨스코의 주가를 조작했다고 주장했다. 합병을 무산시키고 나서 웨스코의 주가를 띄우려고 높은 가격에 매수 주문을 냈다고 의심한 것이다. SEC는 블루칩이 합병을 무산시키려고 합병 전에 주식을 인수한 행위도 비난했다. 표면적으로 보면 SEC의 비난은 정당했다. 실제로 블루칩은 합병을 무산시키려고 주식을 더 사들였고, 주가를 띄우려고 시장가격보다 높은 가격에 사들였다. 그러나 이런 행위가 불법이라고 보기는 어려웠다. 블루칩의 실제 문제는 이전에 제기된 독점 금지 소송이었다. 그사이 경영자가 바뀌었지만 여전히 SEC의 조사를 받고 있었다.

블루칩의 지분이 버핏, 멍거, 버크셔 해서웨이 사이에서 복잡하게 얽혀 있다는 사실도 문제를 어렵게 했다. SEC는 이것이 일종의 사기를 숨기려는 의도라고 의심했다. 버핏과 멍거는 지분 관계기 복잡하다는 점을 인정했다. 그러나 이는 장기간에 걸쳐 자연스럽게 발생한 일이며 다른 의도나 이해 상충은 없다고 설명했다. SEC는 블루칩을 고소했으나 재발 방지를 약속하는 조건으로 곧바로 합의했다.[39] 그리고 매매 과정에서 피해를 본 웨스코 주주들에게 보상금 11만 5,000달러를 지급하라고 요구했다.[40]

합의 후에 버핏과 멍거는 복잡한 지분 구조를 정리하기로 했다. 이들은 웨스코를 블루칩에 합병했고 1983년에는 블루칩을 버크셔가 인수했다. 버크셔는 주식 교환 방식으로 블루칩 주주들에게 버크셔 지분 8%를 지급하면서 블루칩 신규 지분 40%를 인수했다. 사태가 모두 정리되자 멍거는 버크셔의 지분 2%를 보유하면서 부회장이 되었고 버크셔의 자산은 16억 달러가 되었다. 버핏과 멍거는 이제 훌륭한 회사에서 투자철학을 공유하게 되었다.

버펄로뉴스

1977년 블루칩이 세 번째로 인수한 기업은 100년 전통의 버펄로뉴스였다. 버핏과 멍거는 세 번이나 인수를 제안해서 훌륭한 기업에 걸맞은 높은 가격을 최종적으로 지불하고 버펄로뉴스를 인수했다. 처음에는 3,000만 달러를 제안했다가 거절당했다.[41] 두 번째는 3,200만 달러를 제안했으나 역시 거절당했다.[42] 세 번째 제안 금액은 3,250만 달러로서 버크셔 순자산의 25%에 해당하는 금액이었다. 버펄로뉴스가 1976년 벌어들인 세전 이익 170만 달러에 비하면 높은 가격이었다. 버핏과 멍거는 마침내 유서 깊은 동부 신문사를 소유하게 되었다.

그러나 이 회사에도 문제가 있었다. 버펄로시는 빠르게 쇠퇴하는 중이었고 신문사 노조는 호전적이었다. 한때 마크 트웨인Mark Twain이 편집을 맡았던 '쿠리어-익스프레스Courier-Express'라는 강력한 경쟁사도 있었다. 주간 판매 부수는 〈버펄로뉴스〉가 〈쿠리어-익스프레스〉의 4배였지만, 〈쿠리어-익스프레스〉는 단독으로 일요판 신문을 발행하면서 명맥을 유지하고 있었다.[43] 버핏과 멍거는 버펄로에서 단 한 곳의 신문사만 생존할 수 있다는 것을 알고 있었으므로 단호한 결단을 내렸다. 그래서 두 가지를 바꿨는데, 신문의 명칭에서 '이브닝Evening'을 떼어냈고 일요판을 발행하기 시작했다. 〈쿠리어-익스프레스〉는 일요판을 50센트에 판매하고 있었지만, 〈버펄로뉴스〉는 기존 독자에게는 무료로 배포했고 가판대에서는 30센트에 판매했다. 쿠리어-익스프레스는 버펄로뉴스를 독점금지법 위반 혐의로 고소했고, 버펄로뉴스는 일요판 발행을 금지당했다. 금지 명령이 2년 동안 유지된 탓에 버펄로뉴스는 1979년 460만 달러 적자를 기록했다.

이 무렵 버펄로에서는 중공업 일자리가 23%나 감소했다. 버펄로의 실업률이 15%로 치솟자 소매업자들이 파산하고 광고 매출이 급감했다. 1981년 멍거는 블루칩 주주 서한에서 버펄로뉴스에 대해 언급했다.[44]

> 우리가 현재 적자를 내고 있는 버펄로뉴스를 인수하지 않았다면 다른 자산 7,000만 달러를 보유하면서 매년 1,000만 달러 이상 벌어들이고 있을 것입니다. 장래에 버펄로뉴스가 어떻게 될지는 알 수 없지만, 인수하지 않는 편이 나았을 것이라고 100% 확신합니다.

당시에는 알 수 없었지만, 쿠리어 익스프레스는 버펄로뉴스보다 더 고전 중이었고 얼마 안 가서 파산했다. 1982년 9월 〈쿠리어-익스프레스〉는 폐간했고 버펄로뉴스는 위기에서 벗어날 수 있었다. 1983년 주주 서한에서 버핏은 "버펄로뉴스가 목표치를 다소 웃도는 세후 이익률 10%를 달성했습니다"라고 말했다.[45]

> 1983년 버펄로뉴스의 이익률은 비슷한 신문사들의 평균 수준이었지만 버펄로의 경제 환경과 영업 여건을 고려하면 대단한 성과였습니다. 버펄로는 중공업 밀집 지역인데, 중공업은 이번 경기침체에 특히 심한 타격을 입었고 회복도 지연되고 있습니다. 이에 따라 버펄로 소비자들이 침체에 시달리고 있으며 우리 신문의 구독자들 역시 시달리고 있습니다. 지난 몇 년 동안 구독자

수가 감소했고 신문 광고 역시 감소했습니다. 이런 환경에서도 버펄로뉴스가 유지하는 이례적인 강점이 대중의 수용도인데, 신문의 '구독률(유료 구독하는 가구의 비율)'이 그 척도입니다.

버핏은 〈버펄로뉴스〉가 "미국 100대 신문 중 평일 구독률 1위를 기록했으며 (중략) 전국 유명 일간지 다수보다 압도적으로 높은 구독률을 기록했습니다"라고 말했다.[46] 그는 '구독률이야말로 독점력 수준을 보여주는 최상의 척도'라고 보았다.[47]

어떤 신문의 구독률이 그 지역의 주요 소매업체들이 매우 중시하는 지역에서는 이례적으로 높고 나머지 지역에서는 낮다면, 이 신문은 매우 효율적인 광고 수단이 됩니다. 그러나 전체 지역에서 구독률이 낮은 신문은 광고주들을 끌어모으기가 훨씬 어렵습니다.

버핏은 〈버펄로뉴스〉가 성공한 주요 요인 중 하나로 '기사 지면 비율(전체 지면에서 기사 지면이 차지하는 비중)'을 꼽았다. 〈버펄로뉴스〉는 기사 지면 비율이 50%로서 "전달하는 뉴스의 양이 일반 신문보다 페이지당 25% 이상 많다"고 말했다.[48]

우리 신문은 올바르게 쓰고 편집한 뉴스를 충분히 제공했으므로 독자들에게 더 가치가 있었고 덕분에 이례적으로 높은 구독률을 유지할 수 있었습니다.

버핏은 "이러한 기사 지면 정책 탓에 신문 인쇄용지에 상당한 추가 비용이 발생하며, 뉴스 원가(기사 지면의 신문 인쇄용지 비용 + 뉴스 편집실 비용)가 차지하는 비중은 규모가 비슷한 주요 신문사들보다 대체로 높다"고 지적했다. 그래도 "이런 원가를 감당할 여지가 충분한데, 규모가 비슷한 신문사들의 뉴스 원가 차이는 3%포인트 정도지만 세전 이익률 차이는 흔히 30%포인트까지 벌어지기 때문"이라고 말했다.[49]

지역을 지배하는 신문은 경제성이 탁월해서 재계에서 단연 최고 수준입니다. 당연히 소유주들은 이렇게 놀라운 수익성이 오로지 신문의 놀라운 품질 덕분이라고 믿고 싶어 합니다. 그러나 이는 불편한 사실을 외면하려는 편리한 견해에 불과합니다. 일류 신문은 수익성이 당연히 탁월하지만 삼류 신문도 그 지역 사회를 지배하는 동안에는 수익성이 그 못지않게 탁월합니다. 물론 신문의 품질이 우수하니 지역 사회를 지배하게 되었을 것입니다.

버펄로뉴스 인수 10년 후인 1986년, 버핏은 "재정난과 소송에 시달리던 암흑기"를 거치고 나서 "우리가 버펄로뉴스를 통해서 얻은 금전적 보상은 물론 비금전적 보상도 우리 기대를 훨씬 뛰어넘었다"고 썼다.[50] 이제 버펄로뉴스는 수익성이 탁월한 신문사가 되었다. 약 25년 후인 2000년, 버펄로뉴스는 매출 1억 5,700만 달러, 세전 이익 5,300만 달러, 자산이익률 91.2%로 미국에서 가장 수익성 높은 신문사가 되었다.[51]

집중투자

《찰리 멍거 자네가 옳아!(Damn Right!)》에서 버핏은 멍거가 처음에는 그레이엄 방식의 가치투자를 했지만, 월터 슐로스Walter Schloss 같은 전통적 가치투자자들보다 훨씬 집중해서 투자했다고 말했다.[52]

찰리도 내재가치보다 싼 주식을 선택했지만, 극소수 종목에 집중투자했으므로 변동성이 매우 컸습니다. 그는 극심한 변동성을 기꺼이 감수하면서 집중투자를 통해 실적을 추구하는 스타일입니다.

멍거는 '극소수 종목'을 '최대 3종목'으로 정의한다.

나는 파산 위험은 낮으면서 초과수익 확률이 높은 종목은 셋 정도만 발굴할 수 있다고 가정합니다. 그러나 세 종목을 찾아내더라도 중간 실적은 그다지 좋지 않을 것입니다. 나는 반복해서 계산해보았습니다. 고등학교 대수학과 상식으로 분석한 결과입니다.

멍거가 극소수 종목을 보유하는 근거는 현실적이다. "150개 종목이나 보유하면서 어떻게 항상 초과수익을 기대할 수 있죠? 터무니없는 생각입니다." 그는 증권의 가격은 대체로 적절한 수준이라고 믿는다.

효율적 시장 이론을 제시한 사람들을 미쳤다고 볼 수는 없습니다. 단지 주장이 지나쳤을 뿐이지요. 예외도 있지만 대체로 옳습니다.

이런 생각과 분석을 바탕으로 그는 자신이 우위를 확보한 분야에서 단지 몇 종목만 탐색한다.

> 내가 모든 종목에 대해 다른 모든 사람보다 크게 우위를 차지할 수는 없습니다. 다시 말해서 열심히 노력하면 내가 크게 우위를 차지할 종목을 몇 개는 찾아낼 것입니다. 나는 당연히 기회비용도 생각합니다. 일단 A, B, C 세 종목을 보유한다면 다른 종목은 사지 않습니다. 나는 세 종목을 실제로 분석했습니다. 장기적으로 분산투자가 얼마나 필요한지는 모릅니다. 나는 그 확률을 종이에 계산해보았습니다. 30년 동안 3종목만 보유하는데 각각 연 4% 초과 수익이 기대된다면, 실적이 매우 나쁠 확률은 대체로 얼마나 될까요? 30년 동안 보유하면서 원금 손실을 피한다고 가정하면, 변동성은 크겠지만 장기 기대수익률은 매우 높은 것으로 나옵니다. 고등학교 대수학만 이용해서 내가 직접 계산한 결과입니다.

멍거는 대규모 투자자들이 관심을 두지 않는 소외된 소형주에서 우위를 확보했다.

> 성공한 가치투자자들과 마찬가지로 나도 엑손(Exxon), 로열더치(Royal Dutch), 프록터앤드갬블(Procter & Gamble), 코카콜라 등은 쳐다보지도 않습니다. 장기간 성공을 거둔 가치투자자들 대부분은 대중이 몰려들지 않는 주식에 투자했습니다.

심프슨과 마찬가지로 멍거도 자사주를 대량 매입하는 기업을 좋아한다.

성공하는 기업들의 공통점은 대량으로 자사주를 매입한다는 점입니다. 이런 기업에 투자하면 장기 실적이 매우 좋아집니다. 평범한 경영자가 잉여현금으로 사업을 다각화하는 기업들은 절반 이상이 망한다고 버핏과 루와 나는 항상 생각합니다. 이들은 지나치게 비싼 가격에 기업을 인수하는 등 실수를 저지릅니다. 그러나 대개는 자사주를 매입하는 편이 훨씬 낫습니다. 그래서 짐 깁슨(Jim Gibson)이 '재무 식인종(financial cannibals)'이라고 부르는 자사주 매입 기업들이 매력적입니다.

멍거는 집중투자에는 기질이 중요하다고 생각한다. 버핏이 루 심프슨을 가이코의 CIO에 임명했을 때, 멍거는 심프슨의 기질을 이렇게 언급했다.

버핏은 투자에는 매우 높은 지능지수가 필요 없으므로 남는 지능지수는 팔아버리라고 말합니다. 물론 버핏의 견해는 극단적입니다. 지능지수가 높으면 유리하지요. 그러나 기질을 습득하기가 쉽지 않다는 견해는 옳습니다. 자신의 능력에 한계가 있다는 점을 모르는 수재보다는 성실하고 건전한 사람이 나을 것입니다. 루는 매우 똑똑하기도 하지만 기질이 훌륭합니다. 우리가 좋아하는 투자자의 기질이고 우리 기질과도 비슷합니다.

버핏, 멍거와 마찬가지로 심프슨도 주식을 장기간 보유하며, 매매를 빈번하게 하지 않는다.

심프슨에게도 고유의 스타일이 있습니다. 우리 모두 본성에 맞는 스타일이 있다는 말이지요. 지나치게 어려워 보이는 분야가 있으면 그런 분야에는 접근하지 않습니다. 우위를 확보한 분야가 아니라면, 우리가 아무리 열심히 노력해도 소용이 없으니까요. 그는 장기간 매매를 하지 않을 때도 있습니다. 이것도 일종의 비법입니다. 우위를 확보한 분야에서 가만히 있는 것이 바로 심프슨 스타일, 멍거 스타일, 버핏 스타일입니다.

앉아서 생각하는 투자 스타일이 대부분 펀드매니저에게는 맞지 않는다고 멍거는 말한다. 어느 시점이든 저평가된 우량 종목은 소수에 불과하므로 이들로는 대규모 분산 포트폴리오를 채울 수 없기 때문이다.

펀드매니저가 겨우 두 종목으로 포트폴리오를 구성해서 장기간 계속 보유한다면, 실적이 좋더라도 이는 자산운용사에 좋은 방식이 아닙니다. 고객들이 '내가 왜 이런 펀드에 보수를 지급해야 하지?'라고 생각할 것입니다. 투자 원금이 3배, 4배로 불어나면 펀드매니저는 두 종목을 지극히 사랑하겠지만 고객들의 눈에는 아무 일도 하지 않는 것처럼 보일 것입니다.

집중투자를 하면 추적오차가 발생한다. 단기간이라도 실적이 시장지수보다 내려가면 고객들이 펀드를 환매할 수도 있으므로, 일부 펀드매니저들은 유사 인덱스펀드 방식을 사용한다. JP모간JP Morgan은 "PER에 상관없이 '멋진 50종목Nifty Fifty'만 사들이는" 펀드로 운용보수 연 0.25%를 받았다고 멍거는 말한다.

이 펀드는 실적이 매우 좋아서 자금이 계속 들어왔고 이 자금으로 '멋진 50종목'을 계속 사들였습니다. 이 실적은 일종의 자기 증식이었습니다. 그러나 주가가 지나치게 부풀어 오른 결과 결국 터져버리고 말았습니다. 일종의 '자기 충족적 예언(self-fulfilling prophecy)'으로도 실적이 한동안 좋을 수 있고 장기간 좋을 수도 있습니다. JP모간은 매우 장기간 탁월한 운용회사로 인정받았습니다. 이는 고질적인 문제입니다. 그래서 시장에는 유사 인덱스펀드가 너무도 많습니다. 이렇게 많으면 실적이 좋을 수가 없습니다. 버크셔와 가이코는 이런 식으로 운용하지 않습니다.

높은 실적을 내려면 시장지수를 무시해야 하지만 외부 자금을 운용하면 시장지수를 무시할 수가 없다. 시장지수를 무시하려면 영구 자본(인출 우려가 없는 자본)으로 투자해야 한다.

인위적 제약이 왜 필요합니까? 닷컴 거품 기간에 심프슨의 실적은 오랫동안 시장 평균을 밑돌았습니다. 그러나 마침내 그는 초과실적을 달성했습니다. 그동안 "3년 운용 실적이 왜 이 모양이오?"라고 항의하는 사람은 아무도 없었습니다. 30년 실적을 극대화하고자 한다면, 자산운용사들이 운용하는 방식은 적합하지 않습니다.

버핏과 멍거는 영구 자본을 원했으므로, 플로트를 창출하는 보험사와 블루칩스탬프에 매력을 느꼈다.

사실 우리는 플로트 사업을 우연히 발견했습니다. 우리 투자 실적이 해를 거듭해서 남들보다 월등히 뛰어났으므로 자연히 플로트 사업에 매력을 느끼게 되었습니다. 우리에게는 플로트가 남들보다 훨씬 가치가 있었으므로 플로트 사업에 뛰어들었습니다. 그리고 플로트를 현명하게 운용하려고 노력했습니다.

버핏과 멍거는 플로트 사업에 매료된 나머지, 플로트 사업을 창업하기도 했다.

버크셔의 역사에서 우리가 창업한 사례는 단 하나뿐입니다. 아지트 자인(Ajit Jain)이 경영하는 재보험 사업입니다. 버크셔의 잉여현금으로 만들어낸 사업이지요. 변동성은 매우 크지만 엄청난 성공을 거두었습니다. 우리가 창업한 유일한 회사지만, 아지트가 맡으면서 비로소 빛을 보았습니다.

버크셔의 재보험 사업은 운영 방식이 독특해서 복제하기가 매우 어려울 거라고 멍거는 말한다.

버크셔의 재보험 사업을 어떻게 복제하시겠습니까? 이 사업은 매우 특이해서 일종의 가치투자와 같은 방식입니다. 40년 전 버크셔에서 자그마한 근로자 보상보험사를 200~300만 달러에 인수했습니다. 그러나 근로자 보상 과정에 사기가 많았으므로 이 사업을 절대 키우지 않았습니다. 우리는 사기와 정치 문제들을 항상 걱정했습니다. 그런데 근로자 보상보험의 핵심 부문에서 원고 측 변호사가 의사를 선정하지 못하게 하는 법안이 통과되었습니다. 우리는 이제 보험영업 실적이 극적으로 바뀔 것으로 판단했으므로, 거의 0% 수준이었던 근로자 보상보험 시장점유율을 몇 개월 만에 아지트가 앞장서서 10% 수준으로 끌어올렸습니다. 캘리포니아주는 규모가 커서 시장점유율 10%만으로도 상당한 사업이 됩니다. 우리는 보험영업 등 온갖 사업으로 수십억 달러를 벌었습니다. 이후 보험료가 내려가자 우리는 다시 사업을 축소했습니다. 사업을 이런 방식으로 하는 회사가 또 있는지 모르겠습니다. 보험 사업보다는 투자에 가까운 방식이지요.

버크셔의 사업 방식이 이렇게 특이한 것은 버핏과 멍거가 문화 육성에 심혈을 기울였기 때문이다. 버핏은 '복제하기 어려운 문화'를 버크셔의 가장 중요한 경쟁우위로 꼽는다.[53]

문화는 스스로 퍼져나갑니다. 윈스턴 처칠(Winston Churchill)이 말했습니다. "우리가 집을 만들면 이제는 집이 우리를 만든다." 이 말은 사업에도 그대로 적용됩니다. 관료적 절차는 관료주의를 낳고 오만한 기업문화는 고압적인 행동을 부릅니다. ("멈춰 선 차 뒷좌석에 앉은 CEO는 더 이상 CEO가 아니다"라는 말도 있습니다.)

이렇게 독특한 문화 덕분에 버크셔는 기업 매각을 고려하는 소유주들이 가장 먼저 선택하는 협상 대상이 되었다. 버크셔는 설립자가 은퇴하려는 비상장기업이나, 단기 실적이 나쁘다는 이유로 과도하게 저평가된 상장기업을 적극적으로 사들인다. 인수한 기업의 경영진에게는 자율권을 부여한다. 그리고 기존 주주들에게는 공정한 가격을 지급하고 주식을 사준다. 이후에도 버크셔는 막대한 보유 현금으로 거대 우량 기업들을 계속 인수했다.

2010년, 버크셔는 벌링턴노던산타페 Burlington Northern Santa Fe, BNSF의 지분 77.4%를 340억 달러에 인수했다. 부채 100억 달러를 포함한 자산은

440억 달러로, 그때까지 버크셔가 인수한 기업 중 최대 규모였다. 인수 대금의 70%는 현금으로 지급하고 나머지는 버크셔 주식 6.1%를 신규 발행해 지급했다. 지출한 현금 220억 달러는 곧바로 채워졌다고 버핏은 말했다.[54] BNSF는 어느 모로 보나 거대한 기업이었다. 2012년 주주 서한에서 버핏은 BNSF가 트럭, 철도, 해운, 항공, 파이프라인 등으로 이동하는 모든 도시 간 화물의 약 15%(톤-마일 기준)를 운송하고 있다고 밝혔다.[55] 그리고 2010년 주주 서한에서, BNSF 덕분에 버크셔의 '정상normal' 수익력이 세전으로는 거의 40%, 세후로는 30% 이상 증가할 것으로 예상했다.[56]

그동안 버크셔는 이른바 '빠르게 이동하는 희귀한 코끼리'를 계속 사냥했지만 BNSF는 다른 코끼리와 달랐다. 씨즈캔디 등은 계속 현금을 창출했지만 BNSF는 계속해서 대규모 자본 지출이 필요한 기업이다. 버핏은 BNSF의 "핵심 특성이 버크셔의 보증 없이 거액을 장기 부채로 조달해 규제 대상 자산에 초장기로 투자한다는 점"이라고 지적했다.[57] "2015년에는 공장과 설비에 60억 달러를 지출해 실적을 개선할 계획이며, 이는 다른 철도회사가 1년 동안 지출한 금액보다 거의 50%나 많은 수준으로, 매출, 이익, 감가상각비와 비교해도 정말이지 엄청나게 큰 금액"이라고 밝혔다.[58] "공장과 설비에 대규모 투자를 끊임없이" 해야 한다고도 했다.[59]

사회적 책임을 수행하려면 감가상각비보다 훨씬 많은 금액을 정기적으로 지출해야 하는데, 2011년에는 이 초과 지출액이 20억 달러에 이릅니다. 이 막대한 추가 투자액에 대해서 우리는 적정 수익을 얻을 것이라고 확신합니다. 현명한 규제와 현명한 투자는 동전의 양면이기 때문입니다. (중략) 또한 고객에게 효율적이고 만족스러운 서비스를 제공해 지역 사회와 규제 당국으로

부터 존경받아야 합니다. 그 대가로 장래 자본 투자에 대해 합리적인 이익을 차질 없이 받아내야 합니다.

씨즈캔디 같은 회사는 현금을 창출하긴 하지만 유보이익을 재투자할 기회가 그리 많지 않다. 그러나 BNSF는 막대한 자금을 계속 투자해야 하며, (당국이 허용하면) 이에 대해 합리적인 수익을 얻을 수 있다. 멍거는 그 수익률을 대략 10%로 예상한다.

특히 규모를 고려하면 BNSF는 우리가 인수한 기업 중 최고 수준입니다. 우리는 현재 처치 곤란할 정도로 넘치는 자금을 여기에 투자할 수 있습니다. 게다가 심각한 규제 없이 10% 수익을 얻을 수 있다면 나쁘지 않은 투자입니다.

당국이 과연 적정 수익을 허용할지에 대해 버핏은 이렇게 말했다.[60]

이렇게 막대한 BNSF의 투자도, 한계 투자에 대해 적정 수익을 얻지 못한다면 어리석은 결정이 될 것입니다. 그러나 나는 BNSF가 가치를 창출하므로 적정 수익을 얻을 것으로 확신합니다. 오래전에 벤저민 프랭클린(Benjamin Franklin)은 "상점을 잘 돌보면 상점이 그대를 부양해준다"라고 말했습니다. 이 말은 오늘날 우리 규제 사업에 이렇게 적용할 수 있습니다. "고객을 잘 돌보면 (고객을 대표하는) 규제 당국이 당신을 돌봐줄 것이다."

2014년 주주 서한에서 버핏은 "경제가 대침체의 어둠에 깊이 빠졌을 때 버크셔 역사상 최대 규모의 기업"을 인수했으며 이는 "미국 경제의 미래에

대한 올인 베팅"이었다고 말했다.[61]

이는 새삼스러운 투자 방식이 아닙니다. 1965년 버핏투자조합이 버크셔의 경영권을 인수한 이후, 우리는 비슷한 베팅을 이어왔습니다. 그럴 만한 이유가 있었습니다. 찰리와 나는 미국이 지속적으로 번영하는 쪽에 거는 베팅이 거의 확실하다고 언제나 생각했습니다. (중략) 발전 과정은 순탄하지도 않고 계속 이어지지도 않을 것입니다. 과거에도 그랬습니다. 우리는 자주 정부에 불만을 품을 것입니다. 그러나 장담하건대 미국의 전성기는 아직 시작하지도 않았습니다.

이렇게 순풍을 타고 찰리와 나는 다음 방법으로 주당 내재가치를 높이고자 합니다. (1) 우리 자회사들의 기본 수익력을 끊임없이 개선, (2) 자회사가 거래하는 기업들을 인수해 자회사의 이익을 증대, (3) 투자한 회사들의 성장에서 이득, (4) 버크셔 주가가 내재가치보다 상당 폭 낮을 때 매입, (5) 때때로 대규모 기업을 인수. 또한 주주 여러분의 실적 극대화를 위해 노력할 것이므로, 버크셔 주식을 추가 발행하는 일은 드물 것입니다.

이런 방법이 통하려면 기업의 펀더멘털이 바위처럼 단단해야 합니다. (중략) 찰리와 나는 버크셔의 장래를 낙관합니다.

BNSF 인수 이후 버크셔의 전망을 묻자 멍거는 되물었다.

처음에는 인색한 가치투자자였던 버크셔가 마침내 BNSF를 인수할 줄 누가 알았겠습니까?

멍거는 이를 진취적 기상 덕분이라고 평가하면서, 러디어드 키플링 Rudyard Kipling의 시 '만일(If)'을 언급했다. 집중 가치투자자들이 깊이 공감할 만한 대목이다.

만일 모두가 흥분하여 너를 비난할 때에도

네가 냉정을 유지할 수 있다면,

만일 모두가 너를 의심할 때에도 너는 자신을 믿으며

의심하는 남들을 이해할 수 있다면,

만일 네가 기다리면서도 지치지 않을 수 있다면,

...

만일 네가 딴 돈 전부를

게임 한 판에 걸 수 있다면,

...

세상 전부가 너의 것이며,

이제 자네는 대장부라네!

6

크리스티안 시엠

영구 자본으로 장기 투자한 산업 전문가

6장은 2012년 7월 실시한
크리스티안 시엠 인터뷰를 기반으로 서술했다.

기업은 본질적으로 장기적 안목으로 접근하는 반면, 펀드 운용 산업은 본질상 단기적으로 바라봅니다. 금융시장에서 투자자는 단기로 들락거립니다. 이들은 언제든 매도 버튼을 누르고 빠져나갈 수 있습니다. 하지만 기업 경영에서는 그런 사치를 누릴 수 없습니다. 이들은 멀리 내다보아야 합니다. 사업에서 성공하려면 진정 장기적으로 바라봐야 합니다. 인수합병 등으로 잠시 사업을 할 수 없을지라도 기업을 끝까지 이끈다는 가정하에 의사결정을 내려야 합니다. 이는 산업의 발전과 주주의 이익을 위해서도 필요한 일입니다. 바로 제가 프로젝트를 성공적으로 이끈 원동력이기도 합니다.

- 크리스티안 시엠, 2012년 7월[1]

1979년, 경영대학원을 졸업한 후 6년이 지난 29세의 노르웨이 청년 크리스티안 시엠 앞에 예사롭지 않은 사건이 일어나 해양 시추 사업과 관련된 보기 드문 기회가 나타났다. 소유자 부도로 하콘 마그누스Haakon Magnus라는 이동식 반잠수 석유 시추 장비가 채권자들에게 압류된 것이다. 2,200만 달러만 있으면, 제작 원가가 3,700만 달러에 달하는 이 장비를 손에 넣을 수 있었다.

당시 자칭 컨설턴트였던 시엠에게는 2,200만 달러라는 큰돈이 없었다. 그가 가진 것은 겨우 명함과 작은 선박회사 오너가 빌려준 사무실뿐이었다. 심지어 사무실은 컨설팅을 해주는 대가로 무료로 쓰고 있었다. 선박회사 주인은 당시 많은 노르웨이 기업가처럼 해양 시추라는 새로운 영역에 뛰어들 기회를 노리고 있었다. 시엠의 아버지와 여러 선배들은 시엠이 사업을 직접 꾸리기에는 너무 어리다고 조언했다. 아버지의 친구는 이렇게 충고했다. "먼저 경험부터 쌓게." 1979년에 이르자 모든 노르웨이 선박회사가 '해외로' 진출할 듯 보였다. 당시 시엠은 이 분야에서 몇 안 되는 전문가 중 한 사람이었다.

그는 29세밖에 되지 않았지만 해양 시추 분야에서는 전문가로 통했다. 액화천연가스 수송에 대한 논문을 쓴 그는 졸업하자마자 올센그룹^{Olsen} ^{Group}의 총수인 노르웨이 선박업자 프레드 올센^{Fred Olsen}에게 스카우트되었다. (《포천(Fortune)》지는 한때 프레드 올센을, "세상에서 가장 멋진 남자"라는 제목의 도스 에퀴스^{Dos Equis} 맥주 광고에 나오는, 수염이 덥수룩한 모험가에 견줄 만한 인물로 묘사하기도 했다.)[2] 글로벌 석유시장에 진출하고 싶어 하는 올센은 시엠에게 미국 텍사스주 휴스턴에 사무실을 여는 임무를 주었다. 시엠은 2년 만에 직원을 600명으로 키우는 뛰어난 성과를 거두었다.

올센그룹은 여객선과 화물 수송선 등을 다루고 있었지만 해양 시추 분야에는 경험이 없었다. 이 분야는 생소했을 뿐 아니라 기존 업무와 많이 달랐다. 프레드 올센은 시엠을 본사로 불러들여 그룹이 해양 사업 부문에 신규로 진출하는 업무를 이끌게 했다. 시엠은 수천 킬로미터 떨어진 휴스턴에서 일할 때는 즐거웠지만, 낡은 문화가 만연한 본사로 돌아와 근무한 뒤로는 도무지 열정이 솟아나지 않았다. 그래서 노르웨이에서 가장 큰 해양 시추 사업을 이끈 뒤 2년이 지나자 창업하기로 마음먹었다.

1979년 노르웨이의 해양 시추 산업은 불황이었다. 수천만 달러를 들여 만든 심해 시추 장비들을 피오르 해안에 묵히고 있었다. 이동식 반잠수 시추 장비인 하콘 마그누스를 보유하던 바이킹 오프쇼어 Viking Offshore가 파산 신청을 하자 케미컬은행 Chemical Bank은 이 장비에 대해 담보권을 행사했다. 은행들이 부채를 모두 상환받으려면 2,200만 달러가 필요했다. 시엠은 2,200만 달러를 빌릴 수 있었지만 장비를 가동하려면 450만 달러가 더 필요해 다른 투자자를 찾아야 했다. 그래서 이전에 자신이 컨설팅했던 노르셈 Norcem의 석유 사업 부문장인 얀 토르 오데가르 Jan Tore Odegard를 접촉했다. 시엠은 그에게 전화를 걸어 이렇게 말했다.

> 해양 시추 사업을 하고 싶으면 하콘 마그누스에 투자하시지요. 아주 적은 금액이기는 하지만 450만 달러의 15% 지분을 투자할 기회를 드리겠습니다. 그리고 지분을 50%까지 확보할 수 있는 옵션도 드리죠. 이는 450만 달러의 15% 지분만으로 새로운 심해 시추 장비를 손에 넣을 수 있다는 뜻입니다. 해양 시추 사업 투자에 관심이 있으시다면 이보다 더 저렴하게 투자할 수 있는 기회는 없을 것입니다.

오데가르는 사장에게 투자 승낙을 받았다. (시엠에게는 아버지 또래인 그 사장이 "자신을 과신하며 앞뒤가 꽉 막힌 사람"으로 보였다.) 아울러 노르셈은 지분 투자를 하면서 옵션도 구매하는 계약을 체결했다. 하지만 시엠이 투자하기로 한 금액을 송금해달라고 하자 노르셈 사장은 지급하지 않았다. 바로 직전에 노르웨이 선박회사들과 협력하는 프랑스의 ETPN이 소유한 트롤

*Troll*이라는 대형 기중기선을 운영하는 회사가 파산한 것이 이유였다. 이 소식이 모든 신문의 지면을 도배하는 바람에 노르셈 사장은 불안해졌고, 시엠의 시추 장비 관련 투자가 너무 위험하다고 여기고 발을 빼라고 지시했다. 이 소식을 접한 시엠은 다시 만날 것을 요청했다. 그는 노르셈 사장을 만난 자리에서 이렇게 내뱉었다.

"사장님 때문에 제 계획이 모두 어그러졌습니다."

"이보게, 젊은이. 세상을 조금 더 살아서 내 나이 정도 되면 일이 그리 단순하지 않다는 사실을 알 것이네. 그러니 우리가 이 사업에서 손을 뗀다는 사실을 순순히 받아들이게나."

시엠은 울컥했다.

"그럼 사장님 서명은 무슨 의미인가요?"

그 뒤 노르셈에서는 아무 답변을 듣지 못했다. 이렇게 시엠의 시추 장비 투자 계획이 틀어지는 듯 보였다. 그때 좋은 생각이 떠올랐다.

바이킹 오프쇼어의 노르웨이 거래처들은 대부분 하콘 마그누스 관련 담보 채권이 있었다. 케미컬은행이 하콘 마그누스를 2,200만 달러 이하로 처분하면 이들은 돈을 회수하지 못할 터였다. 그래서 시엠은 이들을 찾아가, 자기가 제시하는 방안이 돈을 모두 되찾을 수 있는 유일한 대안이라고 설득했다. 다시 말해 그의 신디케이트 프로그램에 돈을 보태라는 것이었다. 채권자들은 주저했지만 시엠은 결국 이들이 자신의 열정에 설득될 것이라 믿었다.

이 프로젝트에 대한 제 열정과 추진력, 그리고 꼭 해내고야 말겠다는 각오가 통했습니다. 그들은 분명 이렇게 수군거릴 것이었습니다. "이봐, 나도 이 프로젝트를 잘 몰라. 하지만 죽기 살기로 하는 시엠이 있잖아. 그는 자신의 모든 재산을 이 사업에 쏟아부었어. 그가 혼신을 다할 테니 한번 믿고 투자하고 싶어." 결국 필요한 자본을 모으는 데 필요한 것은 이런 믿음이라 생각했습니다.

채권자들은 대부분 시엠의 제안이 일리가 있다고 판단하고 투자에 동참하기로 했다. 시엠은 투자 자금을 회수할 기회만 엿보는 투자자들이 훗날 문제가 될 수도 있음을 알았지만 시추 장비를 확보할 다른 방법이 없었다. 결국 담보 채권자들이 보탠 현금을 가지고 노르셈의 철회로 생긴 구멍을 메울 수 있었다.

여기서 중요한 사실은 노르셈이 가지기로 했던 지분 35% 추가 매수 옵션을 제공하지 않고도 자금을 모았다는 것이다. 시엠에게는 노르셈의 거절이 오히려 약이 되었다. 사실 노련한 전문 관리자들이 운영하는 대기업인 노르셈에는 믿을 수 없을 만큼 좋은 기회였다. 즉 4,000만 달러 가치가 있는 시추 장비에 단돈 67만 5,000달러만 투자해서, 위험이 없어지면 지분을 50%까지 올리고 이 장비를 통제할 수 있는 기회였던 것이다. 노르셈은 이미 노르웨이 연안에 고정식 시추 장비가 있었고 이동식 시추 사업을 추진할 능력이 있는 회사였다. 하지만 이들은 겁을 잔뜩 집어먹은 나머지 이 기회를 날려버렸다. 시엠은 이렇게 말했다. "돌이켜 보면 그들은 아주 어리석었습니다."

시엠이 이끄는 투자자 그룹이 시추 장비를 2,200만 달러에 사겠다고 하자 채권자들은 이를 받아들였다. 노르웨이 은행들은 이 그룹에 2,200만 달러를 빌려주었고, 시엠과 다른 투자자들이 운전 자본 450만 달러를 보됐다. 이 거래에서 노르웨이 정부의 보증 프로그램도 아주 중요하게 작용했다. 정부는 유조선과 시추 장비들이 모두 해외로 처분되는 일을 막기 위해 보증 프로그램을 도입했다. 운전 자본을 충분히 지원하면 살아남을 수 있다고 판단되는 프로젝트에는 매입가의 100%까지 보증해주었다. 응찰하는 쪽은 은행에서 대출받을 때 정부의 보증을 활용하면 되었다. 시엠도 차입금 2,200만 달러 전부에 대해 정부의 보증을 받아, 은행이 떠안을 수도 있는 부도 위험을 없앴다. 그는 이 보증 덕에 노르웨이 선박 산업이 회생하고 자신도 성공의 발판을 마련할 수 있었다고 여겼다. 그는 전 재산을 투자해 하콘 마그누스의 지분 7%를 확보했다.

시엠이 하콘 마그누스를 인수하고 몇 개월 후 링달Ringdal이라는 선박 중개인이 그에게 다가왔다. 이 중개인은 얼마 전 2,200만 달러에 확보한 시추 장비를 2,800만 달러에 사겠다고 제안했다. 가격 상승을 기대하고 투자했던 과거의 채권자이자 주주들은 대부분 이 제안을 받아들이자고 했다. 제시 가격은 시엠이 지불한 가격보다 겨우 600만 달러 높았지만, 시엠을 포함한 투자자 그룹이 투입한 원금 450만 달러에 비하면 600만 달러는 큰돈이었다. 이들은 시엠에게 요청했다. "제안을 받아들입시다." 그러자 시엠이 대답했다.

얼마 전 저는 석유 가격이 오른다는 전망을 바탕으로 여러분을 모았습니다. 석유 가격이 하락하는 바람에 시추 활동이 크게 위축되었습니다. 하지만 바닥까지 추락한 석유 가격이 이제 오르기 시작했습니다. 유가가 빠르게 상승하면 시추 작업도 활발해질 것입니다. 이를 믿는다면(저는 이를 확신하고, 이것이 바로 여러분이 투자한 이유입니다) 견뎌야 합니다. 시추 장비 가격은 적어도 건조 비용까지는 오를 것입니다. 즉 2,200만 달러에서 4,000만 달러로 상승하리라 봅니다. 여러분들이 수요와 공급의 균형추를 더욱 기울이기도 전에 두 배 가까이 치솟을 것입니다. 어렵지 않은 결정입니다. 계속 붙들고 가면 좋겠습니다.

결국 투자자들이 동의해서 매각하지 않기로 했다. 하지만 링달은 이에 굴하지 않고 2,900만 달러에 사겠다고 다시 제안했다. 원금이 450만 달러이고 이익이 700만 달러이면 주주들은 단기간에 두 배 가까이 버는 셈이었다. 그렇지만 시엠은 이 두 번째 제안도 거절했다. 몇몇 주주가 그를 찾아와 팔자고 거듭 종용했다. 그는 이들에게 다음과 같이 대답했다.

제 말을 한번 들어보십시오. 우리가 일주일 만에 100만 달러를 번다면 이는 제 주장이 계속 옳다는 뜻이겠지요. 그렇다면 한 주 더 기다려보면 어떨까요? 서두를 필요가 없지 않나요?

주주들은 더 기다리기로 했지만 새로 있을 수 있는 제안을 검토하기 위해 격주로 회의를 열자고 했다. 아니나 다를까, 몇 주가 지나자 링달이 3,200만 달러에 사겠다고 다시 제안했다. 이에 주주들은 매각을 고집하며 다음과 같이 주장했다.

시간이 8개월이나 흘렀고 그사이 원금이 세 배로 불었습니다. 우리 중 몇은 더 이상 투자하고 싶은 마음이 없습니다. 돈을 어서 돌려받고 싶을 뿐입니다. 원금이 세 배로 늘었으니 지금 처분한다면 우리는 대만족입니다. 돈을 회수하고 싶습니다.

시엠이 대답했다.

제가 근무했던 회사의 사장을 찾아가 50만 달러를 더 받아내 여러분께 자금을 돌려드리겠습니다. 그분과 마주 앉아 사정을 설명하겠습니다. 그분은 상황을 잘 아시니 제 제안을 받아들여 결국 많은 돈을 벌 것입니다. 엄청나게 좋은 기회니까요.

시엠은 프레드 올센을 찾아가 이렇게 말했다.

"사장님, 드릴 말씀이 있습니다. 제가 터득한 모든 것은 이곳에서 배운 것입니다. 그리고 배운 것에 딱 들어맞는 투자 기회가 있습니다."

사장이 대답했다.

"자세히 설명할 필요 없어. 나도 잘 알고 있네. 그래, 자네 제안을 받아들이겠네."

시엠의 예상대로 올센은 링달이 제시한 것보다 50만 달러 많은 3,250만 달러에 사겠다고 했다. 시엠이 이에 동의해 결국 시엠 투자자 그룹은 하콘 마그누스를 올센그룹에 넘겼다. 이 시추 장비는 오늘날까지도 가동되고 있다. 올센그룹은 이 장비 이름을 보그스텐 돌핀Borgsten Dolphin으로 바꿨다. 시엠은 자신이 인수했을 때는 하루 4만 달러를 벌어준 이 장비가 이제는 40만 달러를 벌어준다고 밝혔다. 아울러 올센그룹이 이 장비로 수억 달러를 벌었을 거라고 추정했다. 더욱이 지금은 이런 장비를 제작하는 데 6억 달러 정도 소요되므로 보그스텐 돌핀의 가치가 3~4억 달러에 이를 것으로 보았다. 시엠은 종종 그가 소유한 보급선이 보그스텐 돌핀과 공동 작업을 할 때마다 "쓸쓸한 미소와 더불어 옛날 생각에 젖는다"고 털어놓았다.

잭업 리그 프로젝트

1980년, 시엠은 본체를 해수면 위로 들어 올릴 수 있는 잭업 리그(이동식 다리가 있는 시추 장비)시장이 곧 커질 것으로 보았다. 그래서 이를 건조하기 위해 캐나다 데이비 조선소 인근에 있는 장소 두 곳을 확보하기 위해 서둘러 움직였다. 그가 장비 설계도를 준비하고 있을 때, 텍사스주 휴스턴에서 올센그룹 현지법인을 이끌고 있던 동생 이바르 시엠 Ivar Siem에게서 전화 한 통을 받았다. 동생이 말했다.

> 새로운 잭업 리그 프로젝트를 추진한다고 들었어. 텍사스주 보몬트에 있는 베슬리헴(Bethlehem)에 형이 대안으로 생각할 만한 잭업 리그가 한 대 있어. 우리가 매수 협상을 벌이는 동안 올센 사장이 마음을 두 번이나 바꿨어. 처음에 '추진하라'고 말한 뒤 취소했어. 얼마 후 '다시 시도해보라'고 해놓고는 또 취소하라는 지시를 내린 거야. 이곳 석유업계에서는 이런 식으로 말을 바꾸면 사업하기 힘들어. 아직 계약서에 서명하지 않았지만, 우리가 먼저 접근해 계약서의 모든 조항에 동의한다는 의사를 내비쳤거든. 베슬리헴 측은 우리가 며칠 전 계약을 체결하기를 기대했는데, 올센 사장이 이 프로젝트를 추진하지 않기로 뒤바꿔 버렸어. 가격은 2,520만 달러야. 우리가 참여하지 않더라도 이 건에 관심을 보이는 그룹이 이미 다섯이나 있어. 그래서 우리 회사 쪽에서 취소를 통보하면 아주 빠른 시일 안에 다른 쪽으로 넘어갈 거야. 그러니 서둘러 움직여야 해. 형이 원한다면 우리 회사를 통해 추진했으면 해. 그러면 우리 회사 평판을 유지할 수 있으니까.

노르웨이 오슬로에 머물던 시엠은 텍사스주 보몬트에 있는 베슬리헴 측 담당자에게 전화했다. 상대방이 이렇게 말했다.

"이 장비를 당신에게 팔겠습니다. 판다면 1년 안에 인도될 것입니다만 확실히 가능한지 조금 더 살펴봐야 할 듯합니다."

시엠이 물었다.

"시간을 얼마나 더 주실 수 있습니까?"

베슬리헴 쪽 대표가 답했다.

"월요일까지 계약서에 서명해야 합니다. 그리고 환불이 불가한 예치금도 넣어야 합니다."

그날 밤 시엠은 지체하지 않고 미국행 비행기에 몸을 실었다. 주말 동안 계약서를 살펴보니 다행스럽게도 이바르와 올센이 협상을 잘 해온 것으로 드러났다. 자신이 혼자 협상에 임했어도 결과가 같았을 정도였다. 월요일 아침 퍼스트 시티 내셔널 뱅크First City National Bank에 들러 예치금 2만 5,000달러를 인출하고 점심을 먹은 뒤 보몬트에 있는 베슬리헴 사무실로 찾아가 이렇게 말했다. "예치금과 계약서를 가지고 왔습니다. 조건 하나만 바꿔주시면 계약서에 서명하겠습니다. 투자 자금을 마련하려면 2주가 더 필요합니다." 그는 2만 5,000달러로 추가 자금을 모을 2주라는 시간을 벌 수 있었다.

그는 이 장비를 인수할 자금을 모으려면 한 고객과 다년간의 운영 계약을 맺을 필요가 있음을 잘 알고 있었다. 먼저 IIAPCO라는 말레이시아 회사를 확보했다. 하지만 자본금으로 쓸 700만 달러가 더 필요했다. 그는 전 재산을 자본금으로 집어넣고 나머지는 세계 각지에서 긁어모았다.

시엠이 계약을 곧 성사시킨다는 소식을 들은 올센은 다시 위험을 감수할 만하다는 쪽으로 마음이 바뀌었다. 그래서 시엠에게 전화해 자기 회사도 참여할 수 있는지 물었다. 놀랍게도 올센은 올센그룹의 계열사인 돌핀 Dolphin이 시추 장비를 운영하는 조건이면 최대 주주가 될 만큼 자금을 집어넣겠다고 제안했다. 시엠은 기꺼이 수락했다. "좋습니다. 전혀 문제없습니다." 이로써 올센이 이사회에 참여하게 되었지만 프로젝트를 주선한 대가를 시엠에게 지불해야 했다. 얄궂게도 이 프로젝트는 올센이 이전에 추진하던 것이었다. 다른 투자자들은 시엠이 거래를 주선해 성사시킨 대가로 수수료를 1%씩 지불했다.

올센이 시엠에게 말했다.

"내게는 수수료를 깎아주는 게 옳다고 생각하지 않나?"

"물론입니다. 0.7%만 받겠습니다."

그로부터 1년 뒤인 1980년 12월, 잭업 리그가 제시간에 완공되었다. 비용은 예상보다 조금 적은 2,480만 달러가 들었다. 시엠은 돌핀을 운영회사로 지정하고 장비를 IIAPCO에 넘겼다.

1981년이 되자 그는 시추 장비시장이 무너지기 시작해 오랫동안 침체를 겪을 것임이 분명해 보였다. 수많은 장비가 고객과 시장의 수급을 고려하지 않은 채 무분별하게 건조되고 있었다. 업계가 어려움을 겪기 시작하는데도 글로벌머린 Global Marine이라는 회사는 장비 건설에 속도를 올리고 있었다. 시엠은 업자들이 건조를 멈추지 않는 것이, 설령 부도가 나도 건조 중인 장비가 고철보다 더 값어치가 나간다고 생각하기 때문이라고 했다.

이들은 시추 장비를 새로 건조하면서 은행 대출을 가급적 많이 받는 것이 좋다고 여겼습니다. 어려움에 처해도 은행들이 구제해줄 수밖에 없다고 믿었으니까요. 이것이 이들의 논리였죠. 그렇게만 된다면 정말 그럴듯해 보였습니다.

시엠은 동료들에게 말했다. "시추 장비를 팔면서 고객과 운영회사를 확보해야 합니다." 그는 자파타 코퍼레이션 Zapata Corporation을 접촉했다. 이 회사는 1952년 전임 대통령인 조지 부시 1세 George Bush Sr.가 세운 기업으로서, 탐사를 하면서 계약에 기반한 시추 사업도 했다. 당시 자파타는 북해에서 노르웨이 회사와 합작 사업을 추진하고 있어서 현재 가동 중인 잭업 리그에 관심을 보일 것으로 예상되었다. 그래서 시엠은 협상을 위해 자파타 대표를 런던으로 초빙했다. 자파타는 론 라시터 Lon Lassiter 대표를 런던으로 보내면서 최고재무책임자 CFO를 대동하게 했다. 시엠은 이를 보고 자파타 측이 관심이 아주 많다고 직감했다. 그래서 이렇게 생각했다. '매수할 의향이 있군.'

시엠은 협상에서 능청을 떨었고, 이 바람에 거래가 성사되지 않은 채 회의가 끝났다. 자파타 대표는 공항으로 돌아가면서 그에게 전화해 서운함을 토로했다.

"안타깝게도 합의가 이루어지지 않았군요. 멀리서 왔는데도 말입니다."
시엠이 대답했다.

"그러면 반반씩 양보해 합의를 보시죠."

자파타 측 대표가 이 기회를 잡아 마침내 거래가 성사되었다. 시엠은 어떤 가격에도 합의할 마음이 있었다고 털어놓았다. "벼랑 끝에 몰렸기 때문에 팔아야만 했습니다. 그게 현실적이었으니까요." 그는 자파타 쪽 대표를 보고 상대가 이 거래를 얼마나 간절히 원하는지 직감해 결국 성사될 것이라고 생각했다.

그는 불과 2년 전에 2,480만 달러를 들여 마련한 시추 장비를 3,450만 달러에 매각했다. 그의 인수단은 이 장비를 보유한 2년 내내 계속 가동해서 많은 수익을 올렸다. 시엠이 이끄는 그룹은 700만 달러를 투자해 자본 차익을 거의 1,000만 달러나 거뒀으니 수익률 면에서 엄청난 것이었다. 그는 시추 장비에 투자하고 이를 운영해 얻은 수익도 일부 받음으로써 수백만 달러를 벌었다. 그가 예상한 대로 곧 시추시장은 완전히 붕괴되어 침체가 10년 동안이나 이어졌다. 하지만 그는 그 전에 거래를 한 건 더 성사시켰다.

다이아몬드 엠 드래건과 커먼브러더스

1981년, 시엠이 선박업계로 진출하는 열쇠가 되는 중요한 기회가 나타났다. 다이아몬드 엠 드래건The Diamond M Dragon이라는 시추선이 매물로 나온 것이다. 이 시추선은 워낙 문제가 많아 파트너들은 어떻게든 손을 떼고 싶어 했다. 새것이나 마찬가지였지만 선원들이 관리를 엉망으로 하는 바람에 많이 망가져 있었다. 이 시추선에 대해 좋지 않은 말이 많았기 때문에 소유주들은 건조 비용인 3,400만 달러만 받고 처분하기를 원했다.

시엠은 이 시추선이 업계 최고급으로 건조되지 않아 찾는 이가 별로 없을 것으로 판단했다. 더욱이 시추시장이 곧 무너질 것으로 믿었다. 하지만 기회가 하나 있었다. 그는 필립스페트롤리엄Phillips Petroleum이 아이보리코스트에서 쓸 시추선이 필요하다는 사실을 알고 있었다. 그래서 이 회사에 접촉해 다이아몬드 엠 드래건을 3년 동안 사용하는 계약을 하자고 제안했다. 그러면 매입가인 3,400만 달러 이상을 벌 수 있으리라 생각했다.

필립스페트롤리엄 쪽이 시엠에게 전화해 이렇게 말했다.

"3년 계약은 할 수 없습니다. 2년만 가능합니다. 2년이라면 관심이 아주 많습니다."

"좋습니다. 2년 동안 수익을 반씩 나누고 싶습니다."

시추선이 필요했던 필립스페트롤리엄은 그의 제안을 받아들였다. 시엠은 시추선 매입 대금을 2년에 걸쳐 상환할 수 있는 용선 계약을 체결했지만 구입 비용은 여전히 따로 마련해야 했다. 그래서 노르웨이 최대 상업은행인 덴 노르스크 뱅크Den Norske Bank, DnB를 찾아갔다. DnB 측 대표는 그와 마주 앉은 자리에서 이렇게 말했다.

"음, 흥미로운 프로젝트군요. 기꺼이 자금을 대겠습니다."

DnB는 전체 매입 대금을 융자해주기로 했다. 더욱 좋았던 점은 시엠에게 자본금을 대라고 요구하지도 않았다는 사실이다. 은행이 선뜻 대출을 해준 것은 그를 믿어서가 아니라, 필립스페트롤리엄이 뒤에 있어서 위험이 그리 크지 않다고 보았기 때문이다. 은행이 시추선에 대해 선순위 담보권을 갖고 필립스페트롤리엄이 차입금을 상환하는 조건이었다. 시추선을 옮겨 가동하는 비용은 700만 달러였다. 그래서 은행이 대출을 집행하기 전에 시엠이 현금 700만 달러를 투입해야 했다. 하지만 이 거래 과정에서 드라마 같은 일이 벌어졌다.

재난에 취약하다는 평판에 부응이라도 하듯 다이아몬드 엠 드래건에 사고가 났다. 이 시추선을 필립스페트롤리엄이 쓴다는 보도가 나간 직후, 해저에 설치된 분출 방지 장치 윗부분에 있는 폭발 방지 장치에 문제가 생겼다. 더 큰 문제는 이 장치가 너무 커서 여분을 준비해놓지 않은 것이었다. 게다가 아이보리코스트에서는 이 장치를 수리할 수 없었다. 유일한 방안은 영국 애버딘에 있는 공장으로 옮기는 방법뿐이었다.

신혼여행 중이던 시엠은 아비장으로 급히 날아갔다. 그곳에 도착한 그는 에르 아프리크 보잉 747 화물기를 주선해 비행기 앞쪽을 열고 장치를 실은 뒤 아이보리코스트에서 영국으로 옮기게 했다. 이를 수리하려면 고온을 견딜 수 있는 고로가 필요했다. 기본적으로 엄청난 압력하에서 작동하는 금속 접합체였기 때문에 완벽히 접합해야 했다. 그러지 못하고 표면에 조금이라도 틈이 있으면 제대로 작동하지 않는다. 말끔히 접합하는 유일한 방법은 부품을 섭씨 900도까지 가열해 녹이는 것이었다. 그는 애버딘에서 이를 처리할 고로를 찾았지만 문제가 있었다. 장치를 실은 비행기가 너무 커서 애버딘 공항에 착륙할 수 없었던 것이다. 맨체스터 공항에는 착륙이 가능했지만 이 엄청난 폭발 방지 장치를 내릴 수 있는 엘리베이터가 없었다. 그래서 비행기 앞부분에서 끄집어낸 장치를 트럭으로 옮길 엘리베이터를 새로 제작해야 했다. 그러고 나서야 애버딘으로 옮겨 수리를 시작할 수 있었다.

장치를 고치는 동안 시엠은 필립스페트롤리엄 쪽과 마주 앉아 자초지종을 설명했다. 계약에 따르면 그는 수리 기간에도 정상 요금의 80퍼센트를 받을 수 있었다. 필립스페트롤리엄 측은 오래 수리해야 한다는 설명을 듣고 몹시 화가 났다. 계약상으로는 수선 기간이 너무 늘어지면 필립스페트롤리엄이 계약을 파기할 수 있었다. 그래서 시엠은 수선 기간은 '계약 기간에서 제외하자'고 제안했다. 그러면 필립스페트롤리엄은 폭발 방지 장치가 수리되는 동안 용선료를 지불할 필요가 없었고, 계약 만기는 그 기간만큼 늘어나는 셈이었다. 완전히 고치기만 하면 시추선 수명은 30년으로 늘어날 터였다. 다행히도 필립스페트롤리엄은 이를 기꺼이 받아들였다. 엄청 난 작업이었지만 결국 수리가 완료되어 다이아몬드 엠 드래건은 계약대로 필립스페트롤리엄이 사용할 수 있었다.

다이아몬드 엠 드래건 계약 건은 그냥 지나치기 어려울 정도로 아주 좋았다. 그러나 시엠은 여전히 해양 시추시장이 곧 추락한다고 보았다. 1982년, 이 시추선은 필립스페트롤리엄이 사용하고 있었지만 시엠은 다른 계획을 고려하기 시작했다. 나중에 한 얘기지만 그는 그 시추선을 처분해야 했고, 실제로 현금 7,000만 달러를 받고 매각할 수도 있었다고 털어 놓았다. 하지만 1892년 영국 뉴캐슬에서 설립된 상장기업인 커먼브러더스 Common Brothers라는 선박회사에 다이아몬드 엠 드래건을 넘겼다. 커먼브러 더스는 유서 깊은 회사로, 선박 업황이 가장 좋았던 영국령 인도제국 시대 에 인도에 최초로 설립된 회사 가운데 하나였다. 이 회사가 전통 있는 굉장 한 회사라는 사실에 시엠은 매혹되었다.

그는 시추선을 커먼브러더스에 넘기면서 주식을 받으면 회사를 통제할 수 있으리라 생각했다. 그러면 지분 비율이 압도적인 최대 주주가 될 수 있 었다. 실제로 그는 다이아몬드 엠 드래건을 커먼브러더스에 넘기면서, 버 뮤다에 세운 노렉스코퍼레이션 Norex Corporation이라는 회사를 통해 커먼브 러더스 주식 7,000만 달러어치를 확보했다. 시엠은 시추선을 넘긴 대가가 충분했다고 믿었지만, 그가 받은 커먼브러더스의 지분 가치는 부풀려져 있었다. "그때는 서로가 그 거래를 만족스러워했습니다."

우리는 시추선을 제값을 받고 넘겼다고 생각했고, 상대도 지분을 넘긴 대가 가 적절했다고 여겼습니다. 지금은 당시 주가가 얼마였는지 기억하지 못하지만 분명 그만한 값어치가 없었음이 분명합니다.

서류상으로는 시엠이 7,000만 달러어치의 주식을 받아 지분 55%를 확보했다. 하지만 얼마 지나지 않아 커먼브러더스가 문제투성이라는 사실을 발견했다. 워크아웃 상태인 회사를 인수한 격이었다. 이 회사는 선박을 다수 보유하고 있었지만 하나같이 관리가 엉망이었다. 자금을 지나치게 많이 집어넣은 연금펀드를 제외하고는 예상보다 좋게 드러난 부분이 전혀 없었다. 문제를 전형적으로 보여준 분야는 회사의 주력인 유조선 사업이었다. 커먼브러더스는 이를 제대로 관리하지 않아 이 부문에서 적자를 내고 있었다. 시엠이 유조선에 올라 내부를 살펴보니 간부들이 들락거리는 바 bar만 제대로 관리되고 있었다.

당시 커먼브러더스가 보유한 배를 운항하는 간부들은 매일 저녁 바에 모여 술을 마셨습니다. 그곳은 정말 번질번질했습니다. 나머지는 엉망이었고요. 이를 보니 회사의 나머지 자산도 제대로 관리될 리 없다고 생각했습니다.

부채 관리도 허술했다. 커먼브러더스는 세계 곳곳에 직원 수백 명을 거느리고 있었다. 시엠은 커먼브러더스가 뉴캐슬에 있는 최신식 건물의 3개 층을 아주 비싼 가격에 40년간 임대해 본사로 쓰고 있다는 사실에 경악을 금치 못했다. 그는 이 임대차 계약뿐만 아니라 회사가 떠안고 있는 엄청난 부채를 정리하기 위해 서둘러 움직였다.

커먼브러더스는 문제투성이여서 이를 해결하는 데 4년이나 걸렸다. 문제는 회사를 이끄는 창립자 두 명이 선박에는 별 관심이 없다는 것이었다.

이들은 "상대하기 편한 신사들"이었지만 회사는 통제할 수 없는 상태가 되었고 이들은 회사 재무 상황을 제대로 파악하지 못하고 있었다. 예컨대 커먼브러더스는 어떤 그리스 사람에게 선박 중개를 맡기고 있었다. 계약에 따르면 그가 회사를 대표해 거래를 주선하도록 되어 있었다. 하지만 좋은 거래는 모두 자기가 챙기고, 좋지 않은 것들만 회사에 넘기고 있었다. 커먼브러더스는 형편없이 운영되는 보험 중개업도 하고 있었다. 시엠은 보험업에는 문외한이었지만 자신이 직접 나설 필요가 있다고 판단했다. 알고 보니 모든 보험회사가 실력이 그다지 뛰어나지 않은 사람들에 의해 운영되고 있었다.

> 그들에게는 어떤 자동차를 모는지, 어떤 요트를 가지고 있는지, 점심때 어떤 와인을 곁들이는지가 더 중요했습니다. 저는 훨씬 더 좋은 조건을 내세우며 그런 혜택을 없애려고 애썼습니다. 하지만 그들은 전혀 관심이 없었습니다.

시엠은 보험 사업 부문을 흑자로 돌리려면 특단의 조치를 취해야 한다고 보고 다른 보험회사와 합병하기로 결정했다. 여러 거래 끝에 결국 로운스램버트Lowns Lambert에 인수하게 한 뒤, 뉴욕에 있는 인수합병 전문 회사인 콜버그크라비스로버츠Kohlberg Kravis Roberts가 소유한 히스앤드윌리스Heath and Willis에 합병했다.

커먼브러더스가 가장 최근 매입한 자산은 케이맨제도에 있는 바하마 크루즈라인Bahamas Cruise Line이라는 계열사가 소유했던 바하마 크루즈라인이었다. 이 회사는 시엠이 인수하기 8개월 전에 배를 한 척 사들였다. 베라크루즈Veracruz라고 불린 이 선박은 1930년대에 건조되었고, 제2차 세계대전 뒤 이스라엘 거주 유대인을 미국으로 이주시키는 데 쓰이던 낡은 배였다. 당시 미국 시장을 운항하고 있었다. 커먼브러더스는 배가 팔리면 직장을 잃게 될 경영진과 협상한 뒤 이 크루즈라인을 인수했다. 이 크루즈라인은 적자를 내고 있어서 소유주는 사업을 접고 싶어 하는 터였다. 문제는 크루즈라인에 꼭 필요한 마케팅 조직이 없다는 것이었다. 시엠이 인수하고 몇 주 지나지 않아 파산한 마케팅회사 하나를 캐나다에 두고 있었을 뿐이었다. 그래서 크루즈 마케팅 조직을 처음부터 일궈야 하는 어려움에 맞닥뜨렸다.

설상가상으로 시엠에게 더욱 커다란 시련이 다가왔다. 어느 날 아침 일어나 보니 베라크루즈가 정박해 있던 독dock 한쪽이 움푹 들어가는 바람에 배가 기울어지는 사고가 난 것이다. 쓰러진 배 사진이 시엠이 마케팅하고 싶어 하는 미국의 모든 신문에 도배되었다. 이 사고로 티켓 판매가 급감했다. 조금이나마 보험에 들어 있어서 수리비는 일부 보상받았지만 금이 간 평판과 뒤이은 손실을 보상받기에는 충분치 못했다.

시엠은 크루즈 사업에서 성공하려면 규모의 경제가 필요하다고 판단했다. 배 한 척으로는 경쟁에서 살아남기 힘들었다. 때마침 낡기는 했지만 근사한 배 두 척이 매물로 나왔다. 커먼브러더스보다 훨씬 큰 홍콩의 둥그룹 Tung Group이 이 선박들을 인수했다. 그런데 다행히도 둥그룹은 배가 한 척만 필요해서, 나머지 한 척은 선원을 포함하지 않은 조건으로 빌려주었다.

시엠은 배 이름을 버뮤다 스타Bermuda Star로 바꾸었다. 아울러 배가 버뮤다에 정박할 수 있도록 협상한 뒤, 회사 이름을 바하마 크루즈라인에서 버뮤다 스타 라인Bermuda Star Line으로 변경했다. 버뮤다 스타는 공간이 넓어서 여행객들에게 인기가 있었다. 선실과 공용 공간이 마호가니와 반짝이는 금속으로 장식되어 있어서 세련되고 멋있었다. 하지만 연료가 엄청나게 들어가는 증기 터빈 엔진을 쓰고 있다는 점이 문제였다. 그래서 시엠은 고속 운항이 필요하지 않아서 연료가 덜 드는 노선을 운항하는 것으로 해결책을 찾았다. 결과는 성공적이어서 마침내 버뮤다 스타 라인은 적자 행진을 멈추었다.

회사가 흑자로 돌아서자 시엠은 나머지 한 척도 인수하기 위해 둥그룹의 오너인 둥C. C. Tung과 접촉했다. 하지만 협상은 매우 어려웠다. 시엠은 둥그룹이 재정적으로 아주 어렵다는 사실을 몰랐다. 둥은 협상을 하기 전에 채권 은행에 27억 달러에 이르는 연대보증을 하고 있었다. 이 때문에 거래를 성사시킬 수 없었다. 하지만 얼마 지나지 않아 둥그룹이 파산한 덕분에 배를 사들일 수 있었다. 인수 대금을 마련하기 위해 시엠은 버뮤다 스타 라인의 주식을 주당 6달러에 96만 주 추가 발행해 전체 주식이 406만 주로 늘어났다. 그 뒤 1987년 2월, 아메리칸 증권거래소에 상장했다.[3] (결산일인 1987년 6월 30일 기준으로 순자산가치는 고작 530만 달러였다.)[4] 시엠은 인수한 배에 캐나다 스타Canada Star라는 이름을 지어주었다. 버뮤다 스타의 자매선으로 여름부터 캐나다 세인트로렌스에서 운항할 예정이었다.

시엠은 배 3척을 거느리고서야 규모의 경제 효과를 누릴 수 있게 되었다. 그 무렵 크루즈 산업이 변하고 있음을 감지한 그는 이사회를 소집해 이렇게 말했다.

"이제 규모의 경제를 증대하고 회사를 더욱더 키워야 합니다."

인수합병을 통해 회사를 크게 키우든지 선박 건조를 시작하든지 선택의 기로에 섰다. 시엠은 인수합병 쪽으로 가야 한다고 직감했다. 그래서 플로리다주 마이애미에서 크루즈 2척을 운영하고 있는, 핀란드와 스웨덴 합작 회사인 에프존Effjohn을 접촉했다. 그는 에프존과 버뮤다 스타 라인의 합병을 제안했다. 에프존 측은 시엠의 제안이 합당하다고 판단하고 바로 협상에 들어갔으나 곧 관심이 수그러들었다. 기존의 독립 파트너들이 이 방안을 복잡하게 여겼기 때문이다. 대신 시엠의 배를 인수하겠다고 역으로 제안했다. 제안을 받은 시엠은 이사들에게 이렇게 말했다. "작게 운영하느니 매각하는 방안이 훨씬 더 좋다고 봅니다." 그래서 버뮤다 스타 라인을 매각했다.

1982년, 시추선 한 척을 3,500만 달러에 인수할 당시에는 지분 투자는 하지 않았다. 그 뒤 4년에 걸쳐, 현금 3,500만 달러 외에는 다른 자산이 거의 없는 회사를 세워 미국에 상장하고, 이 회사가 런던 상장기업의 주식을 55% 보유하는 형태로 바꿨다. 시엠은 이제 새롭게 도전해야 한다고 판단했다.

시추 사업 복귀

1981년까지 버뮤다 스타 라인은 주요 사업인 크루즈 부문에서 모두 철수했다. 시엠은 유서 깊은 모기업에 마음이 끌렸지만 커먼브러더스가 부실하게 운영되어 영업권 가치가 사라졌다고 판단했다. 그래서 이름을 노렉스Norex로 바꾸고, 아메리칸 증권거래소에 상장된 버뮤다 스타 라인을 노렉스아메리카로 변경했다. 당시 노렉스는 시추선인 다이아몬드 엠 드래건을 여전히 보유하고 있었다. 부채를 모두 상환했지만 배의 잔존 가치는 제로에 가까웠다. 시엠이 걱정한 대로 해양 시추시장이 무너지는 바람에 이

배는 전혀 쓸모없게 되었다. 커먼브러더스의 쓸데없는 자산들은 처분했지만 바닥부터 일군 크루즈 사업은 운영 기간 동안 제 몫을 해주었다. 이로써 크루즈 사업을 정리하면서 받은 현금이 주요 자산이 되었다. 시엠은 새로운 투자처를 물색하기 시작했다.

1990년에 이르렀을 때 그는 해양 시추 산업이 10년간 불황을 겪었지만 곧 되살아나리라 보았다. 아울러 더욱더 심해로 갈 필요가 있다고 보았다. 이는 곧 매출을 끌어올린다는 뜻이기도 했다. 그래서 노렉스아메리카의 이사들에게 다음과 같이 말했다.

> 앞으로 해양 시추 산업은 아주 흥미로울 것입니다. 우리는 이 분야에 대해 잘 알고 있습니다. 업계는 아주 오랫동안 시추선을 건조하지 않아 이제는 수급이 균형을 되찾을 가능성이 있습니다. 이 분야로 다시 진출합시다. 하지만 배를 새로 건조하는 대신 인수했으면 합니다.

이사들이 동의하자 시엠은 노렉스아메리카의 전략을 마련하기 시작했다. 당시 시추 계약은 대부분 노르웨이와 미국에서 이루어지고 있었다. 그는 노르웨이 쪽에 접근해야 하는지, 미국 쪽에 다가가야 하는지 선뜻 판단이 서지 않았다. 하지만 해양 시추 산업에서는 석유회사와의 긴밀한 관계가 아주 중요하다고 보았다. 석유회사 대부분이 미국 기업이고, 미국 계약자들이 노르웨이 쪽보다 미국 석유회사들과 더 긴밀한 관계를 유지하고 있어서 노렉스아메리카는 미국 시추업자를 찾기로 했다.

여러 회사를 물색한 끝에 마침내 글로벌머린을 발견했다. 이 회사는 최근 파산에서 회생한 뒤 살아남기 위해 시추선 건조에 열을 올리고 있었다.

시엠은 이 회사가 마케팅 능력도 우수할 뿐만 아니라 기술력도 아주 뛰어나다고 보았다. 금상첨화로 노렉스아메리카와도 궁합이 잘 맞는다고 판단했다. 그런데 구조조정 과정에서 캐나다, 프랑스, 미국 정부가 이 회사의 지분과 부채를 취득했다. 이 회사의 채권은 액면가에서 40%까지 할인된 수준에서 거래되고 있었다. 따라서 글로벌머린 채권의 표면금리 9%는 실제로는 16%에 가까웠다.[5]

시엠은 투자은행인 드렉셀번햄램버트 Drexel Burnham Lambert를 고용해 시장에서 이 회사의 채권을 사게 했다. 이를 주식으로 전환해 글로벌머린의 최대 주주가 되려는 계획이었다. 드렉셀은 계획을 재빨리 실행해 노렉스아메리카를 위해 글로벌머린 미상환 채권 3분의 2 및 이와 관계없는 다른 여러 자산을 2억 2,000만 달러에 인수했다.

시엠이 채권을 주식으로 전환하려 하자 글로벌머린 경영자들이 나섰다. 이들은 그의 계획을 격렬히 반대하며, 경영권이 바뀌면 구조조정 과정에서 발생한 결손금에 대해 더 이상 절세 혜택을 받지 못한다고 따졌다. 회사는 손실이 워낙 커서, 나중에 이익이 나면 결손금을 이월해 세금을 공제받을 수 있었다. 시엠은 이 주장이 일리가 있다고 보았지만, 경영진이 이를 핑계로 지배주주가 생기는 것을 막으려는 속내라고 판단했다.

경영진은 지배주주가 생기는 것에 아주 민감했습니다. 이들은 이사회 자리를 차지하지 않고 통제도 하지 않는 여러 기관투자가가 지분을 고루 나눠 갖는 구조를 선호했습니다.

시엠은 노렉스아메리카 이사들에게, 채권을 만기까지 보유해도 전혀 상관없다고 말했다. 글로벌머린이 상환하기만 한다면 액면가의 65%에 매입한 채권을 액면가에 상환받을 수 있을 뿐 아니라 보유 기간에 대한 이자도 받을 수 있었다. 그래서 이사들에게 다음과 같이 말했다.

우리는 시추 사업에 몸담고 있습니다. 그러나 운영 쪽이 아니라 재무 분야를 바꿔보려는 겁니다. 정 싫다면 좋습니다. 누가 옳은지 두고 봅시다.

1992년, 해양 시추 산업이 회복세를 보이자 그해 12월 글로벌머린은 자금을 조달해 부채를 상환했다. 이 회사 채권을 일부 보유했던 노렉스아메리카는 1억 달러 가까운 상환 대금을 받아 3,370만 달러의 차익을 남겨 50%에 이르는 수익을 거뒀다. 1987년 6월에 고작 530만 달러였던 순자산 가치는 1993년 6월 말에는 8,000만 달러로 크게 불었다. 글로벌머린 채권 투자로 주머니가 두둑해진 시엠은 트랜스오션 노르웨이 Transocean Norway를 포함해 여러 곳에 조금씩 손을 댔지만 큰 거래는 성사시키지 못했다. 그래서 대형 인수 대상을 물색하기 시작했다.

1993년 말, 갓 43세가 된 시엠에게 윌헴센 그룹 드릴링 컴퍼니 Willhelmsen Group Drilling Company, 줄여서 윌리그 Wilrig에 투자할 기회가 주어졌다. 이 회사는 창립자인 윌헴센 가문과 타이거 Tiger 펀드의 줄리언 로버트슨 Julian Robertson이 지분 대부분을 보유하고 있었다. 윌헴센 가문은 지분을 처분하기를 원했고 회사 경영에도 큰 관심을 기울이지 않았다. 가족 가운데 한 사람이 이사회 자리를 차지하고 전략을 수립했지만 타이거펀드는 이 전략이 마음에 들지 않았다. 그러던 중 마침내 시엠을 이사회 의장으로 앉히기로 합의했다. 윌리그는 주거래 은행인 씨티은행 Citibank과의 관계가 위태위태했다. 이자를 제때 갚지 못하고 있었기 때문이다. 시엠은 투자와 의장직 수락을 결정하기 전에 런던에 있는 씨티은행을 찾아가 다음과 같이 요청했다.

윌리그는 파산 직전입니다. 주거래 은행인 씨티은행이 도와주지 않으면 제가 직책을 맡는 것이 무의미합니다. 회사를 살릴 방안을 제시해드리니 돕겠다고 약속해주시면 고맙겠습니다.

씨티은행은 지원하겠다는 정식 서약은 꺼렸지만 시엠의 계획을 믿고 비공식적으로 돕겠다고 했다. 첫 번째 조치는 자본을 추가로 투입하는 일이었다. 윌리그는 1억 1,000만 달러에 달하는 채권을 발행할 계획이었지만 그 전에 증자를 할 필요가 있었다. 시엠은 노렉스아메리카가 지분 투자에 참여하게 하고, 살로몬브러더스가 채권 발행을 주선하게 했다.

하지만 증자가 이루어졌는데도 살로몬브러더스는 채권 발행을 통해 자금을 조달하는 데 어려움을 겪었다. 그래서 노렉스아메리카가 6,000만 달러를 들여 채권 발행 물량의 절반 이상을 인수했다. 채권 발행을 계속 추진하면서 시엠인더스트리Siem Industries가 가장 많이 인수하자 나머지는 쉽게 소화할 수 있었다. 노렉스아메리카가 주식을 시장에서 매수하고 주식 발행에도 참여함으로써 건조 비용 이하의 자금으로 윌리그 주식의 40%를 보유한 셈이 되었다. 그 무렵 시추시장이 침체되어 있어서 건조 비용에 관심을 기울이는 사람이 아무도 없었다고 시엠은 말했다.

그로부터 채 1년이 지나지 않아 그는 남아도는 시추 장비를 팔아 자금도 마련하고 회사를 흑자로 돌렸다. 이 덕분에 노렉스아메리카도 혜택을 보았다. 1994년 말 기준으로 회사가 보유한 지분가치는 9,300만 달러로 뛰었다.

1995년 6월, 노렉스아메리카가 지분 10%를 보유하고 있던 트랜스오션 노르웨이 쪽에서 다가와 더 튼튼해진 윌리그와 합병하자고 제안했다. 윌리그 이사회 의장직을 맡고 있던 시엠은 그 제안이 검토할 만하다고 판단하고 협상을 진행했다. 합병 회사 이름은 트랜스오션을 쓰기로 했다. 노르웨이에서 가장 클 뿐 아니라 거의 유일한 시추 도급회사여서 붙인 이름이었다. 시엠은 이 두 회사가 잘 어울려 합병 시너지가 아주 클 것으로 보았다. 그는 이제야 규모의 경제를 이루어 세계 시장에서 경쟁하기에 충분해졌다고 생각했다. 하지만 그가 합병으로 시너지를 내는 모습을 목격한 미국 기관투자가들로부터 압박이 들어왔다. 시엠이 합병을 계속 추진하기를 간절히 바라는 이들은 다음과 같이 말하며 종용했다. "다른 인수 대상을 찾지 않는다면 우리가 나서겠습니다."

그는 이들의 압박에서 벗어나려면 스스로 나서는 길밖에 없다고 판단하고 소나트 오프쇼어 드릴링Sonat Offshore Drilling과 협상을 시작했다. 마침내 1996년 4월, 소나트는 트랜스오션의 기존 발행주식을 모두 인수하기로 합의하고, 합병 회사의 이름을 트랜스오션 오프쇼어Transocean Offshore로 정했다. 시엠은 의장직에서 물러났지만 그 뒤로도 16년 동안 비집행 임원으로 근무했다. 그는 임원으로서 사업에 애착을 가지고 세계에서 가장 큰 시추 도급회사를 세우는 데 일조하며 온 힘을 기울여 일했다. 그러나 이제는 자신이 모든 짐을 질 필요가 없다고 판단하고는 자칭 "오너로서의 책무"가 없는 자신의 지분을 정리하기로 마음먹었다.

당시 노렉스아메리카로 알려진 시엠인더스트리는 마침내 2007년 지분 모두를 트랜스오션에 3억 달러에 넘겼다. 시엠은 트랜스오션 지분 매각을 회상하면서, 1990년대 초 시추 사업에 다시 진입하기로 한 것은 훌륭한 결정이었다고 털어놓았다.

저는 이를 아주 자랑스럽게 생각합니다. 모두가 머리를 맞대고 앉아 철저히 분석했기 때문입니다. 원칙을 제대로 세워 지킨다면 앞으로도 위험은 줄어들 것입니다.

1995년 6월, 시엠인더스트리는 여러 거래를 통해 런던에 상장된 모기업인 노렉스와, 시엠 가문이 버뮤다에 세워 관리하는 노렉스코퍼레이션을 인수했다. 우선 1994년에 노렉스코퍼레이션이 노렉스의 기존 발행주식을 모두 사들였다. 그 뒤 시엠인더스트리가 자사 주식 300만 주를 주고 노렉스코퍼레이션을 인수했다. 이와 동시에 노렉스가 보유하던 시엠인더스트리 지분을 모두 소각하고 노렉스를 청산했다. 그 결과 시엠 가문이 시엠인더스트리를 통제하는 구조로 바뀌었다. 1996년 말 기준으로 시엠인더스트리 주식 가치는 1억 9,300만 달러로 폭등했다.[6]

노르웨이 크루즈라인

1995년 노르웨이 크루즈라인Norwegian Cruise Line은 재정적으로 어려운 상황에 빠졌다. 엄청난 부채를 감당하지 못하고 상환 불능 상황에 몰렸다. 살아남기 위해서는 당장 2,000만 달러가 필요했다. 이를 해결할 책임이 있는 주 채권 기관인 DnB는 프랑스 정부와 여러 글로벌 은행을 비롯한 수많은 채권자로 인수단을 결성했다. 그런데 이들은 카니발코퍼레이션Carnival

Corporation이라는 경쟁자가 끼어들어 부채를 아주 싸게 인수하면 빌려준 돈을 받지 못하게 될까 봐 걱정했다. 그래서 시엠에게 다가가 2,000만 달러를 투자해달라고 부탁했다. 시엠은 시엠인더스트리 이사회를 소집해 상황을 설명했다. 그러자 한 이사가 다음과 같이 말을 꺼냈다.

> 너무 복잡해 투자하기 어렵습니다. 그래도 2,000만 달러를 지원하고 싶다면 그렇게 하십시오. 말리지 않겠습니다만, 찬성표를 던지는 식으로는 돕지 못하겠습니다.

시엠은 DnB에 결정을 내리지 못하겠다고 통보했지만 DnB는 거절한다는 말은 듣고 싶지 않다고 했다. 그런데 DnB의 선박 부문을 이끄는 앤 오이안Anne Oian과 시엠은 경영대학원 동창이어서 잘 알고 지내는 사이였다. 그녀는 노르웨이 크루즈라인을 오랫동안 상대해왔는데 대출 상환이 제때 이루어지지 않아 애를 먹고 있었다. 대출심사위원회와 이사회는 이 회사에 대한 신뢰가 급격히 떨어졌다. 그녀가 시엠에게 다가가 파산을 막도록 도와달라고 부탁하자 결국 시엠인더스트리는 2,000만 달러를 투자하기로 결정했다. 이 지원으로 노르웨이 크루즈라인은 목숨을 조금 연장했지만 완전히 살아남기에는 턱없이 부족했다. 부채가 8억 7,000만 달러로 엄청나게 많아서 수입으로 이자를 상환하기도 버거우니 다시 파산할 지경에 몰렸다.

시엠은 재임 이사들이 더 이상의 지원을 원치 않을 뿐만 아니라 다가올 파산을 걱정한다는 사실을 잘 알고 있었다. 그는 시엠인더스트리가 투자한 2,000만 달러를 회수하려면 직접 나서야 한다고 판단했다. 노르웨이 크루즈라인 쪽은 언제든 이사회 의장을 시엠에게 넘길 마음이 있었다. 시엠은 한 달이 채 지나지 않아 이사회 의장 후보로 추대되었고, 두 달 후 주주총회에서 의장으로 선출되었다.

13%에 이르는 높은 금리 때문에 회사가 쓰러질 정도로 현금이 고갈되고 있다는 점이 가장 큰 문제였다. 이전 경영진이 단기 유동성 문제 해결에 급급한 나머지, 업계에서 유례가 없는 13% 금리로 채권을 발행했기 때문이었다. 그 뒤 회사가 심한 어려움에 처하는 바람에 이 채권은 시장에서 크게 할인되어 거래되고 있었지만 회사는 이를 되살 여력이 없었다. 시엠은 부채 문제를 해결하기 위해 미국 전역을 돌아다니면서 채권자들을 만났다. 이들을 설득해 금리를 낮추고 부채도 줄일 필요가 있었다. 그는 이들에게 노르웨이 크루즈라인이 재정적으로 아주 취약해 채권이 할인되어 거래된다고 말했다면서 다음과 같이 털어놓았다.

> 저는 그들에게 회사 상황을 적나라하게 보여주었습니다. 회사가 어렵기 때문에 채권이 시장에서 할인되어 거래되는 것은 당연했습니다. 그래서 채권을 시장과 같거나 그보다 조금 더 높은 할인 수준으로 다시 발행할 필요가 있었죠. 부채를 당장 재조정해야 했습니다.

시엠은 채권 보유자들에게 13% 대신 4% 금리를 받아들여 달라고 부탁했다. 그는 이들을 설득하기 위해 미국 전역을 두 번이나 돌았다. 그가 열심히 설득하며 다니자 그들은 채권을 상환받을 수 있다는 확신이 커졌다. 더불어 시엠이 전에도 어려움에 빠진 회사를 성공적으로 돌려세운 적이 있다는 사실을 잘 알고 있었다. 그래서 노르웨이 크루즈라인이 파산하지 않을 것이라 믿고, 금리를 낮추려 하지 않았다.

시엠은 채권 금리 재조정 외에도 지분 투자자 확보에 온 힘을 기울였다. 그 결과 사우디아라비아의 리야드에 있는 알왈리드 빈 탈랄Alwaleed bin Talal 왕자에게서 투자를 유치했다. 시엠은 일요일 저녁 8시에 왕자를 만나기 위해 리야드로 날아갔다. 왕자는 회의를 시작하자마자 이렇게 말을 꺼냈다.

"먼 길을 오셨는데 미안합니다. 저희는 투자하지 않기로 결정했습니다. 하지만 이왕 오셨으니 어떤 회사인지 말씀이나 해주시지요."

시엠은 왕자에게 노르웨이 크루즈라인에 대해 두 시간 동안 자세히 설명했다. 그러자 왕자가 말했다.

"투자 여부를 내일 알려드리겠습니다."

그날 밤 시엠은 런던으로 돌아왔다. 그는 어마어마한 부채 때문에 몹시 불안했다. 월요일 아침 출근할 즈음 알왈리드 왕자가 투자하기로 결정했고 화요일에 돈을 보냈다. 이 사모 투자는 정말 믿을 수 없을 정도로 빨리 실행되었다.

그런데 채권 은행들이 우려한 대로 카니발코퍼레이션이 값이 크게 떨어진 노르웨이 크루즈라인의 채권을 물고 늘어졌다. 시엠이 글로벌머린에 했던 방식대로 시도한 것이다. 카니발코퍼레이션은 몇 주에 걸쳐 노르웨이 크루즈라인의 채권을 대량 매입한 뒤 시엠을 협상 테이블로 불렀다. 길게 이어진 협상에서 카니발코퍼레이션 창립자의 아들인 미키 애리슨Micky Arison 대표가 시엠에게 다음과 같이 으름장을 놓았다.

"이곳에 협상하려고 오신 모양이군요. 그런데 쓸 카드도 없이 협상하려고 하네요. 주도권을 우리가 쥐고 있는 상황에서 더 이상 협상할 게 있을까요?"

시엠이 반박했다.

"애리슨 씨, 창피한 줄 아세요. 당신은 코스터 크루즈라인 Koster Cruise Line 이 아니었다면 이 자리에 없었을 것입니다. 그러니 모두에게 좋은 건설적인 해결책을 찾아보았으면 합니다."

미키 애리슨의 아버지는 플로리다주 마이애미에서 당시 노르웨이 크루즈라인처럼 잘 알려진 코스터 크루즈라인의 에이전트로 일했다. 그는 여행객들에게서 받은 예약금을 도용해, 나중에 카니발이 된 자신의 선박을 사는 데 썼다. 이는 계약 위반이었다. 그는 코스터 크루즈라인의 이익에 반하는 경쟁사를 세우는 짓을 하지 말았어야 했고, 나중에 코스터 크루즈라인에 배상금을 지불해야 했다. 시엠은 이 두 회사 사이에 있었던 일을 기억했던 것이다.

만약 코스터 크루즈라인이 노르웨이의 관례를 벗어나 소송을 일삼는 스타일이었거나 미국에 세워진 회사였다면 아마도 끝까지 쥐어짰을 것입니다.

결국 미키 애리슨이 물러서 채권을 할인된 가격에 시엠에게 넘기기로 하면서 노르웨이 크루즈라인의 승리로 끝났다. 기업 회생 작업이 이제 막 시작되었기 때문에 과정이 쉽지 않으리라고 판단했을 것으로 시엠은 생각했다. 아직 중요한 조치들이 취해지지 않았기 때문이다. 일단 시엠이 설득해 카니발코퍼레이션이 채권 재조정 제안을 받아들이자 다른 채권 보유자들도 따라서 그가 제시한 조건을 받아들였다. 노르웨이 크루즈라인은 채권을 액면가의 80%에 재매입하고 금리도 4%로 조정함으로써 상환 부담을 줄일 수 있었다. 이로써 노르웨이 크루즈라인의 회생이 시작되었다.

이후 시엠이 추진한 첫 조치는 대표이사를 해고하는 것이었다. 그는 대표가 사모펀드의 도움을 받아 파산하는 회사를 헐값에 사기 위해, 노르웨이 크루즈라인이 파산 보호 신청을 하도록 배후에서 작업한 사실을 밝혀냈다. 결국 회사는 대표이사에게 100만 달러를 지급하고 대표 자리에서 물러나도록 했다.

돈이 계속 빠져나가는 것은 막았지만 회사 상황은 여전히 위태위태했다. 시엠은 회사가 보유한 선박을 살펴보았다. 노르웨이 크루즈라인은 한때 SS 프랑스SS France로 불렸던 SS 노르웨이SS Norway라는 배를 보유하고 있었다. 이 크루즈선은 유서도 깊고 근사했지만 운영비가 만만치 않았다. 연료를 아끼고 운영비를 줄이기 위해 가능한 한 운항 속도를 낮춰야 했다. 그는 이 선박 인수는 '전략적으로 잘못된 결정'이었다고 판단했다.

> SS 노르웨이 덕분에 노르웨이 크루즈라인이 널리 알려질 수 있었고 회사의 이미지도 많이 좋아졌습니다. 그 가치가 얼마인지 몰라도, 전반적으로 보았을 때 돈을 최대한 적게 들여 비슷한 자매선을 새로 건조하는 방안이 훨씬 더 나아 보였습니다. 이는 카니발코퍼레이션이 쓰는 방법이기도 했습니다. 지난 수년간 배를 업그레이드하고 SS 노르웨이로 바꾸는 데 들어간 돈, 터빈 가동 비용, 엄청난 연료비 등을 감안한다면 수지가 전혀 맞지 않았습니다. 이익을 내려면 세상에서 가장 크고 멋진 배를 새로 만들어야 했습니다. 크루즈라인을 운영하는 회사들이 사업하면서 터득한 교훈은, 배가 아무리 커도 선장, 엔진, 레이더, 기타 고가 장비들은 하나씩만 있어도 된다는 것이었습니다. 비용을 고객 1,000명 대신 2,000명이 나눈다면 규모의 경제를 누릴 수 있으니까요.

더 많은 배를 보유하고 더 많은 손님을 태울 수 있다면 1인당 마케팅 비용을 낮추어서 이익을 내는 데 크게 도움이 된다. 아울러 각종 비품, 음식, 항공권 등을 구매할 때 유리한 위치가 되어 단위당 가격을 떨어뜨릴 수 있다. 시엠은 크루즈라인 회사들에는 규모의 경제 효과가 '엄청나게 크다'고 보았다.

시엠의 해결책은 노르웨이 크루즈라인이 보유한 최신 선박들을 '늘이는' 것이었다. 즉 배를 두 동강 낸 뒤 중간에 미리 조립해놓은 동체를 끼워 붙이는 방법이었다. 길이가 약 40미터인 이 동체는 여객 500명을 더 수용할 수 있다. 이런 식으로 수용 인원을 늘리면 회사가 살아남는 데 필요한 규모의 경제를 얻을 수 있다. 문제는 이 배들이 회사에 돈을 빌려준 은행들에 담보로 잡혀 있다는 사실이었다. 시엠은 이 배를 늘이고 싶었지만 먼저 은행들의 승인을 받아야 했다. 하지만 주거래 은행인 소시에테제네랄 Société Générale이 반대했다. 배를 두 동강 낸 시점에 노르웨이 크루즈라인이 파산하면 누구도 사지 않을 것이라는 이유였다. 이에 시엠이 대답했다.

"반대한다는 말씀을 받아들일 수 없습니다."

그러자 소시에테제네랄은 그에게 프랑스의 코파스 Coface 프로그램을 활용해보라고 조언했다. 이는 프랑스에서 건조된 배에 대해 프랑스 정부가 보증해주는 프로그램이었다. 그래서 시엠은 파리에 있는 코파스 담당자를 만나 선체를 확장하는 방안의 중요성을 설명했다. 하지만 코파스 측은 몹시 걱정스러워했다. 노르웨이 크루즈라인이 파산 지경에 이른 상황에서 배가 유일한 담보였기 때문이다. 이에 시엠은 담보도 둘로 나누면 어떻겠느냐고 제안했다. 돌아온 답변은 "안 됩니다"였다. 하지만 그는 프랑스 재무부를 접촉해 책임자를 꼭 만나게 해달라고 간청했다. 결국 재무부 책임자가 중간에 나서도록 설득해 선박을 확장하는 방안에 대한 은행의 승인을 받아냈다.

시엠이 회사의 마케팅 부문도 점차 개선하면서 회생이 탄력을 받기 시작했다. 그가 회생 작업을 시작했을 때 주가는 7크로네였다. 이후 5크로네까지 떨어졌지만 1999년에는 30크로네까지 올랐다. 이때 마이애미에 있는 카니발코퍼레이션의 미키 애리슨에게서 연락이 왔다.

"주당 30크로네라는 아주 좋은 조건으로 당신 회사를 인수하고 싶습니다. 이 정도면 아주 충분하다고 보기 때문에 30크로네에서 한 푼도 더 올려줄 수 없습니다. 아주 신사적으로 처리하고 싶으니 우리 제안을 받아들인다는 답변을 오늘까지 듣고 싶습니다. 하지만 받아들이지 않는다면 공개적으로 추진하겠습니다."

시엠이 대답했다.

"'우호적인' 제안에 감사드립니다. 하지만 말에 적의가 있어 보입니다. 이사회를 개최한 뒤 답변을 드리겠습니다."

그는 전화로 진행하는 이사회를 소집했다. 이사들은 제안을 거부해야 한다는 시엠의 주장에 동의했다. 시엠이 애리슨에게 거부 의사를 전하자 카니발코퍼레이션은 공언한 대로 공개적으로 움직였다. 시엠은 노르웨이 크루즈라인에 관심을 보인 겐팅 Genting 일가 소유의 말레이시아 스타 크루즈 Star Cruises 를 접촉했다. 이 회사는 노르웨이 크루즈라인 주식을 35크로네에 매수할 의사가 있었다. 그사이 애리슨 일행은 노르웨이 크루즈라인이 상장되어 있는 노르웨이로 건너가 이 회사 주식을 보유한 여러 기관을 모두 접촉했다. 더불어 전국 텔레비전 방송망을 통해 시엠을 포함해 노르웨이 크루즈라인 경영진을 싸잡아 비난했다. 설상가상으로 겐팅 일가의 스타 크루즈가 시장에서 노르웨이 크루즈라인 주식을 계속 매집하면서 적대적 인수합병 의도가 드러났다. 시엠은 이 회사가 주식을 빠르게 사 모아 지분을 꽤 확보하고 있음을 확인했다. 이때 애리슨이 시엠에게 연락해 런던에서 만나자고 제의했다.

시엠이 도착한 회의실에는 긴장감이 돌았다. 애리슨이 적대적 인수합병을 공개 선언한 데다 언론을 통해 그를 공개적으로 비난했기 때문이다. 애리슨이 말문을 열었다

"노르웨이에서 말한 것 때문에 기분이 상했다면 사과하겠습니다."

시엠은 시작치고는 괜찮다고 느꼈다. 애리슨이 말을 이었다.

"사실 텔레비전에서는 나쁘게 말한 적이 없습니다."

시엠이 대답했다.

"저는 아니지만 제 어머니가 텔레비전을 보았습니다. 그런데 어머니는 그렇게 생각하지 않았습니다."

시엠은 자신이 노르웨이 크루즈라인을 회생하는 작업을 하고 있다는 사실을 노르웨이에 있는 금융기관 대부분이 잘 알기 때문에 그와 동료들에 대한 신뢰가 크다고 말했다. 애리슨이 공감했다. 그는 일전에 '30크로네 위로는 한 푼도 더 줄 수 없다'고 말했지만 지금은 스타 크루즈가 제시한 35크로네에 맞춰주겠다고 말을 바꿨다. 카니발코퍼레이션과 스타 크루즈 사이의 인수 경쟁은 계속되었다.

2000년 1월 말일 새벽 4시, 애리슨이 시엠에게 전화해 다음과 같이 말했다.

"시엠 씨, 믿기지 않겠지만 우리가 스타 크루즈와 연합해 당신 회사를 인수하기로 했습니다. 카니발코퍼레이션과 스타 크루즈가 보유한 지분을 합하면 노르웨이 크루즈라인을 통제할 수 있습니다."

시엠이 대답했다.

"회사를 가지세요. 통째로 가져가세요. 하지만 나도 지분을 꽤 가지고 있습니다."

시엠이 여러 프로젝트를 수행하는 데 필요한 자금을 마련하느라 주식을 추가 발행한 결과 지분 비율이 40%에서 14%로 떨어져 있었다. 하지만 이를 현금으로 환산하면 꽤 큰 돈이었다. 6주에 걸친 인수합병 스토리가 이제 막바지에 이르렀다. 시엠은 자신의 이름이 런던과 미국 텔레비전에 나오고 노르웨이에서는 거의 날마다 등장했지만 그다지 달가워하지는 않았다. 이사를 새로 선출하기 위한 주주총회를 열고 회사를 새 오너와 경영진에게 넘기는 모습이 텔레비전으로 중계됐다.

시엠은 자신이 쓴 글을 6,000명에 이르는 노르웨이 크루즈라인 임직원 앞에서 읽어 내려갔다.

"우리는 함께 멋진 여행을 했습니다. 회사를 파산 직전에서 구출해 일으켜 세웠습니다. 사정상 이제 저는 떠납니다. 한데 힘을 모아 열심히 일해줘서 고맙습니다. 덕분에 회사가 제대로 굴러가기 시작했습니다. 회사가 영원히 발전하기를 기원합니다. 다시 불러주시면 언제든 돌아올 마음이 있습니다."

시엠이 1996년부터 2000년까지 노르웨이 크루즈라인을 오너로서 관리하는 동안 주가는 7크로네에서 35크로네로 다섯 배 뛰었다.

DSND서브시

노르웨이 크루즈라인에 몰두하는 동안 시엠은 달갑지 않게 관심을 끈 다른 건에도 투자했다. SMNSC South of the Mountain Norwegian Steamship Company 로도 알려진 DSND서브시 DSND Subsea 는 1854년 설립되었고, 노르웨이 증권거래소에 상장된 선박회사 중 가장 오래되었다. DSND는 잭업 리그, 해양 서비스회사에 임대한 목재 운반선 및 기타 여러 선박 등에 다양하게 투자했다. 중요한 것은 이들이 흑자를 낸다는 사실이었다. 이 회사의 전략적 대주주가 지분을 판다는 정보를 입수한 시엠은 시엠인더스트리를 통해 이 기업을 인수했다.

DSND가 해외 진출을 시도하는 과정에서 재정적으로 어려움에 빠지기 전까지는 모든 것이 잘 돌아갔다. 자금 담당 이사가 경험이 부족해 필요한 자금 관리 체계를 제대로 세우지 못했던 것이다. 시엠은 회사를 살리기 위해 사재 2억 크로네를 투입해야 했다. 그는 시엠인더스트리를 통하지 않았다. 이사회를 개최할 시간이 부족했을 뿐만 아니라 이사들을 설득하기도 어렵다고 보았기 때문이다.

시엠인더스트리의 이사 입장에서 생각해보았습니다. 이런 요청을 받았는데 허락해야 하는 유일한 이유가 그저 DSND가 필요로 한다는 점이라면 저는 이렇게 물었을 것입니다. "왜 시엠인더스트리가 그런 위험을 떠안아야 하죠? 그 회사가 주식 발행을 통해 해결해야 하지 않을까요?" 당연히 그렇게 해야 했습니다. 저는 노르웨이 크루즈라인에 정신이 팔려 생긴 일에 대해 책임져야 했습니다. 그래서 개인적으로 위험을 떠안기로 빠르게 결정을 내렸습니다.

그는 시엠인더스트리 주주들의 이익에 반하는 결정은 비난받을 수밖에 없다고 보았다. 설상가상으로 몇 개월 뒤 이사회는 휴스턴에 있는 칼 다이브Cal Dive로부터 DSND 주식을 주당 14크로네에 사겠다는 제안을 받았다. 하지만 정식 제안이라고 보기에는 불충분했다.

칼 다이브의 비공식 제안은 시엠인더스트리 주가가 사상 최저 수준으로 떨어진 2003년에 왔다. 시엠은 어느 주주도 그 가격에는 팔지 않을 것이라 믿었다. 제안이 구체적이지 않은 점도 석연치 않았다. 그에게는 이 비공식 제안이 '떠보는' 것으로 보였다. 이를 검토한 이사회는 응하지 않기로 결론지었다. 그러자 칼 다이브는 인수 가격을 주당 15크로네로 올려 다시 제안했다. 시엠인더스트리는 이를 다시 거절했다. 시엠은 이렇게 한탄했다. "일이 뒤죽박죽되었군."

언론은 그가 칼 다이브의 '제안 내용'을 투자자들에게 공개하지 않았다는 이유로 비난했다. 한 신문은 지면을 두 쪽이나 할애해, 그가 주주들의 이익은 돌보지 않고 DSND를 차지하려는 음모를 꾸미고 있다고 비난하면서 그를 감옥에 집어넣어야 한다고 공격했다. 이에 그는 이렇게 대응했다.

"팔고 나가고 싶은 주주가 있다면 얼마든지 응하겠습니다."

그러면서 주당 17크로네에 사겠다고 제의했다. 그런데 신문 기사가 노르웨이 금융계에 끼친 영향 때문인지 놀랍게도 많은 주주가 제안에 응했다. 결국 주식 매도 신청이 예상보다 많아 은행에서 인수 대금을 빌려야 했다. 시엠은 전혀 의도하지 않은 일이었지만 그가 했던 일 가운데 가장 훌륭한 것이었다고 털어놓았다. 10년 뒤 주가가 열 배 넘게 뛰었기 때문이다. 이는 배당금, 시엠 오프쇼어Siem Offshore와 베리포스Veripos 같은 기업 분할을 포함하지 않은 것이다. 그가 투자한 수천만 달러는 2015년 15억 달러로 불었다. 다음은 그가 한 말이다.

우리는 도중에 돈을 더 집어넣었지만, 이는 시장이 필요하다고 믿는 상품과 서비스를 제공하는 탄탄한 기업을 세우겠다는 장기 목표가 있다면 반드시 성공한다는 사실을 보여주는 좋은 예입니다. 이처럼 하면 가치를 증대시킬 수 있습니다. 때로는 조금 늦어지기도 하고 주춤할 때도 늘 있지만 결국 이와 같은 방법으로 가치를 쌓을 수 있습니다. 한마디로 이처럼 하면 됩니다. 제가 이를 증명했다고 봅니다.

시엠인더스트리는 1987년 상장한 이래 수많은 투자에서 성공을 거두었다. 그 결과 1987년 6월 530만 달러에 머물던 주주 가치가 2014년 말에는 20억 1,000만 달러로 늘어 연 25%라는 놀라운 성과를 거두었다. 시엠은 회사가 단행한 수많은 투자에서 핵심적 역할을 했다. 그리고 거의 모든 피투자 회사의 이사회 의장으로 선임되어 직접 전략을 세우고 실행했다. 산업 전문가로서 투자철학을 직접 실행에 옮긴 산증인이다.

시엠의 가치 평가 방법

석유 및 가스 시추와 선박 산업에서 시엠이 거둔 성공은 투자 기회를 찾아 그 가치를 발현한 아주 예외적인 사례다. 그는 기회를 어떻게 찾았고, 투자 대상이 나타났을 때 주로 무엇을 보았을까? 시엠은 석유 및 가스 산업 가운데 특히 해양 시추와 관련 분야에서만 일해왔다.

처음에는 개별 자산을 대상으로 투자를 진행했고, 거래마다 전 재산을 투자하면서 온 힘을 기울여 집중했다. 그는 엄청난 자본을 몰아 투자했지만 철저히 연구하고 분석했기 때문에 성공 가능성이 아주 클 수밖에 없었다고 주장한다. 관련 산업에 정통했기 때문에 위험도 그리 크지 않았다고 본다. 그가 젊었던 것도 장점이었다. "도중에 나타날 수도 있는 위험을 걱정할 정도로 경험이 풍부하지 않았다. 나이 든 사람은 노련하다는 장점이 있지만 용기가 부족하다는 단점도 있다"고 그는 말했다.

시엠은 하콘 마그누스를 인수할 당시 경험이 풍부하지 않았지만 석유 및 가스 해양 시추 사업에만 집중해왔기 때문에 그 분야에 정통했다고 설명했다.

> 저는 전 세계에 있는 이동식 반잠수 석유 시추 장비 118대의 이름과 위치, 거래처까지 모두 외웁니다. 저는 젊어서 이 산업이 발달하기 시작한 때부터 일해왔기 때문에 이 분야가 어떻게 돌아가는지 아주 잘 압니다. 그래서 판단도 옳게 내릴 수 있었고, 제 모든 재산을 투입하고 온 열정을 쏟을 만큼 훌륭한 기회를 잡을 수 있었습니다.

그는 가치를 제대로 평가하는 데 가장 좋은 방법은 경험에서만 나올 수 있는 업계 지식에 정통하는 것이라고 보았다. 이 전문성 덕분에 각 자산을 어떻게 이익으로 연결할 수 있는지 알고 관련 시장 상황도 파악할 수 있었다. 즉 감으로도 가치를 평가할 수 있었던 것이다. 운영 자산으로 쓰이는 모든 선박, 시추선, 관련 장비의 시장가격과 대체비용도 꿰차고 있었다. 아울러 각 자산으로 벌어들일 이익까지도 추산할 수 있었다. 그가 즐겨 쓰는 계산 방법은 자본적지출 공제 후 EBITDA다.

계산법은 아주 간단합니다. 기본적으로 자본적지출 공제 후 EBITDA를 씁니다. 놀랍게도 이 단순한 계산법은 잘 들어맞습니다. 트랜스오션, DSND, 기타 작은 회사에서 이사로 있을 때 늘 이 가치 평가 방법을 썼습니다. 경영진은 내부 수익률 등 다양한 평가 방법을 제시합니다. 함께 일하는 이사들이 "음, 내부 수익률이 괜찮군, 우리 회사의 가중평균자본비용보다 높으니 추진합시다"라고 말하는 모습을 보고 놀랐습니다. 모델에 깔려 있는 가정을 살펴봐야 합니다. 예컨대 내부 수익률을 계산한 근거가 무엇인지, 이를 계산할 때 적용한 잔존 가치가 얼마인지도 봐야 합니다. 가정에 따라 차이가 클 수 있으니까요.

시엠은 각 자산의 대체비용, 시장가격, 자본적지출 공제 후 EBITDA를 머릿속에 넣고 자산의 수익 창출 가능성을 계산했다. 자산이 현재 얼마의 수익을 올리고 있고, 경영진과 자신이 추정한 잠재 시장을 바탕으로 미래에 얼마를 더 벌 수 있는지 따졌다. 그러면서 수익을 전혀 올리지 못하는 자산으로도 뛰어난 성과를 올렸다. 즉 운영되지 않고 놀리는 자산은 처분하려면 추가 비용이 들기 때문에 EBITDA가 마이너스다. 따라서 이런 자산들은 아주 저렴하게 인수할 수 있다. 그가 처음에 실시한 하콘 마그누스 투자 건이 바로 여기에 해당한다.

시엠은 상장기업이어서 조달할 수 있는 영구 자본 덕분에 많은 프로젝트를 완성하는 데 필요한 시간을 벌 수 있었다고 밝혔다. 많은 투자자가 자신의 투자철학을 구현하기 어려운 것은 이런 영구 자본을 이용할 수 없기 때문이다. 시엠은 시엠인더스트리와 자신의 영구 자본을 온전히 활용해 장기로 투자할 수 있었다. 펀드매니저들은 일반적으로 수익을 내야 하고 투자자 집단도 만족시켜야 하지만, 시엠은 이들과는 다른 관점으로 투자할 수 있었다. 그는 장기적 안목의 투자가 성공을 이끌었다고 본다.

기업은 본질적으로 장기적 안목으로 접근하는 반면, 펀드 운용 산업은 본질상 단기적으로 바라봅니다. 금융시장에서 투자자는 단기로 들락거립니다. 이들은 언제든 매도 버튼을 누르고 빠져나갈 수 있습니다. 하지만 기업 경영에서는 그런 사치를 누릴 수 없습니다. 멀리 내다보아야 합니다. 사업에서 성공하려면 진정 장기적으로 바라봐야 합니다. 인수합병 등으로 잠시 사업을 할 수 없을지라도 기업을 끝까지 이끈다는 가정하에 의사결정을 내려야 합니다. 이는 산업의 발전과 주주의 이익을 위해서도 필요한 일입니다. 바로 제가 프로젝트를 성공적으로 이끈 원동력이기도 합니다.

[표 6.1](230쪽)은 1990년 이래 급격하게 상승한 시엠인더스트리의 주당 순자산가치(BPS) 추이를 나타낸다.

[표 6.1] 시엠인더스트리의 주당 순자산가치 추이(1990~2014)

연도	주주 지분(달러)	발행 주식 수*	주당 순자산가치 (달러)
1987년 6월 30일	5,274	16,240,000	0.32
1988년 6월 30일	2,975	17,573,332	0.17
1989년 6월 30일	17,214	17,573,332	0.98
1990년 6월 30일	36,271	23,301,788	1.56
1991년 6월 30일	50,542	25,751,788	1.96
1992년 6월 30일	49,778	24,647,312	2.02
1993년 6월 30일	80,375	24,464,112	3.29
1994년 6월 30일	93,513	24,424,112	3.83
1995년 12월 31일	125,236	25,185,424	4.97
1996년 12월 31일	193,447	19,524,624	9.91
1997년 12월 31일	291,016	19,524,624	14.91
1998년 12월 31일	189,463	19,066,907	9.94
1999년 12월 31일	308,207	17,354,657	17.76
2000년 12월 31일	306,561	17,002,244	18.03
2001년 12월 31일	259,875	16,996,644	15.29
2002년 12월 31일	289,834	16,796,644	17.26
2003년 12월 31일	307,850	16,794,144	18.33
2004년 12월 31일	426,490	16,793,744	25.40
2005년 12월 31일	451,042	15,052,492	29.96
2006년 12월 31일	560,935	15,052,492	37.27
2007년 12월 31일	883,623	15,529,927	56.90
2008년 12월 31일	1,028,467	15,379,927	66.87
2009년 12월 31일	1,158,613	15,379,927	75.33
2010년 12월 31일	1,304,984	15,359,927	84.96
2011년 12월 31일	1,823,855	15,289,927	119.28
2012년 12월 31일	2,086,610	15,289,927	136.47
2013년 12월 31일	2,227,606	15,139,681	147.14
2014년 12월 31일	2,053,537	15,139,681	135.64
1987년부터 2014년까지 주당 순자산가치 연 25.6% 증가			

* 4 대 1 주식 분할을 반영해 조정한 수치임.

7

그리넬대학

집중 장기 투자로
기금 조성

7장은 2015년 10월 실시한
짐 고든 인터뷰를 기반으로 서술했다.

"금고에 넣어두고 아예 잊게나."

- 조 로젠필드[1]

그리넬Grinnell대학은 학문적으로 뛰어날 뿐만 아니라 북미에 있는 교육 기관 중 가장 돈이 많기로 유명한 사립 인문 대학이다. 아이오와주 그리넬에 있는 이 작은 대학의 2014년 기금 규모는 18억 3,000만 달러인 반면 풀타임으로 공부하는 학생은 1,734명에 지나지 않아 1인당 기금 규모가 미국에서 가장 크다.[2] 이는 투자를 비범하게 한다는 증거다. 실제로 이 학교는 워런 버핏이 기금 투자위원회에서 43년이나 일하게 했다.[3] 1968년부터 2011년까지 위원회에서 활동한 버핏에게는 그리넬이 "일종의 타향 같은 곳"[4]이었다. 아무래도 처음으로 애정을 느낀 곳은 네브래스카대학이었기 때문이다.

"그에게는 '빅 레드(네브래스카대학의 애칭)'의 피가 흐릅니다." 그리넬대 총장과 역사학 교수로 근무했던 조지 드레이크George Drake가, 버핏이 네브래스카대학을 지원한다는 사실을 상기하면서 한 말이다. 그는 버핏이 털어놓은 다음 얘기도 들려주었다.[5]

그는 이렇게 말한 적이 있습니다. "저는 그리넬대학에 특별한 애정이 있지는 않습니다. 그저 조 로젠필드가 부탁했기 때문입니다. 그의 요청이라면 무엇이든 들어주니까요."

조 로젠필드의 투자철학

버핏이 '기금 설계자'[6]로 알려졌지만, 기금이 성공적으로 운용되는 데 가장 크게 공헌한 인물은 그다지 알려지지 않은 조 로젠필드다. 〈월스트리트 저널〉의 개인 금융 부문 칼럼니스트인 제이슨 츠바이크가 "지금까지 보아온 투자자 가운데 최고"[7]라고 치켜세운 조 로젠필드는 그리넬대학을 1925년에 졸업했다. 20년간 변호사로 일한 그는 1948년 아이오와주 디모인에 있는 가족 운영 백화점을 인수한 소매업체 용커스Younkers의 회장직에 올랐다.[8]

그는 1941년에 그리넬대학 이사회에 참여했지만, 65세가 되어 용커스에서 정년퇴직한 1968년에야 기금 운용을 책임지기 시작했다.[9] 처음 맡았을 당시 기금은 1,100만 달러에 불과했지만, 1999년 이사회에서 물러날 때는 10억 달러로 어마어마하게 늘었다.[10] 복리 수익률로 따지면 연 15.1%인데, 운영비 명목으로 해마다 대학에 보낸 연 4.75%에 해당하는 금액을 차감한 수치다.

1970년 이사로 합류한 가드너 더튼Gardiner Dutton은 로젠필드가 다음과 같이 말했다고 밝혔다. "우리 임무는 우리 대학이 재정적으로 전혀 흔들림 없게 하는 것입니다."[11] 로젠필드는 이 높은 목표도 초과 달성했다. 1990년대 말 그가 떠날 때 그리넬대학은 이미 1인당 기금 규모가 미국 내 사립 인문대 가운데 최고 수준으로 커져 있었다.[12]

이 대학의 기금이 뛰어난 성과를 거둔 것은 특출한 투자 전략 덕분이었다. 기금은 버핏과 로젠필드의 지휘에 따라 몇몇 종목을 산 뒤 수십 년 동안 보유했다. 츠바이크는 로젠필드에 대해 〈월스트리트 저널〉에 이렇게 쓴 적이 있다. "그가 30년 동안 많이 투자한 종목은 여섯 개가 넘지 않았고 좀처럼 처분하지도 않았다."[13] 로젠필드의 말을 다음과 같이 인용하기도 했다.[14]

어떤 회사에 투자하고 싶다면 그 주식을 산 뒤 아무것도 하지 않을 자세가 되어 있어야 합니다.

하지만 로젠필드가 처음부터 장기로 투자한 것은 아니었다. 츠바이크는 로젠필드가 1929년 주식시장 대폭락을 계기로 투자하기 시작했다고 설명했다.[15]

초기에는 지나치게 단기로 매매했습니다. 스튜드베이커(Studebaker), 닷지(Dodge), 내쉬 모터스(Nash Motors) 같은 주식을 한 달이나 두세 달 만에 사고파는 일을 되풀이했습니다. 그렇게 하면 큰돈을 벌 수 있으리라 생각했지만 오산이었습니다. 빈털터리가 되지는 않았지만 돈을 많이 잃었습니다. 단기로 투자하면 결국에는 실패할 수밖에 없죠.

그리넬대학 기금은 미국 국채에는 좀처럼 투자하지 않았는데 이는 아주

드문 경우였다.[16]

> 국채 투자로는 큰 수익을 낼 수 없다고 생각했습니다. 그래서 오랫동안 보유
> 할 만한 훌륭한 보통주를 찾기 시작했습니다.

그리넬대학 기금은 로젠필드의 간단한 투자 방식을 30년 넘게 이어왔
다. 다시 말해 주식을 몇 종목만 매수한 뒤 장기간 보유했다. 버핏은 로젠
필드가 "관습을 이겨내고 합리적으로 투자해 성공했다"고 치켜세웠고,[17]
로젠필드는 그리넬대학 기금을 운용하면서 이를 실제로 증명했다.

로젠필드와 버핏은 서로 아는 친구들의 끈질긴 설득으로 1967년 만나
게 되었다. 당시 오마하 밖에서는 거의 알려지지 않았던 버핏은 7,500만
달러가 조금 넘는 사모펀드를 운용하고 있었다. 로젠필드는 "버핏이 정말
좋은 사람처럼 보여서 바로 마음이 끌렸습니다"라고 밝혔다.[18] 버핏도 마찬
가지였다.[19]

> 우리는 처음부터 죽이 잘 맞았습니다. 조 로젠필드는 정말 너그럽고 똑똑한
> 사람입니다. 저는 제 아버지를 바꾸고 싶은 마음은 결코 없습니다만, 아버지
> 가 돌아가신 뒤 그분을 아버지로 모실 수 있다면 그렇게 하겠습니다.

로젠필드는 1967년 버핏을 만난 직후 기금에서 5,252달러를 들여 버크
셔 해서웨이 주식 300주를 샀다. 그리고 버핏에게 이사회에 합류해달라고
부탁했지만 버핏은 이듬해에야 이 요청을 받아들였다.[20] 그리넬대학 기금
은 버크셔 주식을 20년 넘게 보유한 뒤 1989년부터 1993년 사이에 370만

달러에 매각했다. 하지만 처분한 사유는 버핏도 로젠필드도 기억하지 못했다.[21]

기금에서 거둔 두 번째 엄청난 수익은 기금의 수탁관리인이자 동문인 로버트 노이스Robert Noyce가 보유한, 당시에는 비상장기업이던 NM 일렉트로닉스NM Electronics에 투자를 제안한 데서 나왔다.[22] 로버트 노이스는 루아우Luau라는 캠퍼스 축제 때 돼지를 훔쳐 구워 먹은 일로 퇴학을 당할 뻔했다.[23] 하지만 자신이 가르친 학생 가운데 가장 뛰어나다고 여긴 어느 물리학 교수가 도운 덕분에 퇴학을 가까스로 면했다.[24] 이 교수의 설득으로 징계가 퇴학에서 1학기 정학으로 줄었다.[25] 이 은혜를 결코 잊지 않았던 노이스는 학교가 원하는 만큼 NM 일렉트로닉스 주식에 투자할 수 있게 했다.[26] 로젠필드는 가능한 한 많이 투자하고 싶다고 대답했다.[27]

대학 기금 등은 전체 모집 금액 300만 달러의 10%인 30만 달러를 투자했다. 대학 기금 자체에서 10만 달러, 로젠필드와 다른 수탁관리인이 각각 10만 달러씩 넣었다.[28] 얼마 지나지 않아 이 회사는 인텔Intel로 사명을 바꾼 뒤 1971년에 상장했다. 기금은 1974년부터 지분을 처분해 2,700만 달러에 이르는 전체 평가 금액 가운데 절반 이상을 매각했다. 노이스는 그리넬대학 기금이 자신과 연루된 회사 하나에 지나치게 많이 투자하고 있다는 점이 마음에 걸렸다. 로젠필드는 다음과 같이 털어놓았다.

"로버트 노이스는 많이 걱정스러워하면서 종종 이렇게 말했습니다. '대학이 저 때문에 돈을 잃지 않으면 좋겠습니다.' 그럴 때마다 제가 그의 우려를 누그러뜨리려 애썼습니다. '위험은 우리가 알아서 감수할 테니 너무 걱정 마세요.'"[29]

하지만 결국 노이스가 로젠필드를 설득해 그리넬대학은 1980년까지 투자 자금을 모두 회수했다. 인텔 주식 매각으로 얻은 수익률은 4,583%에 달했다. 로젠필드는 츠바이크에게 이렇게 말했다.

"우리는 계속 투자하고 싶었습니다. 처분 결정은 지금까지 저지른 실수 가운데 가장 컸습니다. 이 결정으로 대략 5,000만 달러 넘게 손해를 본 셈입니다."[30]

츠바이크는 로젠필드가 판 주식이 2000년에는 수십억 달러에 이르렀을 것이라는 말을 선뜻 내뱉을 수 없었다. 이것이 로젠필드가 '매각 결정이 명백한 실수였다'고 생각한 이유인 듯하다.[31]

그리넬대학 기금이 돋보이게 한 세 번째 투자는 1976년 오하이오 데이튼에 기반을 둔 TV 방송국 WDTN을 인수한 결정이었다. 당시로서는 대학 기금이 한 회사에 사모로 투자한 일은 전례 없는 사건이었다.[32] 실제 그즈음 대학 기금이 비상장기업에 투자하는 경우는 아주 드물었다. 그리넬 기금은 WDTN 방송국을 매출액의 2.5배 수준인 단돈 1,300만 달러에 매입했다. 다른 방송국이 매출액의 3~4배 수준에서 매매되던 것에 비해 아주 싼 것이었다.[33] 5년 뒤인 1981년, 기금은 이 방송국을 허스트코퍼레이션 Hearst Corporation에 4,900만 달러에 처분함으로써 280%에 이르는 수익을 거두었다.[34] 매각 이유는 방송국이 기금의 운용 규모에 비해 지나치게 커졌다는 점이었다. 로젠필드는 대학 기금이 유동성이 떨어지는 비상장 주식을 너무 많이 보유하는 행위는 합당하지 않다고 판단했다.[35]

마지막으로 그리넬대학 기금의 놀라운 투자 성과에 결정적으로 기여한 것은 세쿼이아펀드 Sequoia Fund에 투자한 일이었다. 1977년 버핏은 로젠필드에게 기금에서 세쿼이아라는 신생 회사에 투자하라고 제안했다.[36] 로젠필드는 1978년부터 1981년까지 기금의 3분의 1인 1,000만 달러를 이 펀드에 넣었다.[37] 이 투자는 결국 선견지명이 있는 결정으로 드러났다. 1977년 부터 1997년 사이 세쿼이아펀드는 전체 뮤추얼펀드 가운데 상위 6% 안에 드는 성적을 거두었다.[38] 기금의 투자 금액은 2000년까지 6억 달러로 늘어 뮤추얼펀드 하나에 가장 많이 투자한 주주가 탄생하는 결과로 이어졌다. 1977년 초 세쿼이아펀드에 1만 달러를 투자했다면 2015년에는 170만 달러로 늘어났으니 수수료를 제외하고도 연 14%에 이르는 결과다. 2000년 세쿼이아펀드에 투자된 6억 달러는 그리넬대학 전체 기금의 3분의 2에 달했다.

짐 고든이 이어받다

1990년대 중반 로젠필드가 그리넬대학 투자위원회를 떠났지만, 그 후에도 대학 기금은 그의 투자 원칙을 계속 이어갔다. 이는 주로 로젠필드가 그리넬대학을 떠나기 10년 전부터 짐 고든 Jim Gordon에게 투자위원회를 이끌어 달라고 요청했기 때문이다. 짐 고든은 1990년부터 로젠필드의 투자를 비공식적으로 돕다가 1992년부터 정식으로 투자위원회를 이끌었다. 버핏은 2011년까지 그리넬대학 기금의 수탁관리인으로 일했지만 1990년대 중반부터는 이사회에 참석하지 않았다. 로젠필드는 그리넬대학을 떠난 직후인 2000년에 세상을 떠났다.

고든은 투자 스타일이 로젠필드와 똑같다. 로젠필드가 그에게 위원회에 합류해달라고 부탁하기 오래 전부터 둘은 서로 친분이 있었다. 두 집안은 아주 옛날부터 알고 지냈을 뿐만 아니라 친하기도 했다. 로젠필드는 고든의 아버지가 가장 가까이 지내는 사람 가운데 하나였다. 이들은 월요일에서 금요일까지 하루도 빠짐없이 디모인 클럽에서 점심을 함께 먹고 카드 게임도 즐겼다. 고든은 20대 때부터 종종 아버지를 따라 디모인 클럽으로 가서 로젠필드와 점심을 같이 먹으면서 그에게서 투자하는 법을 조금씩 터득했다.

고든은 자신이 태어난 디모인에서 가족이 운영하는 작은 트럭회사에서 일을 배우기 시작했다. 그는 노스웨스턴대학을 졸업한 후 이곳으로 돌아와, 그의 할아버지가 23세에 세운 가족 기업 고든푸즈Gordon Foods의 대표이사가 되었다. 그가 사장직을 맡았을 때만 해도 디모인과 아이오와 중심지에서만 사업하는 지방 중소기업에 불과했다. 하지만 그는 일반 식품과 냉동식품만 취급하던 기업을 석유와 석유 제품까지 다루는 기업으로 탈바꿈시켰다. 이울러 고든 브랜드를 붙인 식품, 자동차 오일, 부동액 등 운송과 관련된 품목들까지 취급했다. 더욱이 사업 영역을 아이오와에서 미국 전역으로 확장했다. 1982년에는 시카고에 에지워터Edgewater라는 사모 투자펀드를 만들었다. 그러고는 이 펀드를 자신과 가업에 도움을 주는 레버리지 인수합병의 수단으로 활용했다.

> 당시 저희는 차입매수라 부르지 않고 부트스트랩(bootstraps)이라 일컬었습니다. 인수는 많이 하고 매각은 조금밖에 하지 않았기 때문입니다.

1986년에 이르러 고든은 회사를 유럽계 다국적기업에 팔았지만 지분을 일부 보유하고 이전과는 반대로 거래했다. 다시 말해 인수는 조금만 하고 매각은 많이 했다. 1992년 들어서는 세 번째로 회사를 매각한 뒤 사모 투자회사만 남겨 운영했다. 고든푸즈를 이끄는 동안 펜더기타 Fender Guitar, 처클스캔디 Chuckles candy, 파인브러더스 코프 드롭스 Pine Brothers Cough Drops를 포함해 19번의 차입매수를 단행했다. 2015년 200번째 인수 기록을 세운 에지워터는 2016년 현재 운용 규모가 14억 달러에 이른다.

고든은 때때로 로젠필드에게 투자 아이디어를 건네주었다. 1990년, 그는 아주 좋다고 여긴 투자 기회를 로젠필드에게 제안했다. 신용등급이 낮은 채권의 가격이 무차별적으로 폭락하던 정크본드 위기 때 RJ 레이놀즈[*] 채권도 53달러까지 떨어지자 그는 로젠필드에게 다가가, 이 회사를 분석해보니 '재정 상태가 아주 건전하다'고 알려주었다.

저는 사람들이 흡연을 줄이지 않기 때문에 이 회사 채권을 사야 한다고 주장했습니다. 그 뒤 이 채권은 53달러에서 105달러로 치솟았습니다.

로젠필드는 나이가 들어가는 데다 투자위원회를 여전히 혼자 운영하고 있었다. 도와줄 사람이 필요했다. 로젠필드는 그리넬대학 동문이 아닌 고든에게 부탁했다. "투자위원회를 맡아줄 수 있겠나?"

스승이라고 할 수 있는 사람과 함께 일하는 것은 영광스러울 뿐만 아니라 기쁜 일이었기 때문에 고든은 흔쾌히 받아들였다. 그는 1992년에 위원회에 합류해 기금 운용을 돕기 시작했다. 그는 로젠필드가 '기업보다는 특히 사람을 볼 줄 아는 사람'이라는 사실을 바로 알아차렸다.

---

[*] RJ Reynolds. 미국 제2의 담배회사

제가 로젠필드에게 어떤 기업에 대해 말하면 그는 이렇게 답했습니다. "교과서 같은 것은 읽고 싶지 않네." 그러면서 말했죠. "회사를 이끄는 사람에 대해서만 설명해주게. 그 사람이 진솔한가?" 아무리 똑똑해도 정직하지 못하면 좋은 거래를 할 수 없다고 믿었던 것이죠. "경영자가 똑똑한가? 이루고자 하는 열망이 있는가?"

그는 로젠필드가 위 3가지 질문에 긍정적인 답을 받았을 때만 투자를 고려했다고 밝혔다. 그러면서 로젠필드는 '정말 대단한 사람이었다'고 털어놓았다. 한마디로 '사람을 보는 눈'이 있었다.

그의 직감은 타고났습니다. 도저히 따라잡을 수 없었습니다. 일반인에게는 보기 드문 재능이었죠. 배우려 한다고 해서 터득할 수 없는 수준이었습니다. 정말 그랬습니다. 게다가 아주 너그럽기까지 했습니다. 그에게는 아들이 있었는데 교통사고로 잃었습니다. 하지만 아들이 살아 있었더라도 아마 전 재산을 자선단체에 기부했을 겁니다. 그는 아주 검소했습니다. 결코 헛돈을 쓰지 않았죠. 어려운 일에 맞닥뜨리면 무슨 수를 써서라도 늘 해결책을 찾았습니다. 놀라울 정도였죠. 정말로 그에게서 많은 것을 배웠습니다.

고든은 로젠필드와 함께 일하는 것이 "그렇게 즐거울 수가 없었다". 둘은 그리넬대학 이사회에서 오래 함께 일하는 동안 아주 가깝게 지냈다. 고든은 회의 때마다 로젠필드와 같은 차로 회의장에 갔고, 미팅을 하고 쉬는 동안 늘 붙어 다녔다. 회의를 마치면 로젠필드를 집까지 바래다주었다.

차로 한 시간 반 걸리는 거리인데 한 시간 안에 모셔다 드리니 좋아하실 수밖에요.

고든이 1992년 투자위원회를 이끌기 시작했을 때 기금 규모는 1억 5,000만 달러 정도였다. 그가 기금 운용을 맡은 순간부터 로젠필드는 그에게 원하는 대로 투자할 수 있는 재량권을 주었다. 서로 의견을 주고받을 수도 있었지만 로젠필드는 고든이 의사결정을 하게 했다. 그래서 고든은 처음부터 기금을 직접 운용했고 로젠필드는 옆에서 돕는 역할만 했다. 고든에게는 아버지와 같았던 로젠필드는 고든이 자신의 성과를 자랑스러워할 수 있기를 원했다.

고든이 처음 투자 결정을 내린 기업 가운데 하나는 웰스파고Wells Fargo였다. 그는 버핏과 버크셔 해서웨이가 투자하기 전인 1990년대 초에 주당 50달러에 거래되던 웰스파고를 사들였다. 그러고는 주가가 단 2개월 만에 90달러로 올랐을 때 처분한 뒤 로젠필드에게 전화했다.

제 첫 매매가 성공적이었고 로젠필드를 기쁘게 해주고 싶었기 때문에 정말 자랑하고픈 마음이 들었습니다. 이 주식을 사고팔 때 그에게 자문을 구하지 않았습니다. 나중에 그에게 자랑스럽게 말했습니다.
"몇 개월 전에 웰스파고를 50달러에 샀습니다. 아주 저렴했거든요. 그러고는 90달러에 처분했습니다."
엄청난 칭찬을 기대했는데 그가 이렇게 말하더군요.
"꽤 괜찮은 것 같군."
그래서 이렇게 대답했습니다.

"제 할아버님은 돈을 벌면 결코 파산하지 않는다고 말씀하셨습니다."

그러자 이런 답변이 돌아왔습니다.

"사실은 그게 아니라네. 돈을 엄청나게 많이 벌어야 망하지 않는다네."

이 말을 결코 잊을 수 없습니다.

1990년대 중반부터 버핏도 이사회에 더 이상 참석하지 않게 되자, 나이가 들어 은퇴할 시점에 이른 로젠필드는 기금 운용을 이끄는 고든에게 자문해줄 사람들이 필요하다고 생각했다. 사실 고든은 마음만 먹으면 언제든 버핏에게 전화할 수 있었고 실제로 가끔 연락을 주고받았다. 그러나 주로 로젠필드와 얘기를 나누었는데, 투자 아이디어를 얻는다거나 기금 관리 문제로 연락한 것은 결코 아니었다.

저는 날마다 기금 운용에 매달렸습니다. 제 스스로 주식을 골랐습니다. 사무실이 없는 1인 위원회나 다름없었습니다. 노던 트러스트(Northern Trust)가 제가 투자한 주식에 대한 월간 보고서를 보내왔습니다. 제가 보고서를 받은 곳은 노던 트러스트였습니다. 사무실에서는 이조차 받지 못했습니다.

고든은 세쿼이아펀드를 담당하는 윌리엄 루안William Ruane과 로버트 골드파브Robert Goldfarb와도 연락하며 지냈다.

처음에는 빌 루안과 연락하다가 나중에는 밥 골드파브와도 접촉했습니다. 우리는 시간을 내어 한 달에 한 번씩 만났습니다. 그 자리에서 보유 종목을 살펴보고 어떤 주식을 매매했는지 등을 논의하며 포트폴리오를 전반적으로 점검했습니다. 회의는 아주 유익했습니다. 그들은 아주 똑똑했거든요. 총명한 사람과 얘기를 나누면 늘 뭔가를 배울 수 있습니다.

그렇더라도 로젠필드는 투자위원회에 고든을 도울 사람이 있어야 한다고 판단했다.

의견을 나누며 자네를 도와줄 사람이 위원회에 있으면 좋겠네. 위원회를 한 사람으로만 굴릴 수는 없으니까.

고든이 말을 꺼냈다. "래리 피전^{Larry Pidgeon}은 어떠세요? 그 자리에 딱 맞을 것 같습니다." 그의 제안에 로젠필드가 맞장구쳤다. 당시 32세였던 래리 피전은 그리넬대 동문은 아니지만 디모인에서 자랐고 양쪽 가족이 서로 친했기 때문에 고든은 그를 전부터 알고 있었다. 고든은 예일대를 나온 래리 피전이 '아주 똑똑하다'고 알고 있었다.

그가 아주 마음에 들었습니다. 투자철학도 로젠필드와 제 스타일과 비슷해 보였고요.

래리 피전은 고든의 요청을 받아들여 1995년에 투자위원회에 합류했다. 1986년부터 골드만삭스^{Goldman Sachs}에서 근무한 피전은 1989년 회사를 옮겨 루 심프슨과 함께 일했다.[39] 당시 심프슨은 가이코의 자금 운용 부문을 이끌고 있었다. 1995년 피전은 뉴욕에 기반을 둔 CBM캐피털^{CBM Capital}을 세웠다. 'CBM'은 'Coke Big Mistake'를 뜻하는데, 1980년대에 코카콜라 주식을 6달러 아래에 매도한 실수를 잊지 않기 위해 이렇게 지었다고 한다. CBM캐피털은 저평가된 주식을 사서 장기 보유하는 전략으로 2012년까지 운용 자산을 5억 달러로 불렸다.[40] 2005년 〈포브스〉지는 래리 피전이 '가장 접근하기 어려운 투자의 귀재' 9인 가운데 하나라고 발표하기도 했다.[41]

피전은 여러 해 동안 고든의 기금 운용을 도운 뒤 투자위원회를 이끄는 위원장이 되었다. 그는 1995년부터 1999년까지 그리넬대 이사회와 투자위원회에서 중요한 역할을 수행했다.[42] 그 뒤 암에 걸려 투병 생활을 하다 2012년 49세의 나이로 세상을 떠났다.[43] 다음은 고든이 밝힌 얘기다.

래리 피전은 동문은 아니었습니다. 하지만 제 부탁을 받고 합류했습니다. 로젠필드가 요청해 저와 버핏이 온 것과 마찬가지로요.

고든은 운용하면서 300개 넘는 종목을 매매했는데, 이 가운데 매도한 뒤 후회한 적이 딱 한 번 있었다고 한다. 고든푸즈를 이끄는 동안 매수한 19개 회사 가운데 하나였다. 상장할 때 팔아서 20배에 이르는 엄청난 수익을 거두었지만 그는 불만족스러워했다. 처분한 뒤에도 2~3배 더 올랐기 때문이다.

20배에서 2~3배 더 상승한 뒤 팔았으면 40~60배의 수익을 얻었을 것입니다. 20배에 비하면 놓친 2배는 작아 보일 수도 있지만 그렇지 않습니다. 처음부터 따지면 엄청난 수익이었을 테니까요.

이 실수는 소중한 교훈이었다. 로젠필드가 던진 '큰 수익'이라는 말이 새삼 뼈저리게 느껴졌다. 그 뒤 고든은 로젠필드처럼 매수 후 보유하는 장기 투자 전략을 가슴 깊이 새겼다. 그렇지만 그는 낙담하지 않았다. 웰스파고를 처분한 이익으로 아주 좋은 성과를 가져다준 주식을 매수했다. 로젠필드가 그리넬대학 기금을 운용하면서 산 프레디맥이었다. 1989년 로젠필드는 이 회사 주식을 2,500만 달러어치 샀다.

> 저희는 1990년 즈음 이 회사가 주식을 발행할 때 엄청나게 매입했습니다. 로젠필드가 제안했습니다. "프레디맥을 사게나." 그는 제가 위원회에 합류하기 직전 매수한 이 종목을 계속 보유했습니다. 당시 이렇게 말했죠. "그리넬대학을 위해 이 주식을 꼭 사야 하네."

로젠필드의 투자철학 가운데 하나는 주식을 한번 사면 아주 오랫동안 보유하는 전략이었다.

> 그는 종종 이렇게 말했습니다. "금고에 넣어두고 아예 잊게나." 한마디로 장기 가치투자자였습니다.

로젠필드와 고든은 1990년대 프레디맥이 좋은 실적을 거둔 시기에 계속 보유하다가 로젠필드가 이사회를 떠나기 직전인 1999년에 모두 처분했다. 고든은 버핏과 버크셔 해서웨이가 이 주식을 전량 매각한 1990년대 말에 팔기 시작했다고 기억한다.

다행히 이 종목을 계속 보유하지 않았습니다. 그리넬대학 기금은 지금은 휴지 조각이 된 이 주식으로 그야말로 수억 달러를 벌었습니다. 저희는 추가 상승 기회를 놓치기 싫었기 때문에 한꺼번에 처분하지 않았습니다. 포트폴리오가 편중되는 위험을 줄이는 차원에서도 시간을 두고 나눠 팔았습니다.

그리넬대학 기금은 총 2,500만 달러를 투자한 뒤, 프레디맥이 어려움에 처하기 전인 2000년대 중반 모두 매각해 1억 3,000만 달러를 벌었다.

비상장기업 투자에 일가견이 있는 고든은 그리넬대학 기금을 운영할 때도 이런 식으로 여러 차례 투자했다. TV 방송국에 사모로 투자함으로써 이미 기금 운용의 틀을 깬 그는 그 뒤에도 수년 동안 사모 투자 기회를 노렸다. 그리넬대학 기금은 디모인에 있는 플레밍스컴퍼니Flemings Company라는 회사를 창업자로부터 직접 인수하기도 했다.[44] 기금은 빚을 많이 내 투자하는 전형적인 사모 투자 펀드와는 달리 돈을 많이 빌리지 않았다. 아울러 고든은 기금을 운용하면서 특이한 방식으로 투자하기도 했다.

기업 공개(IPO)에 참여한 뒤 바로 다음 날 처분하기도 했습니다. 인수 기관과의 친분을 활용해 캔자스시티서던(Kansas City Southern)이 분사할 때와 다우니저축대부조합(Downey Savings & Loan)이 재무적으로 분사할 때를 포함해 IPO 투자도 많이 했습니다. 심지어 웰스파고뿐만 아니라 모건스탠리(Morgan Stanley)에도 투자했죠. 이 회사는 15달러에 사서 100달러에 팔았습니다. 한마디로 가격이 아주 크게 떨어지면 매수하는 가치투자 방식이었습니다.

저는 골드만삭스가 매수를 추천하면 팔고 매도 의견을 내면 사는 전략을 즐겨 썼습니다. 골드만삭스는 주식을 사고 싶으면 주가를 떨어뜨릴 목적으로 매도 의견을 냈고, 팔고 싶을 때는 매수 의견을 냈습니다. 이를 역이용하는 투자 방식은 잘 맞아떨어졌습니다. 그런데 사람들은 이들에게서 서비스를 받기 위해 수수료를 지불합니다.

로젠필드와 고든이 투자위원회를 이끄는 동안 그리넬대학 기금이 끝까지 믿고 맡긴 외부 운용회사는 세쿼이아뿐이었다. 고든이 담당하는 동안 다른 여러 회사를 물색하고 실제 맡겨도 보았지만 결코 세쿼이아만큼은 못했다. 그때 맡긴 운용회사 가운데 하나는 기술 업종에 주로 투자하는 회사였다. 고든은 이렇게 털어놓았다.

그 회사가 유명한 것은 마이크로소프트(Microsoft)를 처음 발견했기 때문입니다. 그 회사의 주력 펀드에서는 레버리지를 쓸 수 있었지만, 저희가 운용하는 일임 계좌에서는 레버리지를 일으킬 수 없었습니다. 그래서 종목을 20개 이내로 제한했습니다. 반면 그 운용회사 주력 펀드에서는 40종목까지 투자할 수 있었습니다. 저희 일임 계좌는 포트폴리오가 그 회사의 주력 펀드에 비해 많이 집중되었고 레버리지도 없었습니다. 그 운용사의 주력 펀드는 공격적이었죠. 그 회사는 저희에게 돈을 꽤 많이 벌어다 주었지만 결국 망했습니다. 사실 우리는 그 전에 환매했고요.

그리넬대학 기금은 세쿼이아에 많이 투자하고 위와 같은 기술 업종 전문 운용회사에 잠시 자금을 맡긴 것 외에 개별 종목 8~10개에도 투자했다. 하지만 현금과 채권은 꺼렸다. 로젠필드와 고든은 기금을 운용하면서 채권에는 가급적 투자하지 않으려 했다.

저희는 채권 투자를 별로 좋아하지 않았습니다. 현금을 들고 있으면 좋은 투자 아이디어가 별로 없는 것과 마찬가지라고 늘 생각했기 때문입니다. 자산 배분을 하지 않았고 외부 컨설턴트의 도움도 받지 않았습니다. 아이디어가 충분하면 현금 보유 비중을 제로로 가져갔습니다.

하지만 이사회는 대학 운영비 마련을 위해 주식을 처분할 필요가 없도록, 고든이 채권에 많이 투자하기를 원했다. 이사회는 다음과 같이 비난하기도 했다. "당신은 기금 운용 권한을 남용하고 있습니다."

이사회는 이렇게 불평했습니다. "모두 주식에 투자하고 있으면 우리에게 5%를 지급하기 위해 주식을 매도할 수밖에 없잖아요." 그러면 저는 다음과 같이 답했습니다. "채권에 투자하면 3%밖에 얻지 못하지만 주식에 투자하면 10%를 벌 수 있습니다. 3%를 얻느니, 주식에 투자한 뒤 필요할 때마다 파는 게 훨씬 낫습니다." 하지만 이사회는 제 말을 이해하지 못했습니다. 제가 근무할 당시 이사회의 약 90%가 변호사였습니다. 정말 놀라울 정도였습니다.

고든은 종종 이사들이 좋은 투자처가 있는데도 알아보지 못해 적정 수준보다 더 많은 현금을 보유했다고 털어놓았다.

현금과 훌륭한 투자 아이디어는 역의 상관관계를 가집니다. 그래서 현금을 들고 있으면 좋은 아이디어가 부족하다는 뜻이죠. 자산배분 차원에서 현금을 보유한 것이 아닙니다. (연 4.75%에 이르는 대학 운영비를 지급하기 위해) 자본차익의 기회를 낭비하지 않기 위해서 현금을 남김없이 투자할 때도 있었습니다.

로젠필드와 고든은 그리넬대학의 운용비를 줄일 수 있는 데까지 줄였다. 그래서 투자를 돕는 직원이나 컨설턴트가 없었고 CIO도 두지 않았다. 다음은 고든의 말이다.

저 혼자 주식을 골랐고 지원 인력이 단 한 사람도 없어서 추가 비용이 제로였습니다. 그래서 제가 그만두었을 때 멋지게도 1, 3, 5, 10년 성과에서 1위였습니다. 하버드대학과 듀크대학 기금을 제외하고는 비용 차감 수익률에서 저희와 견줄 만한 곳이 없었습니다.

기금 규모가 급격히 커지자 문제가 생겼다. 1억 5,000만 달러에서 11억 달러로 늘면서 연 4.75%에 달하는 운영비도 덩달아 불어나자, 대학이 자본차익에 의존하기 시작한 것이다. 고든은 말했다.

기본적으로 사람들이 게을러졌습니다. 개발 담당 부서는 아무런 성과를 내지 못했고 급식 담당 부서도 경쟁 입찰을 외면하는 등 문제가 한두 가지가 아니었습니다. 모든 부서가 나태했습니다.

한번은 건물을 신축하는 일이 있었습니다. 경쟁 입찰에 부치지 않고 모금 활동도 열심히 하지 않아 기금을 충분히 조성하지 못했죠. 결국 터무니없이 높은 가격에 공사를 맡겼습니다. 그래서 제가 제안했죠.

"경쟁 입찰에 부칠 필요가 있습니다."

총장이 대답했습니다.

"경쟁 입찰을 진행할 시간이 없습니다. 내년 가을까지 공사를 마쳐야 해요. 그러지 않으면 이공계 교수들이 들고일어날 겁니다."

이런 식의 답을 들을 때마다 저는 이렇게 중얼거렸습니다.

"죄수들이 교도소를 운영하는 꼴이군."

고든은 학교가 효율적으로 운영되기를 바랐다. 주식시장이 시들해지면 예산도 따라 줄어들어 학교 운영에 타격을 줄 수 있기 때문이다.

저는 대학을 이끄는 사람들에게, 주식시장이 1970년대처럼 하락하면 학교가 파산할 수도 있다는 추정치를 보여주었습니다. 학교는 마약에 취한 듯했습니다. 돈 쓰는 맛에 취해 해마다 지출이 늘었죠. 규율이 필요했고, 어려울 때를 대비해 절약해야 했습니다.

고든이 내놓은 해결책은 향후 12분기 동안 운영비 인출을 연평균 4.75%에서, 각 부서의 전년도 예산에 교육 부문 소비자물가지수^{CPI}를 더한 수준으로 바꾸는 방안이었다. 그는 당시의 교육 부문 CPI가 CPI에 1%를 더한 수준이었다고 기억했다.

작년 예산이 2,000만 달러이고 인플레이션이 1%라면 금년 예산은 2,000만 달러에 2%를 더한 금액이 되죠. 나머지는 그리넬대학을 미국 최고 대학으로 만들기 위한 특별 프로젝트 기금에 넣었습니다.

고든이 재단을 떠나기 직전인 2000년 단행한 오토존^{AutoZone}과 ESL인베스트먼트^{ESL Investments} 투자는 그리넬대학에 준 '작별 선물'이라고 했다.[45] 오토존은 상장기업이었지만 이 투자 건은 사모펀드처럼 특별목적회사를 통해 단일 주식을 매입하는 모양새였기 때문에 고든은 이를 사모 투자로 분류했다.

그는 ESL인베스트먼트라는 헤지펀드를 운용하는 친구 에디 램퍼트^{Eddie Lampert}가 오토존을 20달러대 초반에 매수하고 있을 때 이 투자 기회를 접했다. 이들은 종종 매입 대상 주식에 대해 논의했는데 고든은 램퍼트가 매수하려는 오토존이 마음에 들었다. 램퍼트가 고든에게 오토존에 사이드카 방식(다른 투자자의 돈을 받아 대신 운용해주는 방식)으로 투자하라면서 수수료도 절반으로 깎아주겠다고 제안하자 고든은 이 기회를 재빨리 잡았다. "정말 좋은 기회였습니다. 꼭 투자해야 했죠. 그래서 이 회사를 20달러대에 꽤 많이 투자했습니다. 이후 주가가 400~500달러로 치솟았죠."[46]

하지만 이 투자에 드라마가 없었던 것은 아니다. 램퍼트가 운용하는 펀드는 통상 환매 제한 기간이 5년이어서 이 기간 중에는 투자 자금을 인출할 수 없다. 고든이 이사회와 투자위원회에서 은퇴하자, 새로 부임한 투자위원회 위원장은 오토존 주가가 200달러일 때 램퍼트를 찾아가 만기 전에 환매하고 싶다고 했다. 램퍼트는 거절했다.

이사들 가운데 변호사까지 있었으니 그럴 만했습니다. 에디 램퍼트가 답했죠. "곤란합니다. 환매 제한 기간 중에는 인출할 수 없습니다." 그 뒤 얼마 지나지 않아 주가가 200달러 더 올랐습니다. 그리넬대학 기금은 버핏과 함께 TV 방송국에 투자해 몇 배의 수익을 올렸지만, 수익률 면에서는 오토존 투자 건이 가장 우수한 기록이었습니다.

물에 빠진 사람을 구해줬더니 보따리 내놓으라고 한다는 속담처럼, 고든은 친구에게 돈을 맡기고 인출하지도 못하게 했다는 비난을 받았다. 환매 제한 덕분에 '이득을 보았는데도' 말이다.

모두가 환매 제한에 불만을 제기했지만, 결과적으로 이 제한이 그들을 도왔습니다. 그 뒤로도 주가가 계속 올랐기 때문입니다. 하지만 저는 램퍼트가 중도 인출을 허용해 대학 기금에 투자금을 돌려줄 것이라 생각했습니다. 저는 그즈음 대학을 떠났기 때문에 진행 경과를 몰랐습니다. 하지만 결과는 아주 좋았더군요.

결말은 좋았다. 그리넬대학은 오토존 투자 자금을 회수한 뒤, 오토존에 계속 투자하고 있던 에디 램퍼트 펀드에 다시 돈을 넣었다.
2000년, 고든은 디모인에서 시카고로 이사하기로 결정하고, 이를 이사회와 투자위원회에서 물러나는 기회로 삼았다.

2000년에 저희는 대형주를 많이 보유하고 있어서 움직이기에 좋았습니다. 실제로도 그랬던 것으로 드러났죠. 1990년대 초에 대형주를 매입하기 시작한 뒤 2000년에 매도한 것은 타이밍 면에서 적절했습니다.

2000년, 고든은 그리넬대학 투자위원회에서 정식으로 물러났다. 그가 맡았던 9년 동안 기금을 1억 5,000만 달러에서 11억 달러로 불리는 뛰어난 업적을 거두었지만, 더욱 놀라운 점은 이 성과가 대학 운영비로 지급해야 하는 연 4.75%를 차감한 후의 실적이라는 사실이다. 기금은 대학 운영을 돕기 위해 12분기 운용자산 이동평균의 4.75%에 해당하는 금액을 학교에 지급했다.

제가 기금을 운용하는 동안 학교에 운영 자금을 계속 지급해야 했습니다. 제가 물려주었을 때 기금은 11억 달러 언저리였습니다. 학교 운영비로 나간 돈을 운용 보수로 환산하면 연 5% 정도였습니다.

그 뒤 고든은 그리넬대학 기금의 투자 현황을 파악하지 않지만 기금 이사회의 몇몇과 친분을 유지하며 연락하고 지낸다고 한다. 그는 분명 로젠필드를 그리워하고 있었다.

로젠필드가 있었을 때는 함께 논의할 수 있어서 정말 좋았습니다. 그 뒤로는 그렇지 못했죠.

츠바이크는 로젠필드의 투자 원칙을 다음 세 가지로 요약했다.[47]

- 잘할 수 있는 종목 몇 개에만 집중하라: 로젠필드는 좋아 보이는 이것저것에 나눠 투자하는 대신 훌륭해 보이는 몇 개에 큰돈을 투자함으로써 10억 달러에 이르는 포트폴리오를 구축했다. 마찬가지로 제대로 이해하

는 투자 기회를 발견했다면 큰돈을 투자하라. (중략)

- 참고 기다려라: (단지 몇 년이 아니라 10년 넘게 참는) 인내는 투자자가 가지는 유일하고도 가장 강력한 무기다. 로젠필드의 꿋꿋함을 확인해보라. 1990년 그가 프레디맥을 산 직후 주가가 27%나 떨어져 그리넬대학 기금 총액의 3분의 1이 줄었다. 그리고 1979년부터 1998년까지의 누적 수익률은 세 쿼이아펀드가 S&P500지수를 능가했지만 전체 기간의 40%인 8년간은 지수보다 못했다. 하지만 로젠필드는 전혀 조급해하지 않았다. (중략)
- 돈 자체를 목적으로 삼지 말라: 로젠필드는 돈은 자체가 목적이 아니라 목적을 위한 수단이라는 사실을 모범적으로 보여주었다. 그의 아들은 1962년에 죽었고 아내는 1977년에 세상을 떠났다. 그는 자신의 삶 대부분과 재산 모두를 그리넬대학에 바쳤다.

새로운 기금 운용

2000년 고든이 그리넬대학의 투자위원회를 떠나면서 로젠필드와의 직접적인 연결은 끊어졌다. 그러나 그리넬대학은 기금을 계속 로젠필드의 투자철학에 따라 운용해오고 있다. 2016년 현재 운용 책임은 동문인 38세의 스콧 윌슨Scott Wilson이 맡고 있다. 그는 2010년 투자위원회 이사로 합류해 지금은 CIO로 근무하고 있다. 스콧 윌슨은 '심도 있는 분석을 바탕으로 고확신 종목 몇 개에만 투자한다는 점'에서 투자철학이 로젠필드의 방식과 아주 비슷하다.[48] 윌슨의 작은 운용팀은 '1년에 한두 개의 훌륭한 투자 기회'를 찾는다.[49]

이는 실행에 전혀 무리가 없는 전략입니다. 1년에 100개의 투자 기회를 찾는 일은 불가능하죠.

그리넬대학의 운용팀은 기금 일부를 외부 운용 기관에 맡기는 관행을 유지하고 있다. 고든이 있었을 때는 외부 위탁 자금이 전체의 60%였지만 지금은 80%로 증가했다.[50] 지금은 주식과 대체투자에 각각 45%씩 투자하고 채권과 현금에 10%를 배분하고 있다. 이전과 크게 다른 특징은 대학의 기금 운용팀은 현금과 채권 운용에 집중하고 외부 기관이 주식을 운용한다는 점이다. 그러면서 기금이 사모펀드에 일부 직접 투자하는 방식을 유지하고 있다. 스콧 윌슨은 거시경제 전망에 실적이 좌우되는 '매크로' 매니저는 꺼리는 반면, 성과를 반복적으로 꾸준히 낼 수 있는 매니저를 선호한다.[51] 그가 말하는 소위 '직감'이나 본능보다는 철저한 분석에 의존하는 매니저를 좋아한다.[52]

또 다른 중요한 변화는 글로벌 투자에도 더욱 관심을 기울인다는 점이다. 그리넬대학은 아프리카에도 사모로 투자하고 있다. 윌슨은 특히 사하라 사막 이남의 아프리카가 성장률이 높고 가격도 매력적이며 정부도 꽤 안정되어 있기 때문이라고 이유를 밝혔다.[53]

우리의 아프리카 투자는 대부분 아주 매력적이라고 생각하지만 아직은 뭐라 말하기에는 이릅니다.

윌슨은 운용을 잘하고 있는 듯 보인다. 그가 맡아 운용하는 동안 기금이 13억 달러에서 18억 달러로 늘었다. 그는 그 이유를 이렇게 밝혔다.[54]

1, 3, 5, 15년 성과는 아주 좋습니다. 10년 실적은 상대적으로 부진합니다만, 저희 포트폴리오는 몇몇 종목에 집중하는 전략이기 때문에 동종 그룹과 다르게 움직일 수 있습니다.

2014년, 18억 달러에 이르는 그리넬대학 기금은 미국 100대 대학 가운데 최고 수준인 20.4%에 이르는 수익을 거두었다.[55] 작은 그리넬대학이 거대 기금을 운용하는 아이비리그의 하버드대와 예일대를 앞지른 것이다.[56]

8

글렌 그린버그

관습을 타파한 단순한 투자와 '테니스 슈즈'

8장은 2015년 1월 실시한
글렌 그린버그 인터뷰를 기반으로 서술했다.

집중투자하려면 "정말로 제대로 알고 투자해야 합니다".
- 글렌 그린버그, 2015년[1]

뉴욕에 기반을 둔 치프턴캐피털 매니지먼트Chieftain Capital Management의 글
렌 그린버그Glen Greenberg와 그의 동료들은 2008년 1월 14일, 주주들에게
'아무런 수익을 가져다주지 못한' 일련의 인수합병을 참다못해 컴캐스트
의 마이클 쿡Michael Cook 이사회 의장에게 편지를 보냈다.[2] 주가 45% 폭락
을 '컴캐스트로피Comcastrophe'라 칭한 치프턴은 재직 중인 브라이언 로버
츠Brian Roberts 대표이사를 해임하고 "컴캐스트 주주 가치 극대화에 초점"
을 두는 "매우 유능한 CEO"로 교체하기 위해 이사회를 소집했다.[3]

> 우리는 컴캐스트의 이사회가 찾을 수 있는 최고의 CEO를 원합니다. 그런
> CEO가 마땅히 있어야 합니다. 브라이언 로버츠는 경력을 보았을 때 최고가
> 아닙니다.

존 샤피로John Shapiro와 토머스 스턴Thomas Stern 전무이사가 함께 서명한

이 편지에는 수많은 문제점이 지적되어 있었다.[4]

투하자본이익률(ROIC)은 턱없이 낮고 큰돈을 들인 인수합병은 자본 낭비로 드러났습니다. 자본적지출이 엄청나게 불어나고 잉여현금흐름 또한 계속 실망스러웠습니다. 지난 10년 동안 컴캐스트 경영진은 (주로 인수합병을 위해) 현금 지출을 10배나 늘렸지만 주주들에게는 아무런 수익을 창출해내지 못했습니다.

치프턴이 제시한 해결책은 경영진이 자금 관리를 더욱 엄격하게 하고 자본적지출도 더욱더 면밀히 관리하게 하는 것이었다. 이는 사실상 로버츠가 인수합병을 위해 돈을 쓰거나 '수익성 낮은 투자'를 하지 못하게 한다는 뜻이었다.[5] 치프턴은 컴캐스트가 "지난 10년간 케이블방송과 미디어 회사 인수에 800억 달러나 쓰면서 통상 영업현금흐름의 20배 넘는 가격을 지급했다"고 밝혔다.[6]

그 결과 주당 잉여현금흐름과 자본이익률이 크게 희석되었고 컴캐스트의 자산은 시장에서 영업현금흐름의 5.5배밖에 평가받지 못하면서 가치가 엄청나게 파괴되었습니다.

치프턴은 즉시 '의미 있는 배당'을 실시하고 부채를 '적정한 수준'으로 끌어올리라고 컴캐스트에 주문했다.[7] 얼마 전 컴캐스트 이사회는 70억 달러에 이르는 자사주 매입을 승인했다. 하지만 치프턴은 이 자사주 매입 조치가 7년에 걸쳐 이루어지기 때문에 충분하지 못하다고 평가했다.

이처럼 편지를 보낸 일은 주주행동주의자가 아니라고 알려진 치프턴으로서는 아주 예외적인 조치였다. 이사회와 겨루는 위임장 쟁탈전에서 치프턴이 우위를 점할 확률은 작았다. 컴캐스트는 브라이언 로버츠 대표의 아버지인 랠프 로버츠Ralph Roberts가 1963년에 세운 회사로[8] 로버츠 일가가 이중 의결권 구조를 통해 회사의 지배권을 유지하고 있었기 때문이다.[9] 일가는 30억 주에 이르는 컴캐스트의 유통주식 가운데 1%만 보유했는데도 복수 의결권 행사가 가능한 주식인 덕분에 전체 의결권의 3분의 1을 장악하고 있었다. 치프턴은 이와 같은 이중 의결권 시스템은 "21세기에는 어울리지 않는 구태의연한 기업 지배구조"라고 주장하며 이 시스템을 없애라고 촉구했다.[10]

경영진에게는 주주 가치 극대화가 늘 뒷전이었습니다. 이들은 이중 의결권 구조로 보호받았기 때문에, 주주를 완전히 무시해도 전혀 문제가 없었습니다.

로버츠 일가는 이중 의결권 구조를 없애는 방식으로 회사의 지배권을 포기할 생각이 없는 듯 보였다. 치프턴의 유일한 희망은 기업 이미지 실추와 주가 하락에 따라 일가가 다른 일반 주주들에게도 신경 쓰는 것이었다. 〈뉴욕포스트(New York Post)〉는 익명의 제보자 말을 빌려, 치프턴이 편지를 보낸 것은 컴캐스트의 경영 문제 때문이라기보다는 주가 하락 때문이며, 치프턴이 보유한 컴캐스트 지분은 "한 회사에 투자하기에는 엄청나게 많이 쏠려 있는" 수준이라는 기사를 내보냈다.[11]

치프턴이 보유한 컴캐스트 지분은 그린버그와 회사가 이제껏 포트폴리오에 편입한 회사들 가운데 가장 비중이 컸다. 펀드에서 투자한 컴캐스트 주식은 6,020만 주로서 전체 유통주식의 2%에 불과하지만, 50억 달러에 이르는 치프턴펀드에서는 약 30%를 차지했다. 치프턴은 1990년대 말 기술, 미디어, 통신 업계가 과열 후유증으로 붕괴되고 얼마 지나지 않은 2002년 초에 컴캐스트에 투자하기 시작했다. 이전에 여러 케이블방송사에 투자해 성공을 거둔 적이 있던 그린버그는 컴캐스트 투자에서도 비슷한 결과를 얻을 수 있으리라 생각했다. 컴캐스트 주식은 2006년 한 해 동안 66%나 오르는 기염을 토했다.

그린버그는 이 같은 폭등은 회사의 영업 성과가 아주 좋았기 때문이라기보다는 주가가 너무 싸 매수세가 몰렸기 때문이라 판단했다. 치프턴은 이 기회를 활용해 주식을 처분하기 시작했다. 하지만 파트너들은 잘못된 추정 모델을 새로 적용해 결정을 바꿔버렸다. 이들은 컴캐스트가 한 해 동안 '66%나 치솟았지만 더 투자해야 한다'고 굳게 믿었다. 그린버그는 하나의 추정 모델을 그토록 확신한 것은 엄청난 실수라고 말했다.

> 2007년은 회사에 아주 좋지 않은 해였습니다. 추정 모델에서 예측한 수많은 가정이 들어맞지 않았습니다. 주가가 폭락하면서 2007년 한 해를 후회스럽게 마감해야 했습니다. 새로운 정보를 보지 못한 채 투자한 것 같았습니다.

컴캐스트 투자 사례는 지나친 집중투자의 위험을 충분히 보여주었다. 주가 하락은 2008년에도 이어져 한 해 동안 34%라는 고객 손실을 불러왔다. 이는 당연히 갈등을 일으켰고, 결국 이듬해인 2009년 그린버그와 다른 파트너들은 갈라서게 되었다.

그린버그가 컴캐스트의 경영을 공개적으로 문제 삼자 이 회사는 슬그머니 큰 변화를 추진하기 시작했다. 마이클 안젤라키스^{Michael Angelakis}가 최고 재무책임자로 들어와 자본적지출, 사업 예산, 인수합병 등을 엄격하게 관리하기 시작했다. 순전히 EBITDA로만 지급하던 보상 체계도 더욱 적절한 성과 평가 기준으로 넓혔다. 자사주 매입과 배당금 증액도 미약하기는 하지만 정기적으로 실시해 예측 가능하게 바뀌었다. 잉여현금흐름이 처음으로 회사의 가장 중요한 지표가 되었다.

컴캐스트는 잉여현금흐름을 엄청나게 창출하는데도 이를 주주들에게 많이 돌려주지 않았습니다. 배당금을 늘리고 자사주를 매입하지만 오랜 시간에 걸쳐 조금씩만 합니다. 차입금도 과거 또는 케이블방송 업계의 다른 회사에 비해 턱없이 적습니다. 경영진은 다른 회사를 인수하기 위해 실탄을 비축하고 싶어 합니다. 제국을 건설하는 데만 혈안이 되어 있습니다.

그린버그는 컴캐스트가 타임워너케이블^{Time Warner Cable} 인수를 제안하자 2014년 초 자신의 포지션을 정리했다. 그는 이 인수합병은 더욱더 강한 규제를 불러올 수 있기 때문에 전략적으로 잘못된 판단이라고 생각했다. 그러면서 인수합병 선언으로 오바마 행정부가 '통신망 중립'이라는 기치 아래 케이블방송 산업 규제에 다시 관심을 가질 것이라고 말했다.

컴캐스트는 이미 케이블방송시장의 20%를 점유하고 있으므로 (인수합병을 한다고 해서) 효율성이 더 높아지지 않습니다. 이미 미국 전체 가구의 50%에 회사의 브로드밴드(broadband) 서비스를 제공할 수 있는 망이 연결되어 있습니다. 케이블방송시장의 70~80%를 장악하는 데 초점을 두고 더욱 커지려고 애쓰는 바람에, 그저 조용히 종량제를 실시하면 될 일이 크게 이슈화되고 있습니다. 이는 갑자기 자신에게 총구를 겨누는 꼴입니다. 컴캐스트가 시장을 지나치게 장악하면 각 가정에 사용료를 비싸게 부과할 수 있다는 사실을 누구나 알게 되어 규제가 다시 강화될 것이기 때문입니다. 저는 회사가 문제를 자초하고 있다고 생각합니다.

가족이 이끄는 사업

그린버그는 애당초 투자자가 되고 싶은 마음은 없었다. 그는 앤도버에서 고등학교를 졸업한 뒤 예일대에서 영문학을 공부했다. 수학 과목 하나를 수강했지만 성적이 신통치 않아 첫 학기 말에 그만두었다. 그는 예일대 영문과가 훌륭하다고 생각했다. 베트남 전쟁 중 대학을 마친 그는 뉴욕에서 3년 동안 교사로 일했다. 평생을 바쳐 하고자 하는 일을 정하지는 못했지만 계속 교사로 남을 생각은 없었다. 그러던 중 근무하던 학교의 교장이 그에게 경영대학원에 진학하면 어떻겠느냐고 조언했다.

그린버그 일가는 어머니를 통해 김벨브러더스Gimbel Brothers의 지배주주 위치를 점하고 있었다. 김벨브러더스는 1887년 설립된 미국 백화점으로, 1922년에 상장되었다. 이듬해인 1923년에는 삭스 앤 컴퍼니Saks & Co.를 인수하고, 지역의 명물이 된 삭스 피프스 애비뉴Saks Fifth Avenue라는 백화점을 열었다. 1920년 시작해 해마다 개최한 추수감사절 퍼레이드 전통은 1924년부터 메이시스Macy's가 따라 했다. 1930년대에 이르러 김벨브러더스는 매출액 기준으로 세계에서 가장 큰 백화점 체인으로 성장했고, 이 시기 그린버그 일가는 회사 지분의 20% 정도를 보유했다. 그러나 1971년과 1973년 사이 김벨브러더스 주가는 주당 50달러에서 10달러 아래로 추락하고 말았다. 일가는 경영대학원에서 공부하는 그린버그가 졸업 후 백화점 사업을 돕기를 희망했다. 하지만 불행히도 그린버그는 '백화점 사업에는 관심이 눈곱만큼도 없었다'.

경영대학원에서 공부하는 동안 그린버그는 사업 기획 과정에 대한 보고서를 쓰는 과제를 받았다. 그는 김벨브러더스 경영자인 숙부를 찾아가이 회사에 대한 보고서를 써도 되는지 물었다. 숙부는 기꺼이 허락했다. 그린버그는 백화점의 마케팅, 판촉, 재무 책임자들을 차례로 만났지만 크게 실망해 회사의 문제들을 '통렬하게 비판하는' 글을 썼다. 그는 김벨브러더스가 '아주 허술하게 운영되고 있다'고 판단했다.

> 경영진은 사람들이 교외로 이주하는 현상을 간과했습니다. 그러고는 사업을 교외로 확장할 때 코네티컷 브리지포트처럼 거주민의 임의 소득이 많지 않은 곳으로 진출했습니다. 더군다나 맨해튼 86번가에 연 매장은 처참한 실패로 드러났습니다. 외상 매출금 회수 시스템도 작동하지 않아 엄청난 미수금을 장부에서 지워야 했습니다. 그 결과 약세 시장에서 주가가 곤두박질쳤습니다.

그의 숙부는 보고서를 읽고 나서 그를 "침이 마르도록 칭찬했다". 그린버그는 이를 계기로 가업에 동참한다는 생각을 완전히 접었다.

그 뒤 얼마 지나지 않아 로렌스 '래리' 티쉬 Laurence 'Larry' Tisch가 김벨브러더스의 대주주로 등장했다. 이 사람은 자수성가한 억만장자로, 주가가 헐

값이고 쓰러져가는 회사를 사들인 뒤 주가가 훨씬 비싸고 이익을 내는 회사로 탈바꿈시키는 전문가로 유명했다.[12] 나중에 방송사 CBS의 백기사 역할을 하기도 한 로렌스 티쉬는 회사 인수 및 백화점 체인 매각 기회를 발견했다. 그는 회사를 인수한 뒤 저평가된 뉴욕 부동산을 매각하고자 했다. 그린버그는 티쉬가 접근하자 일가가 '궁지에 몰렸다'고 판단했다.[13] 가족들은 투자은행가를 고용해 전략적 옵션을 자문해달라고 부탁했고, 얼마 지나지 않아 뜻밖에도 브라운 앤 윌리엄슨Brown & Williamson이라는 담배회사가 백기사로 나타났다. 이 회사는 1973년 주당 23달러에 김벨브러더스를 인수하고 일가가 보유한 지분도 모두 사들였다. 그린버그는 가족 기업에서 일하라는 일가의 요구에 응하지 않아 천만다행이라 생각했다. 받아들였다면 불과 6개월 만에 직장을 잃었을 테니 말이다.

브라운 앤 윌리엄슨의 김벨브러더스 인수는 엄청난 투자 실수로 드러났다. 김벨 이름이 달린 점포는 모두 문을 닫아야 했다. 아무도 사려 하지 않았기 때문이다. 삭스 브랜드 가게만 명맥을 유지했지만 이후 주인이 여러 번 바뀌었다.

시키는 대로 운용하지 않는 사람이 되다

김벨브러더스가 인수되자 그린버그는 평생 하고 싶은 천직에 대해 자유롭게 생각할 수 있게 되었다. 그는 경영대학원에서 새뮤얼 스튜어트Samuel Stewart 박사가 가르치는 재무 관리를 수강한 적이 있었다. 스튜어트 교수는 유타에 위새치 어드바이저Wasatch Advisors라는 뮤추얼펀드회사를 세워 성공적으로 이끌었는데, 그린버그는 이 교수와 친하게 지냈다.

스튜어트 교수는 수업 시간에 학생들에게 몇 주간 주식 몇 개를 분석하게 했다. 그린버그는 미국의 '4대 국내 노선 항공사' 가운데 하나인 트랜스월드항공Trans World Airline을 분석했다. 스튜어트 교수는 학생들이 연구한 주식에 투자할지 말지를 결정하고 그 이유를 적어 제출하게 했는데, 그린버그는 이에 많은 흥미를 느꼈다.

기본적으로 그저 사업 현황을 살펴보고 그 주식을 살지 말지 결정하는 과제였습니다. 아주 편했습니다. 제게는 답이 확실해 보였기 때문입니다.

그는 이 경험을 바탕으로 은행의 투자 부서에서 일하겠다고 마음먹었다. 그래서 씨티은행과 모건개런티Morgan Guaranty에 지원했고 두 곳 모두에서 합격 통지를 받았다. 모건개런티를 선택한 그는 1960년대 말 여러 미디어회사가 기업을 공개한 뒤인 1973년부터 투자분석부에서 미디어 애널리스트로 근무했다. 개닛Gannett 같은 신문사와 광고회사뿐 아니라 ABC, CBS, 캐피털시티를 포함한 TV 방송국, 던 앤 브래드스트리트Dun & Bradstreet와 닐슨Nielsen, 커머스 클리어링 하우스Commerce Clearing House 등의 정보 제공회사를 담당했다. 그는 이 회사들이 '이익을 쏠쏠히 내고' 있었지만 대중에게는 잘 알려지지 않아 제대로 평가받지 못하고 있다고 보았다. 그는 이 회사들이 높은 진입장벽이라는 혜택을 누린다는 사실을 아는 몇 안 되는 사람 중 하나였다.

신탁위원회 앞에서 하는 첫 설명회를 불과 몇 분 앞두고 담당 부장이 다가와 어떤 내용으로 발표할지 물었다. 그린버그가 대답했다.

"독점을 누리는 신문사들이기 때문에 기막히게 좋을 뿐만 아니라 전망도 아주 밝다고 말할 생각입니다."

그러자 부장이 지적했다.

"그렇게 말하면 곤란하네. 더욱 조심스럽고 신중하게 말해야 해."

그린버그가 맞받아쳤다.

"신탁위원회 발표를 코앞에 두고 말씀해주다니 정말 대단하시군요."

당시 겨우 26세이던 그는 설명회를 앞두고 너무 많이 긴장했다. 게다가 내용을 바꾸기에는 너무 늦어, 생각했던 대로 발표하기로 했다. 위원들은 그에게서 깊은 인상을 받았던 것 같다. 입사한 지 채 1년이 안 되었는데도 당시 중요한 산업이라 여긴 목재, 제지, 건자재 업종을 담당하게 한 것이 그 증거다. 이 분야 회사들은 1973~1974년 경기 침체기에 주가가 폭락했지만 그린버그는 이 업종의 사업 전망이 아주 좋다고 보았다. 아니나 다를까, 경제가 빠르게 회복하자 그가 추천했던 종목들은 '엄청나게 치솟았다'.

그린버그의 탁월한 성과에 깊은 인상을 받은 모건개런티 경영진은 그에게 자금을 굴리게 했다. 평소 농담처럼 자신은 "시키는 대로 자금을 운용하지 않는다"고 말한 바로 그 그린버그에게 말이다. 이후 그린버그는 연금 운용 부서로 옮겨 여러 계좌를 묶은 합동운용펀드를 맡았다. 이 펀드는 주로 중형주에 투자했는데, 여러 산업을 접할 수 있다는 점이 그린버그에게는 흥미로웠다.

더불어 그는 수많은 연금계좌를 운용하는 책임도 떠맡게 되었다. 처음으로 한 일은 담당 부장이 연금펀드 가입자들을 찾아다니며, 모건개런티가 멋진 50종목에 투자해 원금의 절반을 잃었다는 사실을 설명하는 자리에 동석하는 것이었다. 멋진 50종목은 1960~1970년대에 기관투자가들이 즐겨 투자한, 가장 인기 있던 대형주 50개를 일컫는 용어였다. 이 주식들은 가격이 이익 대비 터무니없이 높다는 특징이 있었고, 사업이 오랫동안 번창할 수밖에 없기 때문에 한번 사면 끝까지 들고 가야 하는 장기 보유 주식으로 널리 통했다. 하지만 이 주식들은 1974년 폭락장에서 다른 주식들보다 더 큰 타격을 받았다.

그린버그는 상사와 함께 고객들을 차례차례 만나러 다녔다. 그런데 부장은 설명회 때마다 이제부터 연금계좌를 "새로운 젊은 전문가"가 맡아 운용한다고 말하고 다녔다. 통상 펀드매니저들은 회사의 연금 관리자를 만나지만 이번에는 주가 급락으로 연금자산이 크게 타격받았기 때문에 문제가 이사회까지 보고되었다. 그린버그는 회사마다 다시 보충해야 하는 연금이 엄청나게 커서 걱정이 태산이었다고 회상했다. 시장이 이미 어마어마하게 충격을 받은 시기에 연금을 보충하려면 재무 상황이 더욱더 나빠질 터였다. 전국 곳곳으로 날아가 주가가 왜 떨어졌는지, 멋진 50종목을 왜 계속 보유해야 하는지 설명하는 부장의 모습에 그린버그는 깊은 인상을 받았다. 커다란 손실을 입은 고객을 만나는 일은 소중한 경험이었다.

게다가 그는 모건개런티 내 리서치 부서 애널리스트와 자금 운용 담당자 사이에 갈등이 있다는 사실도 발견했다. 애널리스트들은 기업을 탐방하고 경영진을 만나며 재무 추정 모델을 돌린다. 이들은 펀드매니저가 자신의 말을 들어야 한다고 생각했다. 하지만 펀드매니저는 수많은 증권회사에서 분석 자료를 받을 수 있다. 즉 증권사들의 법인 영업 담당자가 방문해 정보를 전해준다. 이 때문에 펀드매니저가 애널리스트의 분석을 따르지 않는 경우가 종종 있었다. 애널리스트는 펀드매니저가 자신을 무시한다고 여겼고 두 그룹이 함께 회의하는 자리에서 갈등도 생겼다.

그러던 중 누군가가 펀드매니저가 투자한 주요 종목에 대해 애널리스트와 논의하게 하자는 그럴듯한 아이디어를 냈다. 이후 두 그룹이 실제로 만나 보유 비중이 가장 큰 IBM에 대해 가장 먼저 토의하기로 했다. 누구도 반대하지 않았다. 이 회의에서 그린버그는 운용 경력이 10~15년인 펀드매니저가 사실은 투자한 기업에 대해 아는 것이 별로 없다는 사실을 발견했다. 이들은 펀드에서 보유한 기업을 제대로 분석하지 않아 관련 비즈니스를 꿰뚫지 못하고 있었다. 그러니 이들과 논의할 만한 깊이 있는 내용이 있을 리 만무했다. 그린버그는 누군가 자신에게 제지회사에 대해 묻는다면 왜 투자해야 하는지 말아야 하는지 상세히 설명할 수 있다고 말했다.

그는 이 경험을 통해, 제대로 투자하려면 자금을 잘 운용할 수 있어야 할 뿐만 아니라 기업을 제대로 분석해야 한다는 사실을 절실히 느꼈다. 이 두 가지는 투자에 꼭 필요한 요소다. 펀드매니저는 애널리스트가 분석한 내용을 공부하지 않거나, 경영진과 만나 얻은 느낌을 확인하지 않거나, 기업을 면밀히 뜯어보지 않는다면 훌륭한 투자 결정을 내릴 수 없다. 그린버그는 이 경험을 통해 어떤 펀드매니저가 되어야 하는지를 제대로 배웠다.

아서 로스의 테니스 슈즈

그린버그는 모건개런티에서 5년 동안 근무했지만, 회사에 계속 남아 있으면 자금 운용 기법을 제대로 터득할 수 없다고 판단했다. 한마디로 배울 수 있는 사람 밑에서 일하고 싶었다. 그래서 결국 잘 알려지지 않은 아서 로스Arthur Ross라는 사람이 운용하는, 뉴욕에 있는 센트럴 내셔널 가츠먼

Central-National Gottesman이라는 패밀리 오피스로 옮겼다. 그린버그는 로스가 "정말로 뛰어난 투자자"라고 생각했다.

그는 책에 실리지 않고 신문에도 거론되지 않는 개인 자금 운용 매니저였기 때문에 아무도 그에 대해 들어본 적이 없었습니다. 그에 대한 재미있는 일화가 있습니다. 어느 날 가츠먼 일가 사람이 그가 일하는 사무실을 방문해 물었습니다.

"아서, 성공적인 투자의 비결이 무엇인가요?"

아서 로스가 짤막하게 대답했습니다.

"테니스 슈즈입니다. 이제 제 사무실에서 나가주시죠."

이 답을 들은 일가 사람은 사무실을 나가면서 이렇게 중얼거렸습니다.

"테니스 슈즈라고? 도대체 무슨 뜻이지 모르겠군."

그래서 복도를 지나 아서 로스 밑에서 일하는 애널리스트에게 다가가 말했습니다.

"아서는 성공의 비결이 테니스 슈즈*라고 말하더군요."

알고 보니 테니스 슈즈는 종목 10개를 뜻했습니다. 그는 오로지 10개 주식만 보유했던 것입니다.

그린버그는 이전에 미디어나 제지라는 단일 업종만 분석했지만 이제는 여러 분야를 다루어야 했다. 게다가 아서 로스는 맡은 기업에 대해 '하나부터 열까지 꼼꼼하게' 파악하라고 요구했다. 애널리스트는 자신의 투자

---

* 10종목을 뜻하는 ten issues를 붙여서 발음하면 tennis shoes처럼 들리는 것을 빗댄 말

아이디어를 언제든 제시할 수 있었지만 로스는 주로 자기의 관심 분야와 관련된 과제를 내주었다. 그리고 종종 애널리스트를 사무실로 불러 담당 기업에 대해 꼬치꼬치 캐물었다. 이때 애널리스트는 메모를 들고 갈 수 없었다. 로스는 애널리스트가 대답하지 못할 때까지 하나하나 따져 물었다. 그러고는 답변을 제대로 못 하면 크게 질책했다. 그는 꼭 필요한 질문을 했고 믿을 수 없을 만큼 구석구석까지 파고들었다.

로스는 그린버그에게 "정말 철저하게 깊이 분석하는 애널리스트"가 되라고 가르쳤다. 그린버그는 로스가 알고자 하는 모든 것을 조목조목 분석했고 그렇게 하면 결국 훌륭한 투자자가 될 수 있다고 믿었다. 무엇보다도 투자 판단을 내리는 데 필요한 핵심 요소를 찾는 법을 터득했다. 그러면서 그린버그는 로스와 5년의 시간을 보냈다. 그는 자신을 위해 일했지만 로스는 일가를 위한 투자에 전념했다. 일가 자금 운용은 로스가 전담했다. 포트폴리오의 매매회전율도 아주 낮았다. 그린버그는 로스에 대해 이렇게 말했다. "그는 잦은 매매는 전혀 하지 않았습니다. 그야말로 진정한 투자자였습니다."

로스는 실적이 정말 탁월했습니다. 제가 귀감으로 삼았습니다. 공매도나 헤지 따위는 전혀 하지 않았습니다. 믿을 수 없을 정도로 통찰력이 뛰어난 투자자였습니다.

모건개런티에서 5년 근무하고 아서 로스와 5년을 일하면서 10년이라는 세월이 흐르자 그린버그는 독립하고 싶은 마음이 생겼다.

그는 1984년 존 샤피로와 함께 치프턴캐피털 매니지먼트를 설립했다.

운용은 4,300만 달러로 시작했다. 이 가운데 3,000만 달러는 아서 로스 밑에서 일할 때부터 맡아 굴리던 김벨 일가 자금이었고, 나머지 1,300만 달러는 동생의 소개로 찾아온 어느 아버지와 두 아들의 돈이었다.

이들은 캘리포니아에서 고기를 다져 학교 급식용으로 제공하던 사업을 처분해 갑자기 400만 달러씩의 여윳돈이 생겼다. 1984년 초 이들은 그린버그에게 자금을 맡겼다. 그런데 시장이 갑작스레 급락했다. 치프턴 자금은 시장만큼 떨어지지는 않았지만 그래도 수익률이 마이너스였다. 그러자 이 아버지는 매달 찾아와 다음 달에는 얼마나 회복시킬 것인지 따져 물었다. 그린버그는 투자는 그런 식으로 해서는 곤란하다고 설득하려고 애썼다. 하지만 몇 달 뒤 아버지가 자금을 인출했고, 2주 뒤 큰아들도 뒤를 따랐다. 치프턴은 5개월 만에 전체 운용 자금의 20%, 즉 일가 외 자금의 3분의 2를 잃었다. 작은아들은 그린버그에게 연락해, 몇 달의 성과로 판단하는 일은 옳지 않다고 말하면서 연말까지 기다리겠다고 했다.

첫해는 마이너스로 시작했지만 양호한 성과로 마무리했다. (연말까지 기다리겠다던 작은아들은 이후 계속 고객으로 남아 지금은 '큰 고객'이 되었다.) 고객들이 이 회사가 운용을 잘한다는 소문을 내고 다닌 덕분에 자금이 쏟아져 들어오기 시작했다. 그렇지만 첫 8년 동안은 거액 개인 자금만 맡아 운용했다.

그러던 중 1990년, 그린버그는 다른 젊은 동창과 함께 예일대 주말 '동문 모임'에 초대받았다. 이 자리에서 예일대학 기금 운용을 총괄하는 데이비드 스웬슨이 자금 운용 전략에 대해 연설했다. 기금 운용을 7년째 맡아온 그는 자금의 4분의 1을 주식시장 인덱스에 투자하고 있었다. 그린버그는 이런 투자 방식은 문제가 크다고 생각했다. 그러면서 "두 손이 묶여도 시장지수보다 더 잘 운용할 수 있다"고 자신했다.

결국 손을 들고 다음과 같이 말했다. "예일대는 늘 탁월한 모습을 보여 왔습니다. 하지만 지수 수익률만 얻고자 투자한다는 사실을 믿을 수 없습니다. 그보다 훨씬 더 높은 실적을 올릴 수 있다고 봅니다." 그러자 스웬슨이 다가와 점심을 먹자고 제안했다. 1년 반에 걸쳐 여러 차례 점심을 먹은 뒤, 마침내 스웬슨이 그에게 예일대학 기금을 맡아 운용해줄 수 있느냐고 물었다. 그린버그는 결국 '좋은 관계를 맺게 되었다'고 하며 '모교 자금을 운용할 수 있어 영광'이라고 고마워했다. 치프턴의 탁월한 실적과 예일대학 기금 운용 덕분에 자금 모집이 더욱 쉬워졌다. 하지만 항상 그는 돈을 끌어들이는 일보다 운용 성과를 더 중시했다.

26년 동안 수수료 차감 전 기준으로 연 18%라는 실적을 거둔 뒤 그린버그와 파트너는 2009년 각자의 길을 걷기로 했다.[14] 존 샤피로는 회사를 새로 차려 치프턴캐피털이라 이름 지었고, 그린버그는 기존 회사를 계속 이끌기로 한 뒤 사명을 브레이브워리어 어드바이저 Brave Warrior Advisors 로 바꿨다. 그린버그는 두 회사가 보유한 종목이 서로 '많이 다르다'고 밝혔다. 브레이브워리어는 평균 이상 성장하는 경쟁우위를 점한 기업에 주로 투자한다. 그린버그는 주식에 투자하는 목적은 자본 증식이라고 주장하면서 "그럭저럭 꾸려나가는 회사에 투자해서는 시장보다 빠르게 자본을 늘릴 수 없다"고 말한다.

그린버그는 존 샤피로와 치프턴과 갈라선 뒤 포트폴리오를 기술 업종을 포함한 여러 분야로 넓혔다. 철학이 바뀌어서가 아니라 사업 환경이 바뀌었기 때문이라고 했다.

저는 20대 후반이나 30대 젊은 애널리스트와 일합니다. 보통 그 나이 대는 고된 일을 마다하지 않습니다. 더욱이 좋은 경력을 쌓고 싶어 하며 의욕도 불태웁니다. 그들은 경력도 다양합니다. 우리의 투자 프로세스는 아주 까다롭지만 이 친구들은 기술 분야를 아주 잘 알고 있고, 구글(Google), 비스타프린트(Vistaprint), 마스터카드(MasterCard), 밸리언트(Valeant) 같은 고성장 산업을 이해하는 데도 도움을 줍니다.

이전처럼 결정을 내리기 위해 파트너들과 협의하지 않아도 되니 훨씬 편합니다. 저희는 1992년부터 2008년까지 현금 비중을 20%나 유지한 탓에 그만큼 성과에 부정적 영향을 끼쳤습니다. 이렇게 높은 현금 비중은 의견이 달랐기 때문이기도 했지만 서로의 주장이 강했기 때문이기도 했습니다.

그린버그의 가치 이론

그린버그는 투자 스타일에 대한 질문을 받았을 때 자신이 '순수' 가치투자자는 아니라고 말한다. 여기서 순수 가치투자는 회사의 PBR이나 PSR처럼 기계적인 계산법에 초점을 맞춰 정의한 경우다. 그는 버려진 담배꽁초나 청산가치 등을 기준으로 회사를 고르지 않는다. 자신의 투자 방식을 벗어나 청산가치 관점에서 아주 저렴해 보이는 회사에 투자한 적이 몇몇 있었지만 결과는 썩 좋지 않았다. 그는 이익이 계속 늘어날 것으로 판단되고 성장 전망이 긍정적으로 바뀌어 주가 상승을 뒷받침할 가능성이 큰 회사를 선호한다.

어느 회사가 1~2% 성장한다고 한다면 거꾸로 1~2% 움츠러들지 않는다고 장담할 수 없겠죠? 과오를 허용하는 한계가 커서는 안 됩니다. 간신히 버텨나가고 있는 별 볼 일 없는 회사가 있다 치면 이렇게 질문해야 합니다. "정말로 굴러가고 있는가?" 쪼그라들기 시작할 수도 있으니까요.

낙관론자들은 다음과 같이 말합니다. "2% 대신 4% 성장한다면 어떨까? 그러면 세전 마진이 1%에서 2%로 뛰지 않을까?" 하지만 이와 반대 방향으로 갈 수도 있습니다. 따라서 이처럼 투자하면 아주 위험합니다. 저는 사업이 별 탈 없이 굴러갈 때는 하락 위험이 작으면서 잘될 때는 큰돈을 벌 수 있는 회사를 찾으려 애씁니다. 다시 말해 위험 대비 수익이 아주 큰 회사를 찾는다는 뜻입니다.

그가 선호하는 투자 스타일을 잘 보여준 사례는 1980년대 초에 꽤 많이 투자했던 고타스라센시핑 Gottas Larsen Shipping이다. 그린버그는 이 회사가 유조선회사처럼 보이지만 액화천연가스 수송선 대여회사라고 밝혔다. 고타스라센시핑은 임차인이 배를 실제로 사용하지 않더라도 용선료를 지급하는 계약을 맺고, 인도네시아에서 일본으로 액화천연가스를 수송하는 신용등급 AAA 회사에 배 20척을 빌려주고 있었다. 그린버그는 이 회사의 가치는 용선료의 현재 가치로 산정할 수 있다고 보았다. 대부분의 현금흐름이 용선료에서 나왔고 보장까지 되었기 때문이다. (이 회사는 나중에 아주 수익성이 높은 것으로 드러난 로열캐리비언 Royal Caribbean 크루즈 노선의 3분의 1을 차지하고 있었지만, 당시에는 크루즈 사업 전망이 불투명했다.) 그린버그는 수송선 대여가 주주들에게 15%의 수익을 가져다주었다고 털어놓으며 이렇게 반문했다. "더 이상 알 필요가 있을까요?" 투자 성과는 아주 훌륭했다.

그는 사례 하나를 더 들려주었다. 프레디맥은 1989년 상장되었다. (패니메이는 이미 기업공개를 했다.) 이 산업의 기본적인 비즈니스 모델은 패니메이와 프레디맥이라는 두 경쟁사가 대출채권을 사들인 뒤 주택저당증권을 발행하는 것이었다. 이 회사들은 증권의 지급을 보장하는 대가로 액면가의 0.23%를 보험료로 받았다. 그린버그는 프레디맥의 제 비용은 대략 '5bp'(0.05%)였고 손실은 경기 상황에 따라 1~5bp에서 움직였다고 기억했다. 다시 말해 수익은 23bp인 반면 비용은 6~10bp이므로 이 둘의 차이가 이익으로 남았다. 경쟁사는 두 회사뿐이었고 시장도 크고 있어서 그야말로 땅 짚고 헤엄치는 격이었다. 이후 프레디맥은 조기상환채권을 팔기 시작하고, 증권을 직접 보유하는 쪽으로도 사업을 확장했다. 이로써 현금을 재투자해 20% 수익을 얻을 수 있었다. "20%에 이르는 재투자수익률을 거둘 수 있는 기회는 많지 않습니다." 그가 덧붙였다.

> 정말 믿기지 않을 정도였습니다. 이들은 거둬들인 현금을 모두 활용해 모기지 증권을 사고 조기상환채권을 팔아 20%의 수익을 내고 있었으니까요.

그린버그는 프레디맥이 금리에 민감하게 움직이는 주식처럼 인식되고 있었다고 말했다. "결코 높은 배수로 거래된 적이 없고 금리에 따라 오르내렸습니다. 즉 금리가 상승하면 배수가 하락했습니다."

그는 1988년부터 1998년까지 10년 동안 코카콜라의 이익과 프레디맥의 이익을 겹쳐놓은 그래프를 준비했다. 그러고는 사람들에게 이 그래프를 보여주며 물었다. "어느 것이 코카콜라이고 어느 것이 프레디맥일까요?" 둘을 제대로 구분한 사람은 아무도 없었다. 그런데도 코카콜라는 주가가 이익 대비 높은 가격에 거래되었던 반면, 프레디맥은 그다지 높게 거래되지 않았다. 그린버그는 사람들이 프레디맥의 가치를 터무니없이 싸게 평가하고 있다고 주장했다. 치프턴은 프레디맥이 "크게 망가지기 전"에 약 9년간 투자했다.

고타스라센시핑과 프레디맥은 그린버그가 좋아하는 비즈니스 모델, 즉 성장성은 있으면서 잘못될 가능성은 작은 비즈니스를 보여주는 대표적 사례라고 밝혔다.

> 물론 주의 깊게 살펴봐야 합니다. 하지만 이는 1930년대에 벤저민 그레이엄과 데이비드 도드가 주장한 전통적 투자 방식과는 상반되는 가치투자 방법입니다. 이들과는 완전히 다르고 관련성도 거의 없습니다. 저는 주식 투자 관련 부분에 대한 서문을 써달라는 요청을 받기 전까지 벤저민 그레이엄과 데이비드 도드의《증권분석》을 읽은 적이 없었습니다. "이 정도면 타당해. 투자철학이 훌륭해"라는 말은 투자할 때 흔히 하는 문구지만 제게는 그리 중요하지 않습니다.

그린버그는 투자할 만한 기업을 찾기 위해 폭넓은 리서치를 수행한다. 신문을 읽고, 자기와 비슷한 주요 투자자들의 주식 보유 현황을 포함한 유용한 투자 정보를 제공하는 분기 속보도 참조한다. 아울러 많이 어려워진 산업을 들여다보기도 한다. 2014년 말 석유와 가스 가격이 폭락했을 때 석유와 가스 관련 회사들을 물색하기 시작했다. (그는 이 산업이 자본 집약적이고 경기에 민감하며 석유와 가스 가격에 크게 의존하기 때문에 그리 좋아하는 산업은 아니라고 밝혔다.) 더불어 경영진이 우수한 일류 회사이지만 단지 가격이 너무 비싸 투자하지 않은 여러 회사를 분석해놓고 있다.

그린버그는 투자하기 좋은 회사를 발견하면 사업을 분석하는 작업부터 한다. 팀원들에게 재무 추정을 하게 한다. 과거 수치를 '가능한 한 깨끗이 다듬게 하는 것은 미래를 예측하기 위해서가 아니라 사업을 더욱더 잘 이해하기 위해서다'. 그는 숫자를 적을 때 컴퓨터보다는 노트에 직접 적는 것을 좋아한다.

> 존 샤피로와 저는 노트에 직접 쓰는 것을 좋아합니다. 손으로 쓰면 잘못된 부분을 쉽게 발견할 수 있습니다. 반면 600줄이나 되는 복잡한 컴퓨터용 모델을 사용하다 보면 엄청난 오류가 있어도 찾지 못하는 경우가 있습니다. 젊은 친구들은 모델에 모든 가정을 집어넣으면 완벽한 결과를 얻을 수 있다고 믿습니다. 하지만 저는 모델에만 의존하면 꼭 짚고 넘어가야 하는, 경영진과 관련된 핵심적이고 전략적인 문제를 간과하기 쉽다고 봅니다.

또한 연차보고서와 수많은 분기 실적 보고서, 설명 자료를 읽는다. 수치 보고서, 설명회 내용 등도 간단명료하게 정리하려고 애쓴다.

> 저는 분기 실적 보고서를 즐겨 봅니다. 1년 치를 읽으면 경영진과 사업 전망을 파악하는 데 많은 도움이 됩니다. (중략)
> 이 사업은 경쟁우위가 있는가? 경쟁은 어느 정도 치열한가? 가격은 올릴 수 있는가? 손실 위험은 크지 않으면서 아주 매력적인 수익을 낼 수 있는 수준으로 가격이 책정되어 있는가? 가장 먼저 하는 것은 사업성이 좋은지 아닌지 따져보는 일입니다. 별로라면 더 이상 거들떠보지 않습니다.

그린버그는 팀원들이 만든 재무 모델을 살펴본 뒤에는 늘 사업을 더 잘 파악하는 데 도움이 되는 질문을 던진다. 이를테면 다음과 같이 묻는다. "2008년에 마진이 꽤 좋게 유지된 이유가 뭔가?" "사업이 왜 그렇게 나빠졌나?" "유독 이 분야에서만 자본이익률이 좋은 까닭은 뭐지?" 팀원들이 사업의 핵심 이슈에 대해 생각하고, 모델의 세부 내용에만 매달리지 않게 하려는 질문들이다. 다시 말해 높은 수익성을 가져다주는 요인들이 무엇이고 그것이 장기적으로 지속 가능한지 파악하려는 것이다.

이는 핵심 이슈를 검토해 올바른 결론을 이끌어내기 위한 작업입니다. 대부분은 경영진에 대한 판단 문제에 귀결됩니다. 회사를 이끄는 사람들이 정직하고 믿을 만한가? 홍보에만 열을 올리거나 현실성이 없는 일에 매달리는가? 어떻게든 돈을 끌어모아 사업을 키우는 데 혈안이 되어 있지는 않은가?

그는 옛 스승이었던 아서 로스와 마찬가지로, 팀원들이 어정쩡하게 대답하는 모습을 좋아하지 않는다. 자세한 내용까지 확실하게 아는 것을 아주 중요하게 여긴다.

남들은 대충 알고 넘어가도 뭐라 하지 않을 수도 있지만, 저는 팀원들이 완벽하게 알 때까지 물고 늘어집니다. 즉 숫자 하나하나까지 꼼꼼히 따집니다. 그래서 제가 던진 질문에 "제 생각에는…, 제가 느끼기에는…, 제 추측으로는…"과 같이 대답하는 행위는 결코 용납하지 않습니다. 추측에 근거해 많은 돈을 투자할 수는 없으니까요. 완벽하게 이해하고 가장 최근 수치를 숙지하게 합니다. 한참 지난 수치는 써서는 안 됩니다.

그린버그와 그의 팀원들이 투자 대상에 대해 여전히 관심이 많다면, 애널리스트는 더욱 깊이 분석하기 위해 옛 임직원, 경쟁사, 비상장회사, 감독기관, 업계 전문가들을 만난다.

이 모든 일을 저희가 직접 합니다. 사심 없이 솔직히 말하고 사업을 제대로 설명해주는 사람을 많이 만나 대화합니다. "경쟁 구도는 어떠한가? 대표이사가 주주 친화적인가?" 주요 질문이 무엇이든, 이해당사자는 아니지만 사업에 정통한 사람들에게서 많은 정보를 얻으려 노력합니다. 일반적으로 이들은 은퇴했기 때문에 업계에 대해 얘기하는 것을 아주 좋아합니다. 저희는 관련 산업을 분석한 뒤 기본적이면서도 좋은 질문을 많이 던집니다. 그러면 이들은 우리를 가르치듯 즐거워하며 털어놓습니다. 우리는 이들과 많은 대화를 하며, 이는 분석 과정에서 빼놓을 수 없는 중요한 요소입니다.

그런 뒤 회사 탐방을 실시한다. 사업성이 좋다고 판단하면 가급적 빨리 경영진을 만난다. 회사를 방문하기 전에 투자하는 경우도 있지만 보통은 탐방 결과를 살핀 후 결정한다. 방문 뒤에는 경영진과 나눈 대화까지 넣은 완벽한 재무 분석 모델을 돌린다.

하지만 그린버그가 쓰는 모델은 크지도 복잡하지도 않다. 팀원들에게 가정을 주면 이들은 이를 활용해 모델을 만든다. 모델에서 결괏값이 나왔을 때 무엇이 포함되고 무엇이 제외되었는지만큼은 확실히 살피려 한다.

잉여현금흐름 가운데 재고 정리로 나온 부분이 얼마인가? 신약에 대해서는 어떻게 가정했나? 이에 대한 부분이 숫자에 포함되어 있는가? 제가 모델을 돌리지는 않지만 혹시 입력 값에 문제가 없는지 꼼꼼히 따집니다.

사업을 분석하고 경영진을 만나고 편파적이지 않은 정보 제공자들과 대화한 뒤에는 결국 판단의 문제가 남는다.

긍정적인 부분도 있는 반면 부정적인 것도 있습니다. 여기서 제가 어떻게 판단을 내릴까요? 부정적인 요소들 때문에 투자를 꺼릴까요? 한두 가지 맘에 들지 않는 구석이 있어도 가격이 아주 매력적이라면 그냥 투자할까요? 이때 내려야 하는 결정이 가장 핵심이고 제일 어려운 부분입니다. 매뉴얼을 보거나 체크리스트를 점검한다고 해서 되는 일이 아닙니다. 피카소 미술 강의를 듣거나 숫자별 채색 지침서를 산다고 해서 피카소처럼 그릴 수 있는 것이 아니듯 말입니다.

그린버그는 한 가지 분석 모델에만 얽매이지 않는다. 그러나 잉여현금흐름을 투자해 얻는 수익률은 늘 살핀다.

정말 가장 좋은 투자 대상은 프레디맥처럼 매년 창출한 돈을 자유롭게 투자할 수 있고 수익률이 아주 높은, 확실한 투자 기회가 있는 회사입니다. 그다음은 사업성이 좋으면서 잉여현금이나 대출을 활용해 자사주를 저가에 매입해 소각할 가능성이 있는 회사입니다. 유통주식 수가 많이 줄어든 이런 회사는 경기가 회복되면 주가가 치솟을 수 있기 때문입니다.

그린버그는 잉여현금흐름을 어떻게 쓰는가를 엄청나게 중요하게 여긴다. 그는 PER이 40배에 이를 정도로 비싸게 거래되는, 정말 사업성이 좋은 회사가 자사주를 많이 매입하는 행위는 돈을 불태우는 것과 마찬가지라고 생각한다. 반면 비즈니스가 아주 잘되는 회사가 벌어들인 현금을 쌓아놓거나 다른 회사를 비싸게 인수하는 것도 결코 주주를 위한 행동이 아니라고 믿는다.

따로 정해진 공식은 없습니다. 사업성을 제대로 파악하고, 투자 기회가 무엇인지 살피며, 경영진이 무슨 계획을 가지고 있는지 등을 알아야 합니다.

그는 장기 투자수익률이 특정 수준을 넘어야 한다고 고집하지는 않는다. 실제로 다음과 같이 말하기도 했다. "어느 시장에서 사업하느냐에 따라 달라질 수 있습니다." 그가 선호하는 투자 대상 가운데 하나는 향후 수년 동안 10% 수준의 잉여현금을 창출하면서 5% 내외의 성장을 보이는 기업이다.

아주 빠르게 성장하던 마스터카드가 2010년 도드-프랭크 금융개혁법안Dodd-Frank financial reform legislation의 일환인 더빈 수정법안Durbin Amendment 통과로 주가가 폭락했을 때, 그린버그는 정말 좋은 투자 기회가 생겼다고 생각했다. 이 법안은 은행이 소매업체에 부과하는 직불카드 거래 수수료를 제한했다. 이 때문에 마스터카드 주가가 급락하자 그린버그는 호기심이 크게 발동했다. 그는 마스터카드의 사업성이 정말 뛰어나다는 사실을 바로 알아차렸다. 이뿐 아니라 전 세계 거래의 85%가 아직 현금으로 결제된다는 사실도 파악했고, '신용카드' 결제가 변함없는 대세여서 성장세가 오랫동안 이어지리라 판단했다. 문제는 더빈 법안으로 마스터카드가 얼마나 영향을 받는지 가늠하는 일이었다. 다시 말해 직불카드 거래로 마스터카드가 얼마만큼 수익을 거두는지, 더빈 법안으로 회사의 이익이 얼마나 줄어드는지 분석해야 했다.

그는 시장 참가자들이 직불카드 거래 수수료 감소의 영향을 잘못 인식하고 있다는 사실을 알아차렸다. 소매업체가 마스터카드와 은행에 지불하는 수수료는 거래 금액의 1% 수준이었다. 마스터카드는 거래를 처리해주고, 소매업체가 지불한 수수료 대부분을 은행으로 보냈다. 이 은행들이 수수료 감소를 얼마나 감수할지 알아내기란 쉽지 않았다. 시장에서는 수수료가 1%에서 0.2~0.3%로 줄어들면 마스터카드는 '남는 게 없을' 것이라고 인식하고 있었다. 많은 업계 사람이 그에게 이렇게 말했다. "마스터카드가 호황을 누리는 시대는 이제 끝났습니다." 분명하지는 않았지만 마스터카드는 거래 수수료의 작은 부분만 받았고 은행이 거의 대부분을 가져갔다. 그린버그는 은행이 수수료 삭감의 고통을 카드사들에 분담시킬 수 없다고 보았다.

마스터카드의 사업 내용을 자세히 분석해보니 새로운 법안으로 오히려 이득을 볼 수 있다는 사실을 발견했다. 직불카드는 마스터카드에는 비중이 작은 사업인 반면, 경쟁사인 비자Visa에는 커다란 비중을 차지했던 것이다. 주요 경쟁사에 좋지 않은 것이 오히려 마스터카드에는 호재였다.

그린버그는 마스터카드의 전체적인 사업 전망이 아주 밝다고 판단했다. 마진은 비자보다 훨씬 작았지만 사업이 확장되면서 더욱 커지리라 믿었다. 그린버그는 더빈 법안으로 이익 증가세가 6개월 동안은 타격을 받을 것으로 추정했다. 즉 15%에 이르렀던 마스터카드 이익 증가세가 한 해 동안 7%로 줄었다가 다시 15%로 반등하리라 보았다. 그가 보기에는 찾기 힘든 기회였다. "2년 뒤부터는 잉여현금흐름이 10%씩 늘어날 정도로 성장성이 훌륭했기 때문입니다."

그린버그는 2010년에 이와 비슷한 투자 기회를 하나 더 발견했다. 그는 주로 광고에 기반해 인터넷 사업을 하는 기술주에는 좀처럼 관심을 기울이지 않았지만 이번 건은 너무 싸서 무시할 수 없었다. 그 회사는 주당 현금흐름이 100달러이고 주당 이익이 30달러이면서 매년 20%씩 성장하는데도 주가는 500달러에 불과했다. 바로 인터넷 검색회사 구글 이야기다.

그린버그는 인터넷이 사람들의 여가 시간의 3분의 1을 차지하지만 광고 수익은 겨우 15%에 그친다는 사실을 알았다. 하지만 결국 인터넷을 통한 광고비 지출이 증가할 터여서, 검색 수입의 대부분을 장악하고 디지털 광고 수입의 절반을 차지하고 있는 구글이 주요 수혜자가 될 것이라 예상했다. "구글은 정말 빠르게 성장할 것 같았습니다." 그린버그의 말이다. 그는 고속 성장을 구가하면서 수익성도 높은 구글 같은 회사가 속한 산업은 보통 경쟁이 치열해진다는 사실을 알고 있었다. 하지만 구글은 넘볼 수 없는 경쟁우위를 점하고 있다고 판단했다.

구글 같은 인터넷 검색회사를 분석할 때는 이런 질문을 던져야 합니다. "구글은 독점 판매권 사업에 속하는가? 오래오래 살아남을 수 있는가? 빙(Bing)이나 야후(Yahoo!)에는 없는 경쟁력이 있는가?" 하지만 이제 야후는 자체 검색조차 하지 않습니다. 구글은 프레디맥과 패니메이처럼 복점(duopoly)을 누리고 있었습니다. 경쟁사가 많지 않고 사업이 정말 잘되며 더욱더 많은 수입을 올릴 수 있는 근거가 충분할 뿐만 아니라 넘볼 수 없는 경쟁력을 가진 회사라면 누가 좋아하지 않겠습니까?

그린버그는 구글의 주가가 500달러지만 주당 현금이 100달러여서 실제 매입가는 400달러라고 보았다. 주당 순이익이 30달러이고 매년 20%씩 성장하니 2년이 지나면 PER 10배에 불과한 회사를 사는 셈이었다. 그래서 구글 주식을 사들이기 시작했고, 주가가 가파르게 오르자 보유 주식 상당 부분을 처분했다. 그 후 주가가 점차 하락했고, 그린버그는 주가가 급등하기 직전 다시 사들인 뒤 고점에 모두 팔아치웠다.

이후 여러 해 동안 주가가 비틀거렸지만 2015년 초 새로운 투자 기회가 나타났다. 그린버그는 구글이 2010년보다 두 배로 커졌지만 2 대 1로 주식을 분할했기 때문에 모든 숫자는 2010년과 거의 같다고 보았다. 그때 주가는 2010년에 매수했던 수준인 500달러에 거래되고 있었다. 주당 순이익은 다시 30달러로 돌아왔고 주당 현금흐름은 75달러였다. 그는 구글 주가가 조정을 보인 것은 벌어들인 현금으로 아무것도 하지 않고, 수입이 늘었지만 마진은 줄고 있었기 때문이라고 분석했다. 겉으로는 구글의 주당 수치가 이전과 같아 보였지만 질적인 부분, 즉 성장 기회가 줄었다는 점에서 이전과는 달랐다고 밝혔다.

온라인 광고 수입은 이미 두 배나 늘었습니다. 총 광고비 지출에서 디지털 광고가 차지하는 비중도 이전보다 훨씬 커졌습니다. 그래서 향후 오랫동안 빠르게 성장할 기회가 줄어들고 있습니다. 많은 논의가 있었는데도 이제는 이익에 크게 기여할 만한 훌륭한 투자 기회가 많지 않습니다.

그린버그는 구글 경영진도 큰 문제라고 지적했다.

수입이 매년 18~20% 증가하고, 엄청난 레버리지를 누릴 수 있는 사업 분야에 지출을 25~30% 늘릴 기회가 있는 회사를 본 적이 없습니다. 더군다나 5년 뒤에도 검색 엔진 사업 분야에서 계속 돈을 벌 수 있습니다. 사업을 제대로 하는 사람이라면 엄청나게 돈을 벌 수 있었습니다. 기회를 활용하지 못하고 있는 것이 너무나도 많았죠.

구글 경영진의 가장 큰 문제는 자본배분에 대한 태도라고 보았다.

구글 경영진은 모든 가능성을 처음부터 다시 계산했습니다. 이들은 증자를 한 뒤에도 경영권을 계속 장악할 목적으로 주식을 분할했습니다. 자금을 왜 지출하는지, 전략은 무엇인지 주주들에게 밝히지 않고 돈을 마음대로 썼습니다. 수입을 빠르게 늘릴 수 있는 기회가 있는데도 영업 레버리지를 활용하는 대신 마진을 희석하고 있습니다. 오히려 영업 레버리지를 거꾸로 쓰고 있어서 자본이익률을 해치고 있습니다. 투자 금액의 20%를 아무런 수익이 없는 현금으로 놀리고 있으니 수익률이 떨어질 수밖에요.

그는 투자 기회를 활용하지 않는 구글을 이렇게 비꼬았다. "호스로 상자에 돈을 퍼붓고 있지만 자물쇠로 잠가놓아 열 수 없다면 이 상자를 사고 싶을까요? 구글은 바로 이런 상태입니다."

집중투자 그리고 워런 버핏과의 아침 식사

1997년 어느 날, 친구인 루 심프슨이 그린버그의 50번째 생일을 축하하기 위해 워런 버핏과 아침 식사를 하는 자리를 마련했다. 그린버그는 케이블 방송사 3개에 엄청나게 투자한 직후여서 버핏과 케이블방송 산업에 대해 논의하고 싶었다.

그가 투자한 첫 회사는 텍사스에 기반을 둔 TCA케이블이었다. 그는 이 회사가 그 지역에 잘 자리 잡고 있다는 판단하에 투자를 단행했다. 그런데 이 소식을 접한 어느 고객이 찾아와 자신이 이전에 이사로 재직했던 US 웨스트 미디어 그룹US West Media Group이라는 케이블방송사를 소개해주었다. 그린버그와 그의 팀원들은 자세히 분석한 뒤 이 회사에도 많이 투자했다. 마지막으로 그린버그는 캐나다에도 눈을 돌려, 그곳에서 꽤 잘 경영되고 있는 쇼커뮤니케이션 Shaw Communications이라는 케이블방송사를 찾아냈다. 이 세 회사에 투자한 돈이 전체 자본의 40%를 차지했다.

하지만 그즈음 〈비즈니스위크〉는 잡지 표지에 케이블방송 박스를 짓누르는 위성 안테나 그림과 함께 "케이블방송의 종말"이라는 문구를 게재했다. 그린버그는 가정에 영상을 제공하는 새로운 경쟁자인 위성 사업자의 등장으로 케이블방송사들의 주가가 '엄청나게 싸졌다'고 말했다. 그의 팀원들은 케이블방송사가 위성 사업자에 비해 뚜렷한 경쟁우위가 많다고 판단했다. 이들은 초고속 인터넷 서비스의 미래가 밝다고 보았다.

> 당시 위성 안테나는 문제가 많았습니다. 가정에 있는 TV는 모두 똑같은 채널에 맞춰야 했고, 공중파 방송도 수신할 수 없었습니다. 더구나 위성 사업자의

시장 진입을 제한하는 규제가 많았습니다. 반면 흥미롭게도 기회는 주로 브로드밴드 쪽에 있었습니다. 인터넷을 쓰는 가구는 모두 전화선과 모뎀을 통한 접속 방식의 다이얼 업 서비스를 이용하고 있어서 언젠가는 초고속 데이터 서비스를 사용할 것임이 분명했습니다. 케이블방송은 통신회사들이 제공하는 디지털 가입자 회선(DSL) 방식보다 이 서비스에 훨씬 더 유리한 플랫폼이었습니다. 브로드밴드는 전망이 밝은, 거스를 수 없는 기회였습니다. 바로 이 점이 저희가 이 산업에 대해 확신하는 이유입니다.

그린버그와 그의 팀은 바로 이런 통찰력을 근거로 케이블방송사 세 곳에 거액을 투자했다. 그는 버핏이 케이블원 Cable One이라는 자회사를 통해 케이블방송 사업도 하는 워싱턴포스트 Washington Post에 투자하고 이사로도 재직한다는 사실을 알고 있었다. 그린버그는 버핏과 아침 식사를 하는 기회를 활용해 케이블방송 산업의 전망을 물었다.

버핏은 좋은 투자 기회가 아니라며 그 자리에서 잘라 말했다. 그는 케이블방송사가 잉여현금흐름을 창출하지 못하는 점이 문제라고 지적했다. 그러면서 1972년에 2,500만 달러를 들여 인수한 씨즈캔디가 이후 25년 동안 10억 달러가 넘는 현금을 창출해주었다는 얘기를 들려주며 이렇게 말했다. "나는 현금을 잘 창출하는 회사를 늘 찾으려 합니다."

그린버그는 깜짝 놀랐다. 식사를 마치고 돌아오면서 속으로 다음과 같이 되뇌었다. '괜찮아, 그냥 전망일 뿐이야. 견해야 얼마든 다를 수 있지, 뭐. 내 생각에 케이블방송사들은 충분히 경쟁할 만한 위치에 있어.' 그는 케이블방송사들이 위성 사업자와 경쟁하고 브로드밴드 서비스를 제공하려면 엄청난 돈을 들여 시스템을 업그레이드해야 한다는 점은 알고 있었다. 하지만 몇 년 뒤에는 '믿을 수 없을 정도로 많은 잉여현금흐름을 창출할 수 있다'고 보았다. 그래서 버핏의 부정적 전망에도 불구하고 케이블방송사들에 대한 투자를 거두지 않았다.

결국 그린버그의 판단이 옳은 것으로 드러났다. 이 회사들은 그가 엄청나게 투자하던 시기에는 잉여현금흐름을 만들어내지 못했지만 결국 고비를 넘기고 돌아섰다. 하지만 그린버그는 오래 기다릴 필요가 없었다. 얼마 지나지 않아 그가 투자한 회사 두 곳이 엄청난 프리미엄을 받고 인수되었기 때문이다. TCA케이블은 3년 만에 투자 금액의 4배에 콕스Cox에 매각되었고, US 웨스트 미디어 그룹은 매입 가격의 4배에 AT&T에 팔렸다. 그는 쇼커뮤니케이션도 한때 투자 원금의 '6~8배까지 치솟기도 했지만 결국 4배'를 받고 처분했다고 밝혔다. 1990년대 말 케이블방송사들이 텔레콤, 미디어, 기술주 거품에 올라탄 점도 도움이 되었다. 결국 컴캐스트를 비롯한 나머지 상장 케이블방송사들은 주가가 폭락했다.

그린버그는 이 이야기가 집중투자자는 '정말로 제대로 알고 투자해야 한다'는 교훈을 보여주는 흥미로운 일화라고 말한다.

> 일을 그르치면 "이런 젠장! 어떻게 이럴 수 있죠? 정말 끔찍하군요"라고 말하는 사람이 종종 있기 때문에 정말 깊게 공부해야 합니다. 분석 내용을 확신하지 못하거나 제대로 파악하지 않으면 포지션을 유지하지 못할 수 있고, 사업에 대한 이해가 부족했다는 비난을 받을 수도 있습니다.

포트폴리오에서 보유한 기업을 샅샅이 안다는 것은 결국 쓸데없는 소음에 귀를 기울이지 않는다는 뜻이다.

바로 이 점이 집중투자의 매력입니다. 모두 다 살펴볼 수는 있지만 이 모든 것에 대해 의견을 가질 필요는 없습니다. 진정으로 "우와, 정말 훌륭한 기회야"라고 말하기 전까지는 결론을 내리지 않아도 됩니다. 확실치 않은 것에 대해 추측할 필요가 없습니다.

그린버그는 아주 집중된 포트폴리오를 선호한다. 치프턴은 10종목 이상 투자하지 않았다. 이 가운데 몇몇은 종목당 비중이 15~20%에 이른다. 그는 가장 좋은 아이디어 10개를 추려내기가 쉽지 않다고 털어놓았다.

긍정적인 부분과 부정적인 면, 그리고 불확실한 요인까지 조목조목 따져 가려낸 아이디어 10개는 투자할 만한 가치가 있을 뿐만 아니라 끝까지 견해를 유지할 수 있는 것들입니다.

그리고 더 안전한 포지션을 뒷받침하는 다음과 같은 경험 법칙을 주로 쓴다.

아주 집중된 포트폴리오를 유지하는 비결은, 손실 가능성은 크지 않으면서 큰돈을 벌 수 있다는 근거가 타당한 회사에 투자하는 것입니다.

그는 아주 압축된 투자를 하려면 사업 환경이 빠르게 변하는 회사는 피하고 안정적인 사업을 영위하는 회사에 초점을 두어야 한다고 말했다. 더불어 강력한 프랜차이즈, 지속 가능한 경쟁우위, 치열하지 않은 경쟁 환경, 주주 가치를 중시하는 뛰어난 경영진 같은 요소들을 충족하는 회사 목록을 작성해 유심히 살피고 있다. 웬만하면 경기에 민감한 회사에는 투자하지 않지만 예외도 가끔 있다.

원자재 가격에 의존하는 경기 민감주에 크게 베팅하는 것은 그리 안전한 투자 방법이 아닙니다. 할리버튼(Halliburton)과 존디어(John Deere)처럼 경기에 민감한 몇몇 주식이 투자 후보에 들어 있지만, 저희는 주로 마스터카드나 구글 같은 경기 방어주에 관심이 많습니다. 성공한 투자자들은 대부분 이쪽에 투자하는 사람들입니다.

그린버그는 한번 투자한 회사는 끝까지 들고 가는 버핏과는 다르게 적당히 길게 투자해야 한다고 강조한다.

우리가 투자할 만한 회사는 꽤 많습니다. 하지만 가격이 맞아야 합니다. 시기도 적절하고 가격도 적절한 회사를 찾는 것이 관건입니다. 우리는 한번 매수한 회사를 영원히 들고 가지는 않습니다. 우리 투자 기간은 보통 2~3년입니다. 그렇지만 사업이 계속 발전하고 가격도 비싸지 않으면 10년간 보유할 수도 있습니다. 그렇지만 투자를 개시할 때는 '향후 2~3년 동안 아주 매력적인 투자수익률을 낼 수 있는지'를 고려합니다. 그 회사를 더 잘 알게 되면 더 길게 보유하기도 합니다.

몇몇 종목에 집중해 투자하다 보면 종종 시장 등락에 노출되기도 하고 평가손실이 클 수도 있다. 투자한 뒤에는 적절한 가격에 거래되는 좋은 주식이 갑작스레 하락해도 막을 방법이 없다. 그린버그는 이 같은 하락을 오히려 기회로 본다.

실례로 그는 랩콥^{LabCorp}으로 널리 알려진 래버러토리 코퍼레이션 오브 아메리카 홀딩스^{Laboratory Corporation of America Holdings}에 투자한 적이 있다. 랩콥은 여러 질병을 테스트하는 미국 임상실험 전문 회사 두 곳 중 하나다. 그린버그는 2002년 8월 주당 34달러에 이 회사 주식을 매수하기 시작했다. 하지만 곧 랩콥이 실망스러운 3분기 실적을 발표하자 2002년 10월 주가가 18달러 수준으로 반토막이 났다. 이 때문에 이 회사가 포트폴리오에서 차지하는 비중이 5%에서 3%로 줄어들었다.

투자를 단행했는데, 간과한 몇몇 변수 또는 기업 가치를 급격히 떨어뜨리는 새로운 규제로 주가가 떨어진다면 이는 문제입니다. 하지만 하락하는 것이 불안 심리 때문이고 분석이 옳다는 확신이 있다면 이는 정말 싸게 매수할 수 있는 기회입니다.

랩콥을 다시 자세히 분석한 결과, 몇몇 지역에서 랩콥이 경쟁사에 밀린 것에 시장이 과잉 반응해 주가가 하락한 것이라는 결론에 이르렀다. 그린버그는 랩콥이 제대로 대응하지 못하리라 판단한 투자자들이 크게 놀라 주식을 매도하는 것이라 판단했다. 하지만 그와 그의 팀은 랩콥의 사업성이 여전히 좋다고 결론지었다.

그해 랩콥은 주당 2.3~2.4달러의 잉여현금흐름을 창출해내고 있었기 때문에 주가 34달러는 적절해 보였습니다. 그 가격이면 PER 13배 내외이며, 이는 우리가 매수한 것보다 약간 높은 수준이었습니다. 주가가 크게 하락한 뒤에

는 잉여현금흐름수익률이 12~14%였습니다. 따라서 주가가 아주 저렴해졌
다고 할 수 있습니다.

그래서 그린버그는 매우 낮은 가격에 포지션을 더 크게 늘렸다. 1년 뒤
분기 실적을 발표하는 자리에 참석한 그가 살짝 살펴보니, 랩콥 주가 급락
의 주범이었던 경쟁사는 이름조차 거론되지 않았다는 사실을 확인할 수
있었다.

경쟁사에 대해 "스펙트럼랩(Spectrum Lab) 실적은 어떤가요? 제대로 굴러가
고 있습니까?" 등을 묻는 사람이 아무도 없었습니다. 랩콥이 처리했습니다.
현금흐름도 계속 증가하고 있었고요. 한마디로 영향이 거의 없었습니다.

이 회사 주식은 116달러까지 올라 그린버그 팀에 엄청난 수익을 안겨주
었다.

투자 결과는 정말 훌륭했습니다. 주가 하락은 34달러에 포트폴리오의 5%를
투자한 것보다 훨씬 더 많은 수익을 가져다주었습니다.

그린버그는 때때로 주가가 오르내리는 변동을, 핵심 포지션을 조금씩
줄이거나 늘리는 기회로 활용했다. 그는 집중투자를 한다고 해서 포트폴
리오의 변동성이 더 커진다고는 생각하지 않는다. 많이 투자한 회사를 아
주 자세히 들여다보고 있기 때문에 해당 회사에서 일어나는 일을 구석구
석 알 뿐만 아니라 주가가 등락할 때 어떻게 매매해야 하는지도 잘 안다.

프레디맥 사례를 들려드리겠습니다. 이 회사는 이익이 금리 변동의 영향을 받지 않는데도 주가가 금리 등락에 따라 오르내렸습니다. 다시 말해 금리가 상승할 때는 주가가 떨어졌고, 반대로 금리가 하락할 때는 주가가 올라갔습니다. 그래서 금리 하락은 포지션을 줄일 수 있는 기회였습니다. 오로지 금리 하락 덕분에 주가가 올랐기 때문입니다. 반대로 금리 상승은 포지션을 늘릴 수 있는 기회였습니다. 저희는 이런 기회를 활용해 포트폴리오 일부를 조정하면서 수익을 올렸습니다.

그린버그는 집중투자로 크게 성공을 거둔 사람이 많지만 대부분의 사람에게는 이 투자 방식이 맞지 않을 수도 있다고 강조했다. 집중투자를 하려면 투자 절차에 대한 확신과 그에 따르는 정확한 판단이 필요하다. 더불어 인내도 필요하다. 투자 성과가 몇 개월이 아니라 여러 해 뒤에 나타날 수 있기 때문이다. 더욱이 어느 회사에 투자하더라도 '온갖 이유를 대며 투자가 완전히 잘못되었다고 주장하는 전문가'들이 꼭 있다.

마스터카드에 대한 설명을 들을 때마다, 온갖 종류의 지급 결제 전문가들이 이제 비자와 마스터카드가 번창하는 시대는 끝났다고 예상했습니다. "이것은 정말 큰 악재이고 카드사들은 헤어날 수 없을 겁니다." 이 사람들은 업계 전문가였습니다. 그래서 이 업계에서 일한 적이 없는 저로서는 정말 난감했습니다. 투자자 대부분이 이런저런 부정적 전망에 시달립니다. 매수한 회사의 주가가 떨어지면 갑자기 이 회사에 대한 부정적인 목소리가 더욱 커집니다. 더 하락할수록 비관적인 전망과 걱정들이 먼저 떠오르고 뇌리에서 떠나지 않습니다. 그러면 다음과 같은 생각이 듭니다. "음, 매도 신호로군. 나보다 더 많이 아는 누군가가 처분하고 있군."

이런 일이 발생하면 마지막까지 굳건히 버티는 강심장을 가진 사람은 드물다고 말한다.

분석을 정말 많이 했어도 일이 틀어질 수 있습니다. 좋지 않은 추세 변화가 나타날 수도 있습니다. 그래서 우리는 위험이 따른다는 사실을 알고 투자하죠. 결국 우리가 옳다는 쪽에 큰돈을 걸지만 예상과 다르게 움직일 수 있습니다.

그린버그는 자신의 투자 포지션을 끝까지 지키는 스타일이다. 케이블방송사에 대한 버핏의 부정적 견해나 직불카드 지급 수수료에 대한 업계 전문가의 주장을 무시할 만큼 강한 확신을 가지고 투자하는 사람은 많지 않다. 그렇다면 그린버그의 굳은 믿음은 어디서 나오는 것일까?

수많은 회사를 분석하면 강한 확신이 생기고 이렇게 말할 수 있습니다. "정말 이 상황은 아주 예외적인 경우군. 정말 특이해. 나는 왜 이 회사가 제값을 받아야 하는지 아주 잘 알고 있어. 좋은 점도 꿰고 있지. 경영진도 정말 훌륭하다고 생각해. 그러니 투자 자산에서 차지하는 비중을 2%에서 10%로 늘려야겠어. 다른 주식 아홉 개도 이런 식으로 투자하면 돼."

9

결론

집중투자자의 기질

치르는 가격보다 더 높은 품질을 얻으면 됩니다. 아주 간단하지요.

- 찰리 멍거[1]

이 책에 등장하는 집중 가치투자자들은 아주 보기 드문 사람들이다. 일확천금을 꿈꾸는 군중과 우리의 대가들을 구분하는 특성 하나를 꼽는다면, 그것은 기질이다. 2011년, 투자에 성공하려면 지능과 기질 중 어느 쪽이 더 중요한가 하는 질문을 받고 워런 버핏은 기질이 중요하다고 대답했다.[2]

> 좋은 소식은, 지능이 높지 않아도 훌륭한 투자자가 될 수 있다는 사실입니다. 만일 지능지수가 160이라면 그중 30은 투자에 필요 없으므로 팔아버리세요. 실제로 필요한 것은 올바른 기질입니다. 투자자는 남의 견해나 관점에서 벗어날 수 있어야 합니다.
> 투자자라면 남에게 영향을 받지 않으면서, 기업과 산업을 객관적으로 바라보고 평가할 수 있어야 합니다. 그러나 대부분에게는 매우 어려운 일입니다. 가끔 사람들은 군중심리에 휩쓸려 망상에 빠지기도 합니다. 기술주 거품 등이 그런 사례입니다. (중략)

올바른 기질을 갖추어 기업과 산업을 객관적으로 바라보면서 투자에 앞서가는 사람들은, 주변 사람들이 기업과 산업을 어떻게 생각하든, 신문에서 어떤 기사를 읽든, TV에서 무엇을 시청하든, 누가 "이런 일, 저런 일이 벌어질 거야"라고 말하든 개의치 않습니다. 투자자는 사실을 바탕으로 판단해서 스스로 결론을 내려야 합니다. 사실이 부족해서 결론을 내릴 수 없다면 절대로 투자하지 마세요. 다른 기회를 찾아보세요. 남들이 매우 쉽다고 생각하는 투자도 기꺼이 포기할 줄 알아야 합니다. 그러나 그러지 못하는 사람이 많습니다. 그 이유는 저도 모릅니다. 그동안 제게 투자 능력을 타고났는지 배웠는지 묻는 사람이 많았습니다. 저는 잘 모르겠습니다. 다만 기질이 중요하다는 점은 분명합니다.

버핏의 견해에 대해서 찰리 멍거는 다음과 같이 말한다.[3]

물론 버핏의 견해는 극단적입니다. 지능지수가 높으면 유리하지요. 그러나 기질을 습득하기가 쉽지 않다는 견해는 옳습니다. 자신의 능력에 한계가 있다는 점을 모르는 수재보다는 성실하고 건전한 사람이 나을 것입니다.

기질

버핏과 멍거는 기질이 비슷하다고 알려져 있다. 이들은 1957년부터 알고 지냈다. 일찍이 버핏투자조합에 투자한 에드워드 '에디' 데이비스 Edward 'Eddie' Davis가 버핏에게, 그를 보면 멍거가 떠오른다고 말한 뒤부터 그렇다.[4]

버핏이 데이비스의 집 거실에 앉아 자신의 투자 원칙을 한 시간 넘게 설명하는 동안 데이비스는 무심히 한쪽에 앉아 있어서, 버핏이 보기에는 그가 건성으로 듣는 것 같았다. 버핏이 말을 마치자 에디는 아내 도로시^{Dorothy}에게 말했다.

"10만 달러만 투자합시다."

버핏이 물었다.

"데이비스 박사님, 제게 돈을 맡기신다니 기쁩니다. 하지만 박사님께서는 제 설명을 집중해 듣지 않으셨던 듯합니다. 그런데도 왜 제게 돈을 맡기시는지요?"[5]

데이비스가 버핏을 쳐다보며 입을 열었다.

"당신을 보니 찰리 멍거가 생각나서요."[6]

버핏이 대답했다.

"그렇군요. 찰리 멍거가 누군지는 모르겠지만 정말 맘에 드는군요."[7]

데이비스의 이 즉흥적인 말 한마디로 버핏과 멍거의 만남이 성사되어 100년에 한 번 나올까 말까 한 위대한 불후의 기업이 탄생했다. 1977년, 버핏은 멍거를 두고 이렇게 말했다.

"우리는 소름 끼칠 정도로 생각이 비슷합니다."[8]

루 심프슨과 버핏을 아는 사람들은 이들도 비슷하다고 말한다. 버핏은 심프슨이 "드물게도 탁월한 장기 성과를 낼 수 있는 기질과 지적 능력을 모두 갖췄다"고 치켜세운 적이 있다.[9]

멍거는 심프슨이 "기본 이론에 충실하게 투자하는 사람이므로 우리와 잘 맞는다"고 밝힌 적이 있다.[10] 다음과 같이 말하기도 했다. "주식 투자를 잘하려면 이리저리 흔들리지 않고 군중과 반대로 생각해야 합니다. 바로 루 심프슨이 그랬고, 그 점이 맘에 들었습니다."[11]

루는 매우 똑똑하기도 하지만 기질이 훌륭합니다. 우리가 좋아하는 투자자의 기질이고, 우리 기질과도 비슷합니다.

성격이 비슷한 글렌 그린버그와 심프슨이 친구가 된 것은 우연이 아니다. 그린버그는 심프슨에 대해 이렇게 말했다. "그처럼 멀리 내다보는 사람은 보지 못했습니다. 피카소에게 그림을 어떻게 그리는지 물어보면 설명은 해줄 것입니다. 하지만 그처럼 훌륭하게 그릴 수는 없습니다."[12]

1991년 버핏이 "걸출한 사상만큼이나 투자 솜씨도 걸출했던"[13] 인물로 평한 존 메이너드 케인스는 《고용, 이자 및 화폐에 관한 일반이론》에서, 성공적인 투자는 주로 올바른 기질에 달려 있다고 적었다.[14]

가치투자자는 대중의 행동을 예측하려는 사람보다 훨씬 많은 수고와 위험을 감수해야 한다. 지능이 비슷하다면 가치투자자가 큰 실수를 저지르기가 더 쉽다. 먼 미래를 내다보는 것보다는 민첩한 반응으로 이득을 취하는 편이 더 쉽다. 게다가 인생은 길지 않다. 그래서 사람들은 본능적으로 빨리 결실을 얻고자 하고, 일확천금을 꿈꾸며, 먼 미래의 소득은 매우 심하게 할인해서 평가한다. 도박 본능이 없는 사람이라면 전문적인 투자는 견딜 수 없이 따분하고 갑갑하며, 도박 본능이 있는 사람도 적절한 대가를 치러야 한다.

케인스는 "매일 증감하는 평가손익이 실제로는 전혀 중요하지 않지만 시장에 미치는 영향은 터무니없을 정도로 크기 때문"[15]이라고 썼는데, 이런 움직임을 신경 쓰지 않는 올바른 기질은 장기적으로 생각하는 능력에서 나온다.

버핏은 한번 투자하면 "끝까지 보유"하는 것을 가장 좋아한다.[16]

> 사실 훌륭한 경영진이 이끄는 멋진 회사에 투자했을 때는 끝까지 보유하는 것을 가장 선호합니다. 저희는 회사가 실적이 좋을 때 이익을 챙기려고 서둘러 팔고 실망스러운 회사는 고집스럽게 붙잡고 있는 사람들과는 정반대로 행동합니다. 피터 린치는 이를 두고, 꽃은 꺾어버리고 잡초에는 물을 주는 행위라고 했습니다. 그럴싸한 비유입니다.

크리스티안 시엠은 장기적 안목이 성공의 핵심이었다고 밝혔다.[17]

> 기업은 본질적으로 장기적 안목으로 접근하는 반면, 펀드 운용 산업은 본질상 단기적으로 바라봅니다. 금융시장에서 투자자는 단기로 들락거립니다. 이들은 언제든 매도 버튼을 누르고 빠져나갈 수 있습니다. 하지만 기업 경영에서는 그런 사치를 누릴 수 없습니다. 이들은 멀리 내다봐야 합니다. 사업에서 성공하려면 진정 장기적으로 바라봐야 합니다. 인수합병 등으로 잠시 사업을 할 수 없을지라도 기업을 끝까지 이끈다는 가정하에 의사결정을 내려야 합니다. 이는 산업의 발전과 주주의 이익을 위해서도 필요한 일입니다. 바로 제가 프로젝트를 성공적으로 이끈 원동력이기도 합니다.

케인스는 단기 등락에 연연하지 않아도 된다는 점 때문에 장기 투자를 선호했다.[18]

나만큼 단기 매매차익에 초연한 사람도 드물 걸세. 나는 단기 등락은 무시한 채 먼 미래만 내다본다고 비난받는다네.

그린버그는 2~3년을 내다보고 투자하지만, 사업 진행 경과를 보고 계속 보유할지 여부를 재검토한다.[19]

우리 투자 기간은 보통 2~3년입니다. 그렇지만 사업이 계속 발전하고 가격도 비싸지 않으면 10년간 보유할 수도 있습니다.

투자한 종목이 하락할 때 냉정을 잃지 않고 장기 관점을 유지하기가 매우 어려운데도 왜 집중투자해야 할까? 버핏은 자신의 투자철학을 설명하면서, 1934년 8월 15일 케인스가 사업 동료인 프로빈셜 인슈런스의 스콧 회장에게 보낸 편지를 인용했다.[20]

시간이 흐를수록 나는 자신이 잘 알고 경영진을 철두철미하게 믿을 수 있는 회사에 거액을 집어넣는 것이 바른 투자 방법이라고 더욱 확신하게 된다네. 아는 것도 없고 특별히 믿을 이유도 없는 회사에 널리 분산투자하고서 위험이 감소했다고 생각하는 것은 착각이야. 사람의 지식과 경험은 분명히 한계가 있어서, 나는 완전히 믿음이 가는 회사를 한 시점에 서너 개 이상 본 적이 없어.

케인스는 가치투자 능력이 없는 사람들에게는 스펙트럼의 반대쪽 끝에 있는 광범위한 분산투자만이 적합한 대안이라고 믿었다.[21]

버핏은 "무지한" 투자자들은 분산투자해야 한다는 케인스의 주장이 옳다고 보았다.[22]

> 특정 사업에 대해서는 잘 모르지만 미국 주식시장에 장기로 투자할 만하다고 믿는 사람에게는 광범위한 분산투자가 좋습니다. 이런 투자자들은 수많은 주식에 분산하되 투자 시점도 나눠야 합니다. 예컨대 인덱스펀드를 정기적으로 분할 매수하면 무지한 투자자도 대부분의 투자 전문가보다 더 나은 성과를 거둘 수 있습니다. 역설적이게도 '무지한' 투자자도 자신의 한계를 인정하는 순간 우둔함을 면할 수 있습니다.

분산투자를 통해서 시장 수익률을 추적하는 과정에는 고려할 요소가 있다. 거래비용 등 각종 비용을 줄이려면 보유 종목 수를 최소화해야 하지만, 시장 수익률을 충실하게 추적하려면 보유 종목 수를 최대화해야 하므로, 둘 사이에서 균형을 유지해야 한다. 엘튼과 그루버는 1977년 논문에서, 보유 종목이 20~30개이면 분산투자의 이점을 대부분 누리게 된다고 주장했다.[23] 30개 넘게 보유해서 추가되는 이익은 거의 없다. 거래비용 등 각종 비용이 위험 감소 편익보다 크기 때문이다.

멍거가 극소수 종목을 보유하는 근거는 현실적이다. "150개 종목이나 보유하면서 어떻게 항상 초과수익을 기대할 수 있죠? 터무니없는 생각입니다."[24] 그는 학계 주장이 다 옳다고 생각하지는 않는다. 그는 주식의 가격이 대부분 적절한 수준이지만 학자들이 그 논리를 너무 극단적으로 몰고 갔다고 보았다.[25]

효율적 시장 이론을 제시한 사람들을 미쳤다고 볼 수는 없습니다. 단지 주장이 지나쳤을 뿐이지요. 예외도 있지만 대체로 옳은 아이디어입니다.

2008년 경영대학원 학생들에게 분산투자에 관한 질문을 받았을 때, 버핏은 '분산투자에 대한 두 가지 관점'이 있다고 대답했다.[26]

자신감 넘치는 투자 전문가에게는 과감한 집중투자를 권하겠습니다. 그러나 나머지 모든 사람에게는 철저한 분산투자를 권합니다. 투자 전문가에게는 분산투자가 이치에 맞지 않습니다. 1위 선택 종목이 있는데도 20위 선택 종목에 투자하는 것은 미친 짓입니다. 찰리와 나는 주로 5개 종목에 투자했습니다. 내가 운용하는 자금이 5,000만 달러, 1억 달러, 2억 달러라면, 5대 종목에 80%를 투자하면서 한 종목에 최대 25%까지 투자할 것입니다. 1964년에는 한 종목에 40% 이상을 투자하기도 했습니다. 나는 투자자들에게 원하면 자금을 인출해 가라고 말했지만 인출한 사람은 없었습니다. 그 종목은 샐러드유 스캔들이 터진 아메리칸익스프레스였습니다.

분산투자에 관한 버핏의 관점은 스펙트럼의 양극단에 해당한다. 한쪽은 시장 포트폴리오이고 다른 쪽은 켈리 기준에 가까운 집중투자다. 효율적 시장 가설에서는, 시장을 이기는 것은 불가능하기 때문에 저비용 인덱스펀드로 대변되는 시장 포트폴리오가 더 나은 대안이라고 한다. 약간 차이는 있지만 버핏의 결론도 같다. 즉 투자에 충분한 시간과 노력을 투입할 수 없는 사람들에게는 시장 포트폴리오에 가까운 저비용 인덱스펀드가 최상의 대안이라고 했다. 그러나 시간과 노력을 투입해서 저평가 종목을 찾아낼 수 있는 사람들에게는 집중투자가 더 이치에 맞는다고 말한다. 그런 저평가 종목이 과연 존재할까? 1988년 주주 서한에서 버핏은 다음과 같이 지적했다.[27]

> 학계, 투자 전문가, 기업 경영자들은 시장이 '자주' 효율적인 모습을 확인한 다음, 시장이 '항상' 효율적이라고 잘못된 결론을 내렸습니다. 그러나 '자주' 와 '항상'의 차이는 낮과 밤만큼이나 큰 것입니다.

미숙한 투자자는 분산투자로 개별 기업 위험을 제한함으로써 장기 수익률을 극대화할 수 있다. 수수료가 싸고 분산된 인덱스펀드로 그 목표를 달성할 수 있다. 노련한 투자자는 보유 종목의 안전마진을 극대화해서, 즉 최고의 투자 아이디어에 집중해서 장기 실적을 높일 수 있다. 노련한 투자자는 가장 저평가된 종목을 발굴해 포트폴리오를 구성할 수 있어야 한다.

그러나 이 과정에서 분식회계나 재정난 등 뜻밖의 사건이 발생해 회복 불능의 손실을 입을 수도 있다. 이런 회복 불능의 손실을 원금 손실이라고 부르며, 가치투자자들은 이를 진정한 위험으로 간주한다. 그러나 단지 시장가격이 하락해 평가손실이 발생하는 현상은 그 폭이 아무리 커도 진정한 위험으로 보지 않으므로 이를 무시하거나 이용하려고 한다. 반면 기업의 내재가치가 일부 또는 전부 손상되는 것에는 주의를 기울인다.

원금 손실이 포트폴리오에 미치는 영향은 개별 종목의 비중에 좌우된다. 즉 개별 종목의 비중이 커질수록 이 종목의 원금 손실이 포트폴리오에 미치는 영향도 커진다. 따라서 집중투자를 하면 할수록 개별 종목을 더욱더 잘 파악하고 있어야 한다. 버핏은 '뭔가를 아는' 투자자에 대해 다음과

같이 말했다.[28]

기업을 제대로 파악할 수 있고, 중요한 장기 경쟁력을 갖추고 주가가 합리적으로 평가받는 기업 5~10개를 발굴할 수 있는 투자자라면 관행적인 분산투자는 아무런 의미가 없습니다. 이런 투자자는 분산투자를 하면 성과가 떨어지고 위험은 커질 뿐입니다. 이와 같은 투자자는 20번째로 선호하는 주식을 더 사는 대신 가장 좋다고 보는 종목에 더 투자해야 한다고 생각합니다. 즉 위험은 아주 작고 이익 창출 가능성이 가장 큰, 자신이 가장 잘 아는 종목에 집중해야 한다고 봅니다. 메이 웨스트(Mae West)는 이런 명언을 남겼습니다. "좋은 것은 많을수록 멋진 법이죠."

케인스도 생각이 비슷했다.[29]

위험 측면에서는, 확신하지 못하는 여러 분야의 주식을 보유하는 것보다 확신하는 종목 소수를 대량으로 보유하는 편이 낫다.

멍거는 투자를 경마 베팅에 비유했다. 경마 결과는 예측할 수 없는데도 계속해서 승리하는 사람이 있다는 것이다.[30]

지금까지 인류 역사상 패리 뮤추얼 시스템에서 승리한 사람들 사이에는 단순한 공통점이 하나 있습니다. 여간해서는 베팅을 하지 않는다는 것입니다. 세상만사를 다 아는 사람은 세상에 없습니다. 그러나 열심히 노력하면 간혹 가격이 왜곡되어 승산이 높은 내기 기회를 발견할 수 있습니다. 이런 기회를 발견하면 현명한 사람들은 과감하게 베팅합니다. 이들은 확률이 유리할 때 크게 베팅하고 평소에는 베팅하지 않습니다. 원리는 아주 단순합니다.

존 켈리는 확률이 유리할 때 많이 베팅하고 그렇지 않을 때는 베팅하지 말라는 멍거의 설명을 켈리 기준이라는 간단한 수학 공식으로 보여주었다. 켈리 기준은 확률이 유리할 때의 수익 극대화와 그렇지 않을 때의 손실 회피 사이에서 균형점을 찾는 법칙이다. 켈리 기준에서 중요한 포인트는 파산 위험을 절대 떠안으려 하지 않는다는 점이다. 켈리 기준에 함축된 의미는, 확률이 유리해 성공 가능성이 크면 추천하는 베팅 비중이 지나치게 커서 투자자들이 그 변동성을 감당하기 어렵다는 점이다.

그래서 일부 투자자는 켈리 기준이 제시하는 기준의 절반을 적용한다. 이것이 이른바 '하프 켈리 베팅'으로, 변동성은 켈리 기준의 절반으로 낮추면서 복리 수익률은 켈리 기준의 4분의 3을 달성하는 전략이다. 이런 맥락에서 켈리 기준은 베팅 금액의 최고 한도로 보는 편이 옳다. 베팅 금액이 이 한도를 넘어서면 기대수익률은 증가하지 않고 손실 위험만 증가한다. 이런 모든 특성은 직관적으로 공감할 수 있을 것이다. 켈리는 베팅 이론을 수식으로 정리해서 발전시켰다. 다른 어떤 전략보다도 켈리 기준을 따를 때 장기적으로 수익이 더 증가한다는 점을 켈리는 보여주었다.

에드 소프는 켈리 기준을 가장 먼저 도박에 적용하고 나중에 전환 차익거래에도 적용했다. 2011년, 그는 켈리 이론을 가치투자에 응용하는 방안을 연구했다. 그는 가치투자자가 켈리 기준을 사용하면 포지션 규모를 지나치게 늘릴 위험이 있다고 보았다. 이 기준은 여러 베팅을 동시에 함으로써 포트폴리오를 한꺼번에 채우는 것이 아니고 한 번씩 순차적으로 베팅

하도록 설계되었기 때문이다. 가치투자자는 각 포지션의 기회비용을 간과할 수도 있기 때문에 이런 현상이 나타날 위험이 있다고 보았다.[31]

소프는 예를 들어 설명했다. 자본금의 절반 이상을 투자할 종목이 하나 있는 상태에서 역시 자본금의 절반 이상을 투자할 두 번째 종목을 발견했다고 가정하자. 그런데 켈리 기준에 따른 최적 베팅 규모가 각각 자본금의 50%가 넘으면 이 두 종목에 투자해야 할 금액 합계는 자본금의 100%를 초과한다. 하지만 이는 불가능하다. 켈리는 이 두 기회에서 각각 자본금의 절반 넘게 투자하는 것을 허락하지 않을 것이다. 자본금 전체를 잃을 위험이 있고 이는 켈리가 늘 피하고자 한 것이기 때문이다. 이런 상황에서 최적 전략은 두 종목에 똑같이 투자하는 것이다.

소프는 투자 대안이 둘 이상일 때도 똑같은 원칙을 적용해야 한다고 주장한다. 그래서 "최적 켈리 기준을 찾아내려면, 우리는 현재 보유 종목을 알아야 하고, 새로 투자할 후보 종목도 알아야 하며, 이들의 (결합) 특성도 알아야 하고, 기존 종목의 변경 가능성까지도 알아야 한다"고 했다.[32] 그는 이것이 켈리 기준을 사용할 때 가장 많이 간과하는 부분이라고 했다. 즉 가능한 투자 대안을 고려하지 않고 최적 켈리 베팅 규모를 계산하는 오류를 가장 많이 범한다고 주장했다.[33]

'켈리처럼 베팅'하기 위해 꼭 켈리 기준을 따를 필요는 없다.[34] 예컨대 케인스도 이와 비슷한 통찰력을 제시했다. 물론 케인스가 켈리와 같은 시대에 살았더라도 정밀한 수학식을 써서 계산하지는 않았을 것이다. 그는 "우리의 기존 지식으로는 정확한 수학적 기댓값을 산출할 수 없다"고 보았기 때문이다.[35] 최적 베팅 규모를 제시하는 켈리 기준이 훌륭한 것은 정확히 그 위험까지 설명했기 때문이다. 이를 이해하는 많은 가치투자자는 암묵적으로든 명시적으로든 제한된 분산투자가 적절히 가미된 집중투자를 옹호한다. 이 제한된 분산투자는 내재가치에 비해 할인된 가격에 매수한, 상대적으로 안전한 투자도 하락 위험이 어느 정도는 있다는 사실에 기반한다. 세스 클라만은 저서 《Margin of Safety(안전마진)》에서 다음과 같이 이야기했다.[36]

신중하게 분산투자하면 그런 별난 사건이 미치는 악영향을 완화할 수 있다. 보유 종목 수가 그다지 많지 않아도 그런 위험을 적정 수준으로 낮출 수 있다. 대개 10~15종목이면 충분하다.

벤저민 그레이엄도 제한된 분산투자를 주장했다. 《현명한 투자자》(1949)에서 최소 10종목, 최대 30종목을 제안했다. 그레이엄이 추천한 보유 종목 수는 학계의 연구 결과와도 일치한다. 학계 전문가들은 포트폴리오의 최적 종목이 10~30개 정도라고 주장한다. 버핏과 멍거는 5종목을 제시했고 클라만은 10~15종목을 제시했지만, 가치투자자는 소수 종목에 집중투자할 때 좋은 실적이 나온다는 생각에는 모두 동의한다. 패트릭 오쇼너시도 25종목으로 분산하면 최상의 위험조정수익률을 얻을 수 있다고 했다.

영구 자본

원금 손실 외에도 포트폴리오에 따르는 위험으로는 변동성과 추적오차가 있다. 변동성은 시장가격 변동에 의해 발생하는 평가손익을 가리키고, 추적오차는 포트폴리오의 실적이 시장 실적에서 벗어나는 위험을 가리킨다. 예를 들어 케인스가 운용한 포트폴리오는 비교 대상으로 삼는 시장지수보다 변동성이 훨씬 커서 추적오차가 컸다. 이 덕분에 자신의 투자 능력을 드러낼 기회가 있었고 실제로 시장 수익률을 뛰어넘는 성과도 올렸다. 하지만 동전의 양면처럼 시장보다 못한 성과를 낼 때도 있었고 포트폴리오 변동성도 컸다.

케인스는 두 기관의 이사로 재직하는 동안 포트폴리오를 운용하면서 아주 다른 경험을 했다. 그런 경험은 시장이 바닥일 때 인출할 수 없는 영구 자본의 장점과 외부 자본의 위험의 차이를 보여주는 아주 좋은 예라고 할 수 있다. 파도를 헤치고 수영할 준비가 되어 있는 투자자들이 누릴 수 있는 기회와 그에 따른 위험, 그리고 심한 등락에도 흔들리지 않고 굳건히 버틸 자세를 견지하는 것의 중요성을 잘 보여준다. 킹스칼리지가 재량권을 부여한 덕분에 케인스는 장기 투자를 하면서 시장 변동성을 견뎌낼 수 있었다. 그는 킹스칼리지 기금의 성과를 올리기 위해 자유롭게 투자 결정을 내리고, 필요하면 투자 기법을 변경하며, 집중투자도 할 수 있었다.[37] 덕분에 매우 이례적인 포트폴리오를 구축해냈다.

완벽한 재량권이야말로 케인스가 투자에서 누린 가장 큰 이점이었다. 1938년 킹스칼리지의 재량 포트폴리오가 최악의 손실을 기록했을 때도 케인스는 아무 방해 없이 계속 투자를 담당할 수 있었다. 재량 포트폴리오는 이후 회복했다가 1940년 다시 하락했지만 1938년 저점 밑으로 내려간 적은 없었다. 1938년 저점 기준으로 재량 포트폴리오가 기록한 복리 수익률은 시장 수익률의 두 배인 연 13%였다.

킹스칼리지는 장기 투자에 매우 협조적이었다. 그러나 케인스가 이사회

의장 겸 자산운용을 맡았던 보험사 내셔널 뮤추얼 라이프 어슈런스 소사이어티는 정반대였다. 케인스는 이 회사의 이사로 선임되어 이사회 의장으로 일하다가 포트폴리오 운용을 도왔다. 1937년, 이 포트폴리오에서 64만 1,000파운드(6,100만 달러)에 이르는 엄청난 손실이 발생했다. 임시 의장이었던 커즌이 케인스에게 손실에 대한 해명을 요구했다.[38] 커즌 등 이사회는 시장이 하락하는 동안에도 케인스가 '귀염둥이' 종목을 계속 보유했다고 비난했다.[39] 제2차 세계대전 발발 직전, 이사회는 케인스에게 포트폴리오를 금이나 국채 등 안전 자산으로 재편하라고 요구했다.[40] 혐오감을 느낀 케인스는 이 요구를 거절하고 1938년 10월 의장직을 사임했다.[41]

프랜시스 스콧이 관리하는 소규모 가족 경영 보험사인 프로빈셜 인슈런스에서 케인스가 한 경험은 킹스칼리지에서 겪은 일과 비슷했다. 케인스는 1923년 이사에 선임되어 1946년 사망할 때까지 활동했다. 그는 스콧과 자주 서신을 교환하면서, 시장 하락기에도 계속 주식을 보유하는 편이 유리하다고 설득할 수 있었다.

1938년 5월, 케인스는 킹스칼리지 재산관리위원회에 자신의 투자 정책을 요약한 메모를 배포했다. 킹스칼리지 포트폴리오가 40.1%에 이르는 막대한 손실을 보면서 사상 최악의 실적을 기록했기 때문이다. 이 메모에서 케인스는 장기 투자와 집중 가치투자가 필요한 근거를 매우 명확하게 설명했다. 그는 시점 선택이 이제 효과가 없는 이유부터 설명했다.[42]

우리는 경기순환 단계에 따라 체계적으로 주식을 매매하는 방식으로는 돈을 벌지 못했습니다. 신용순환은 시장이 하락할 때 대표 종목을 매도하고 시장이 상승할 때 대표 종목을 매수하는 기법으로서, 각종 비용과 이자를 감안하고서

도 많은 수익을 올리려면 비범한 기술이 필요합니다. (중략)

이런 경험을 하고 나서, 나는 대규모 신용순환 매매는 가능하지 않으며 바람직하지도 않다고 확신하게 되었습니다. 대부분 뒤늦게야 사거나 팔게 되고, 매매가 지나치게 빈번해져서 막대한 비용이 발생하며, 지나치게 투기적이어서 마음 상태가 불안해지고, 이런 매매가 확산하면 변동성이 확대되어 사회에도 큰 해를 끼치게 됩니다.

멍거는 외부 자본의 위험을 잘 알고 있었다. 《찰리 멍거 자네가 옳아!》에서 버핏은 멍거의 일대기를 쓴 재닛 로우Janet Lowe에게, 멍거가 다른 가치투자자에 비해 훨씬 더 집중해 투자했고 그래서 포트폴리오 변동성도 그만큼 컸다고 말했다.[43]

찰리도 내재가치보다 싼 주식을 선택했지만, 극소수 종목에 집중투자했으므로 변동성이 매우 컸습니다. 그는 극심한 변동성을 기꺼이 감수하면서 집중투자를 통해 실적을 추구하는 스타일입니다.

투자자가 좋지 않은 시점에 자금을 회수할 수 있음을 우려한 멍거는 결국 블루칩스탬프와 버크셔 해서웨이에서 가용할 영구 자본을 찾았다. 심프슨은 가이코의 플로트에서, 로젠필드는 그리넬대학 기금에서 영구 자본을 운용했다. 그린버그만 외부 자본을 관리했다. 하지만 집중투자함으로써 이를 영구 자본처럼 만들었다. 버핏과 멍거의 버크셔 해서웨이처럼, 시엠의 상장회사는 탄탄한 재무 상태를 바탕으로 영구 자본을 제공함으로써 장기 투자를 가능케 했다. 시엠은 다음과 같이 펀드 자금의 단기적 특

성을 '기업'이라는 것에 대비했다.[44]

기업은 본질적으로 장기적 안목으로 접근하는 반면, 펀드 운용 산업은 본질 상 단기적으로 바라봅니다. 금융시장에서 투자자는 단기로 들락거립니다. 이 들은 언제든 매도 버튼을 누르고 빠져나갈 수 있습니다. 하지만 기업 경영에 서는 그런 사치를 누릴 수 없습니다. 멀리 내다보아야 합니다. 사업에서 성공 하려면 진정 장기적으로 바라봐야 합니다. 인수합병 등으로 잠시 사업을 할 수 없을지라도 기업을 끝까지 이끈다는 가정하에 의사결정을 내려야 합니 다. 이는 산업의 발전과 주주의 이익을 위해서도 필요한 일입니다. 바로 제가 프로젝트를 성공적으로 이끈 원동력이기도 합니다.

올바른 기질과 자본 구조가 있어야 가장 좋은 아이디어에 집중투자해 결실을 얻을 때까지 붙들고 있을 수 있다. 하지만 투자할 만한 것과 가장 피해야 할 것은 어떻게 구분할까?

투자 대상 탐색

이 책에 등장하는 투자자들은 출발점은 달랐지만 경험이 쌓이면서 더욱 더 집중투자하고 장기로 투자하게 되었다. 케인스와 로젠필드는 투기로 시 작했다. 버핏과 멍거는 그레이엄을 추종하는 전통적 가치투자자였다. 심프 슨과 그린버그는 가치투자자라기보다는 주식 애널리스트였다. 시엠은 산 업 전문가였다. 이들은 경험이 쌓이고 패션 디자이너들이 감각이라 일컫는 것을 익히면서 더욱더 선별적으로 투자했다. 그러면서 좀처럼 팔지 않는 투자자로 발전했다. 심프슨의 경력은 이 같은 발전 과정을 명확히 보여준다. 그는 포트폴리오에서 가이코의 비중을 점점 늘린 것과 동시에 보유 종목을 33개에서 10개로 줄였다.

버핏과 멍거는 씨즈캔디에 투자하기 전까지는 벤저민 그레이엄 방식으로 투자했다. 즉 장부가치나 청산가치보다 할인되어 거래되는 기업을 찾았다. 장부가치의 3배에 매수한 씨즈캔디 사례는 버핏과 멍거가 이전과는 다르게 투자한 대표적인 경우다.[45]

> 씨즈캔디는 순자산가치보다 비싸게 샀지만 성공했습니다. 그러나 백화점 체인 호크실드콘은 순자산가치보다 싸게 샀는데도 실패했습니다. 두 가지 경험을 통해서 우리는 더 높은 가격을 치르더라도 우량 기업을 사야 한다고 생각을 바꿨습니다.

씨즈캔디는 과연 탁월한 회사였다. 버핏과 멍거는 유보이익으로 고속 성장하는 회사가 경영하기 훨씬 쉽다는 사실을 깨달았다. 씨즈캔디는 유보이익으로 성장하면서 현금까지 창출했으므로 버핏과 멍거는 이 현금으로 다른 기업을 인수할 수 있었다. 2007년 주주 서한에서 버핏은 씨즈캔디를 "전형적인 꿈같은 기업"이라고 표현했다.[46] 그해 씨즈캔디가 자기자본 4,000만 달러로 벌어들인 이익은 8,200만 달러로, ROE가 무려 205%였다. 이익이 500만 달러에서 8,200만 달러로 16배 증가하는 동안 투하 자본은 겨우 5배 증가했을 뿐이다.

씨즈캔디는 1972년부터 2007년까지 13억 5,000만 달러를 벌어 3,200만 달러만 자체 성장에 사용하고 나머지는 모두 버크셔에 넘겨주었다. 씨즈캔디가 막대한 이익을 벌어들인 덕분에 버핏과 멍거는 이 돈으로 우량 기업을 인수해서 버크셔를 최강 기업으로 성장시킬 수 있었다. "장기 우위를 확보한 일부 기업에 대해서는 다소 높은 가격을 치를 만하다"는 사실을 멍거는 깨달았다.[47]

치르는 가격보다 더 높은 품질을 얻으면 됩니다. 아주 간단하지요.

멍거는 씨즈캔디를 인수하고 나서, 순자산가치보다 낮은 가격에 기업을 인수할 때보다 우량 기업을 인수할 때 안전마진이 더 많이 확보된다는 사실을 깨달았다. 우량 기업이라면 소유주가 관심과 노력을 많이 기울일 필요도 없었다. 반면에 주가가 순자산가치보다 낮은 기업은 대개 사업이 부실했다. 이런 저질 기업에는 시간과 노력을 기울여도 소용없을 때가 많았다. 씨즈캔디는 정반대였다. 회사를 운영하는 데 추가 자본이 들어가지 않았을 뿐 아니라 막대한 현금을 창출했다. 이런 회사를 어디에서 더 찾아낼 수 있을까?

버핏은 성장주 투자자의 바이블인 《위대한 기업에 투자하라》에 기술된 필립 피셔의 '소문을 조사하는 투자 방법 scuttlebutt method'을 활용했다.[48] 피셔는 소문을 조사해 투자 대상 기업에 대한 통찰력을 제공하는 질적 요소를 찾으라고 했다. 경쟁자, 고객, 공급업자들을 조사해 경영진의 자질, 연구 개발 및 기술력, 고객 서비스 능력, 마케팅 역량 등을 평가하는 방법이다. 피셔는 소문을 통해 수집한 정보로 기업의 성장 잠재력, 기술력, 서비스 품질, 소비자 독점력 등을 판단했다.[49] 버핏은 피셔의 투자철학을 그레이엄의 투자철학과 결합했다. 그레이엄은 내재가치와 안전마진 개념을 바탕으로 가치투자 철학을 집대성했다. 피셔는 우량 성장 기업에 안전마진이 풍부하다는 사실을 보여주었다.

1989년 버핏은 그레이엄, 피셔, 씨즈캔디에서 얻은 교훈을 한 문장으로 정리했다. "적당한 기업을 싼값에 사는 것보다 훌륭한 기업을 적절한 가격에 사는 편이 훨씬 낫습니다."[50] 버핏은 이 말을 자주 했고 멍거 덕분에 의미를 깨닫게 되었다고 인정했다. 그리고 덧붙였다. "멍거는 이 사실을 일찌감치 이해했지만 나는 뒤늦게야 깨달았습니다. 이제 우리는 인수할 기업이나 주식을 찾을 때, 일류 경영자가 있는 일류 기업을 탐색합니다."[51]

세부적으로 보면 버핏, 멍거, 심프스, 그린버그, 로젠필드는 '적절한 가격에 거래되는 훌륭한 기업'을 좋아했다. 반면 케인스와 시엠은 주기적 변동이 심한 기업을 선호했다. 시엠은 단일 업종의 자산과 기업에 직접 투자했다. 그는 이 책에서 다룬 투자자들과는 달리, 내재가치나 대체비용에 비해 크게 할인된 자산을 매수한 뒤 이를 팔거나 추가적인 잉여현금흐름을 창출하는 데 쓰는 전략에 집중했다.

그린버그는 강력한 독점력을 지닌 '훌륭한 기업'에 주로 투자했다. 아울러 시간이 지나면서 이익과 가치가 증가할 뿐만 아니라 이런 성장성이 제대로 평가받아 결국 주가가 뛰는 성장 기업을 찾으려 했다.[52]

저는 확실한 것을 좋아합니다. 완벽하게 확실하지는 않지만 꽤 확실한 것들이 있습니다. 하지만 저는 최대한 확실한 것을 선호합니다. 잘될 것이라고 기대하면서 형편없는 기업에 투자하는 것보다는 정말 훌륭한 기업에 투자하는 편이 훨씬 더 낫습니다.

놀랍게도 버핏, 멍거, 심프슨, 그린버그, 로젠필드가 종종 같은 주식을 보유했다. 버핏과 멍거는 투자 종목이 자주 겹쳤고 심프슨과 버크셔도 때때로 같은 종목을 보유했다. 버크셔, 심프슨, 그린버그, 로젠필드는 프레디맥에 투자했다. 그렇더라도 이들의 결론이 늘 같았던 것은 아니었다. 예를 들어 케이블방송사에 대해 그린버그와 버핏의 전망이 엇갈렸다. 그린버그는 "원자재 가격에 의존하는 경기 민감주에 크게 베팅하는 것은 무모한 행위" 같다며 경기 민감주에는 좀처럼 투자하지 않았다.[53]

반면 시엠은 지구상에서 가장 경기에 민감하다고 할 수 있는 석유 및 가스, 선박 업종에만 투자했다. 케인스는 금광회사 같은 원자재 산업에 투자하고 기술주도 샀다. 1930년대는 자동차, 항공기 제조, 발전, 전기공학, 화학, 제약 회사들이 기술 업종에 속했다. 그린버그는 웹에 기반한 마케팅회사인 구글을 매수했는데, 이는 버핏과 같은 골수 가치투자자라면 일시적으로나마 몹시 꺼렸을 주식이다. 케인스는 지역을 가리지 않고 투자했다. 싼 주식이라면 어디에 있든 두려워하지 않고 투자했다. 그의 포트폴리오가 해외 주식으로 가득 차 있었음을 상기해보라. 이는 가장 큰 100개 종목조차 위험하다고 인식되던 시기에는 아주 이례적인 경우였다.

버핏은 '투자자가 매수하기 전에 기업을 더욱더 철저히 분석해 꿰뚫고' 있어야만 투자 위험이 줄어든다고 했다.[54] 이 책에 나오는 투자자들은 주식을 사기 전에 그 기업에 아주 익숙해질 때까지 열심히 연구했다. 시엠을 제외한 다른 투자자들 모두 정치적 위험과 규제 위험, 재무 레버리지 위험은 가급적 피하려 했다. 이들은 분석 방법은 달랐어도 분명히 대상 기업을 깊이 분석하고 투자했다.

예를 들어 그린버그와 시엠은 질적 분석 스펙트럼의 양극단에 있었지만 둘 모두 조사 기업을 자세히 파고들었다. 그린버그와 그의 팀은 흥미로운 투자 기회를 접하면 전직 임직원, 경쟁사, 비상장회사, 규제 기관, 업계 전문가들과 면담했다. 그 뒤 해당 회사 담당자들을 만났다. 정말 투자하고 싶은 마음이 생기면 최대한 서둘러 경영진 면담을 추진했다. 이 미팅을 통해 철저한 재무 분석과 계량 분석을 실시했다. 그린버그는 잘못된 정밀 분석보다는 세밀하지는 않지만 올바른 가치 평가를 선호한다고 밝혔다. 그는 크고 복잡한 모델을 쓰지 않는다. 숫자를 컴퓨터의 스프레드시트에 입력하기보다는 노트에 직접 적는 것을 좋아한다.

사업을 분석하고 경영진을 만나고 편파적이지 않은 정보 제공자들과 대화한 뒤에는 결국 판단의 문제가 남는다.

긍정적인 부분도 있는 반면 부정적인 것도 있습니다. 여기서 제가 어떻게 판단을 내릴까요? 부정적인 요소들 때문에 투자를 꺼릴까요? 한두 가지 맘에 들지 않는 구석이 있어도 가격이 아주 매력적이라면 그냥 투자할까요? 이때 내려야 하는 결정이 가장 핵심이고 제일 어려운 부분입니다. 매뉴얼을 보거나 체크리스트를 점검한다고 해서 되는 일이 아닙니다. 피카소 미술 강의를 듣거나 숫자별 채색 지침서를 산다고 해서 피카소처럼 그릴 수 있는 것이 아니듯 말입니다.

그린버그는 어디에 투자하든 그 투자가 '완전히 잘못되었다고 주장하는 전문가들은' 늘 따라온다고 했다.

사람들은 대부분 의심이 많습니다. 투자한 뒤 잘못되면 부정적으로 말하는 사람들의 목소리는 더욱 커집니다. 더 하락하면 부정적 주장이 더욱 거세지고 근심과 걱정이 눈앞에 나타나 우리를 잡아먹기 시작합니다.

그는 이런 일이 벌어질 때 꼭 붙들고 굳건히 버티는 사람들이 있는가 하면 공포에 사로잡혀 처분하는 사람들이 있다고 했다.

분석을 정말 많이 했어도 일이 틀어질 수 있습니다. 좋지 않은 추세 변화가 나타날 수도 있고요. 그래서 우리는 위험이 따른다는 사실을 알고 투자하죠. 결국 우리가 옳다는 쪽에 큰돈을 걸지만 예상과 다르게 움직일 수 있습니다.

결국은 모두 기질로 귀결된다고 할 수 있다. 이 책에서 다룬 투자자들 모두 정말 똑똑하지만, 이들이 똑똑했기 때문에 성공한 것은 아니다. 기질이 남달랐던 것도 성공의 이유다. 이들은 열정이 있었고 자기가 하는 일을 즐겼다. 그래서 일하면서 투자에 대해 고심했고, 연차보고서와 업계지를 가방에 넣어 퇴근했다. 절제력도 있었다. 좋은 투자 대상이 나타나지 않으면 현금을 들고 아무것도 하지 않는 능력도 갖췄다. 마지막으로 이들은 멀리 내다보았다. 영구 자본과 이런 기질이 한데 어울려 투자자들에게 탁월한 장기 성과를 창출해준 것이다.

이 책이 주는 교훈은 이렇게 요약할 수 있다. "자주 베팅하지 말고 확률이 아주 높을 때만 베팅하라. 베팅을 결심했다면 많은 금액을 베팅하고 오래 보유하면서 하락 위험을 관리하라." 버핏은 로젠필드를 "관습을 이겨내고 합리적으로 투자해 성공한" 드문 사례라고 칭찬한 바 있다. 바로 그 칭찬에 이 책의 교훈이 있지 않을까?

주석

들어가는 글

1. "A Class Apart: Warren Buffett and B-School Students," NDTV, May 24, 2011, https://www.youtube.com/watch?v=4xinbuOPt7c, as discussed in Shane Parrish, "What Makes Warren Buffett a Great Investor? Intelligence or Discipline?" Farnam Street Blog, April 19, 2014.
2. 버핏, 버크셔 해서웨이 주주 서한, 2010년.

1장. 루 심프슨_ 집중투자의 전형 보여준 투자의 달인

1. Miles Weiss, "Buffett Stock Picker Simpson Opens Florida Firm after Retiring from GEICO," *Bloomberg*, January 20, 2011.
2~4. 워런 버핏, 버크셔 해서웨이 주주 서한, 1995년.
5. https://www.geico.com/about/corporate/history
6. 워런 버핏, 버크셔 해서웨이 주주 서한, 2004년.
7. 워런 버핏, 버크셔 해서웨이 주주 서한, 1996년.
8. 워런 버핏, 버크셔 해서웨이 주주 서한, 2010년.
9. 워런 버핏, 버크셔 해서웨이 주주 서한, 1996년.
10, 11. https://www.geico.com/about/corporate/history
12, 13. 워런 버핏, 버크셔 해서웨이 주주 서한, 2004년.
14, 15. https://www.geico.com/about/corporate/history
16. David Barboza, "GEICO Chief May Be Heir to an Legend," New York Times, April 29, 1997.
17. 워런 버핏, 버크셔 해서웨이 주주 서한, 2004년.

18. https://www.geico.com/about/corporate/history

19. 워런 버핏, 버크셔 해서웨이 주주 서한, 1995년.

20, 21. "Insurance: Geico Pulls Through," *Time Magazine*, January 3, 1977.

22, 23. 워런 버핏, 버크셔 해서웨이 주주 서한, 1995년.

24. David Barboza, "GEICO Chief May Be Heir to an Legend," *New York Times*, April 29, 1997.

25, 26. Jason Zweig, "The Best Investor You've Never Heard Of," *Money magazine*, June 2000.

27~33. David Barboza, "GEICO Chief May Be Heir to an Legend," *New York Times*, April 29, 1997.

34, 35. Scot J. Paltrow, "Enigmatic Fred Carr: Insurance: Junk Bond Troubles Have Put the Spotlight on the Chief of Loss-Plagued First Executive. But Much about Him Remains a Mystery," *Los Angeles Times*, April 8, 1990.

36. David Barboza, "GEICO Chief May Be Heir to an Legend," *New York Times*, April 29, 1997.

37. Geraldine Fabrikant, "A Maestro of Investments in the Style of Buffett," *New York Times*, April 23, 2007.

38~40. David Barboza, "GEICO Chief May Be Heir to an Legend," *New York Times*, April 29, 1997.

41~43. Miles Weiss, "Buffett Stock Picker Simpson Opens Florida Firm after Retiring from GEICO," *Bloomberg*, January 20, 2011.

44. David Barboza, "GEICO Chief May Be Heir to an Legend," *New York Times*, April 29, 1997.

45, 46. Geraldine Fabrikant, "A Maestro of Investments in the Style of Buffett," *New York Times*, April 23, 2007.

47. 워런 버핏, 버크셔 해서웨이 주주 서한, 1996년.

48. Geraldine Fabrikant, "A Maestro of Investments in the Style of Buffett," *New York Times*, April 23, 2007.

49. David Barboza, "GEICO Chief May Be Heir to an Legend," *New York Times*, April 29, 1997.

50, 51. Miles Weiss, "Buffett Stock Picker Simpson Opens Florida Firm after Retiring from GEICO," *Bloomberg*, January 20, 2011.

52. Zachary A. Goldfarb, David Cho, and Binyamin Appelbaum, "Treasury to Rescue Fannie and Freddie," *Washington Post*, September 7, 2008.

53, 54. David Barboza, "GEICO Chief May Be Heir to an Legend," *New York Times*,

April 29, 1997.

55. 워런 버핏, 버크셔 해서웨이 주주 서한, 2010년.

56. 워런 버핏, 버크셔 해서웨이 주주 서한, 1982년.

57. 워런 버핏, 버크셔 해서웨이 주주 서한, 1996년.

58. 워런 버핏, 버크셔 해서웨이 주주 서한, 2010년.

59. David Barboza, "GEICO Chief May Be Heir to an Legend," *New York Times*, April 29, 1997.

60. 워런 버핏, 버크셔 해서웨이 주주 서한, 1996년.

61. 워런 버핏, 버크셔 해서웨이 주주 서한, 2006년.

62. 워런 버핏, 버크셔 해서웨이 주주 서한, 2010년.

63. 워런 버핏, 버크셔 해서웨이 주주 서한, 1983년.

64, 65. David Barboza, "GEICO Chief May Be Heir to an Legend," *New York Times*, April 29, 1997.

66. 워런 버핏, 버크셔 해서웨이 주주 서한, 1986년.

67, 68. 워런 버핏, 버크셔 해서웨이 주주 서한, 1984년.

69, 70. David Barboza, "GEICO Chief May Be Heir to an Legend," *New York Times*, April 29, 1997.

71. Geraldine Fabrikant, "A Maestro of Investments in the Style of Buffett," *New York Times*, April 23, 2007.

72. David Barboza, "GEICO Chief May Be Heir to an Legend," *New York Times*, April 29, 1997.

73, 74. Geraldine Fabrikant, "A Maestro of Investments in the Style of Buffett," *New York Times*, April 23, 2007.

75, 76. David Barboza, "GEICO Chief May Be Heir to an Legend," *New York Times*, April 29, 1997.

77. 워런 버핏, 버크셔 해서웨이 주주 서한, 1995년.

78. 워런 버핏, 버크셔 해서웨이 주주 서한, 2010년.

79, 80. 워런 버핏, 버크셔 해서웨이 주주 서한, 1995년.

81. 워런 버핏, 버크셔 해서웨이 주주 서한, 2010년.

82. 워런 버핏, 버크셔 해서웨이 주주 서한, 2004년.

83. 워런 버핏, 버크셔 해서웨이 주주 서한, 2010년.

84. Geraldine Fabrikant, "A Maestro of Investments in the Style of Buffett," *New York Times*, April 23, 2007.

2장. 존 메이너드 케인스_ 경제학자의 집중투자

1, 2. John F. Wasik, *Keynes's Way to Wealth: Timeless Investment Lessons from the Great Economist* (New York: McGraw-Hill, 2014).

3. Jason Zweig, "The Intelligent Investor: Keynes: One Mean Money Manager," *Wall Street Journal*, April 2, 2012.

4. Howard Gold, "What Keynes Can Teach Us about Investing," *MarketWatch*, December 6, 2013.

5. John Maynard Keynes, *The General Theory of Employment, Interest, and Money* (London: Palgrave Macmillan, 1936).

6. Benjamin Graham and David Dodd, *Security Analysis* (New York: McGraw-Hill, 1934).

7. Janet Lowe, *The Rediscovered Benjamin Graham Lectures: Selected Writings of the Wall Street Legend* (New York: John Wiley & Sons, 1999).

8. John F. Wasik, "John Maynard Keynes's Own Portfolio Not Too Dismal," *New York Times*, February 10, 2014.

9. George Soros, "My Philanthropy," in *The Philanthropy of George Soros: Building Open Societies*, ed. C. Sudetic (Philadelphia: Perseus Books, 2011). As discussed in Chambers, Dimson, and Foo, 2015; see note 14.

10. David Swensen, *Unconventional Success: A Fundamental Approach to Personal Investment* (New York: Simon & Schuster, 2005); David Swensen, *Pioneering Portfolio Management*, 2nd ed. (New York: Free Press, 2009). As discussed in Chambers, Dimson, and Foo, 2015; see note 14.)

11. 워런 버핏, 버크셔 해서웨이 주주 서한, 1991년.

12. Howard Gold, "What Keynes Can Teach Us about Investing," *MarketWatch*, December 6, 2013.

13. 워런 버핏, 버크셔 해서웨이 주주 서한, 1988년.

14, 15. David Chambers, Elroy Dimson, and Justin Foo, "Keynes the Stock Market Investor: A Quantitative Analysis," *Journal of Financial and Quantitative Analysis* 50, 2015.

16~20. John F. Wasik, *Keynes's Way to Wealth: Timeless Investment Lessons from the Great Economist* (New York: McGraw-Hill, 2014).

21. David Chambers, Elroy Dimson, and Justin Foo, "Keynes the Stock Market Investor: A Quantitative Analysis," *Journal of Financial and Quantitative Analysis* 50, 2015.

22. 잉글랜드 은행 사이트의 'Inflation Calculator'로 계산함. http://www.bankofengland.co.uk/education/Pages/resources/inflationtools/calculator/flash/default.aspx

23. R. F. Harrod, *The Life of John Maynard Keynes* (London: Macmillan, 1951).

24. John F. Wasik, *Keynes's Way to Wealth: Timeless Investment Lessons from the Great Economist* (New York: McGraw-Hill, 2014).

25. R. F. Harrod, *The Life of John Maynard Keynes* (London: Macmillan, 1951).

26~28. David Chambers, Elroy Dimson, and Justin Foo, "Keynes the Stock Market Investor: A Quantitative Analysis," *Journal of Financial and Quantitative Analysis* 50, 2015.

29, 30. John F. Wasik, *Keynes's Way to Wealth: Timeless Investment Lessons from the Great Economist* (New York: McGraw-Hill, 2014).

31, 32. R. F. Harrod, *The Life of John Maynard Keynes* (London: Macmillan, 1951).

33. John F. Wasik, *Keynes's Way to Wealth: Timeless Investment Lessons from the Great Economist* (New York: McGraw-Hill, 2014).

34. Carter Field, *Bernard Baruch, Park Bench Statesman* (New York: McGraw-Hill, 1944).

35. John F. Wasik, *Keynes's Way to Wealth: Timeless Investment Lessons from the Great Economist* (New York: McGraw-Hill, 2014).

36. R. F. Harrod, *The Life of John Maynard Keynes* (London: Macmillan, 1951).

37~40. John F. Wasik, *Keynes's Way to Wealth: Timeless Investment Lessons from the Great Economist* (New York: McGraw-Hill, 2014).

41. Howard Gold, "What Keynes Can Teach Us about Investing," *MarketWatch*, December 6, 2013.

42~46. John F. Wasik, *Keynes's Way to Wealth: Timeless Investment Lessons from the Great Economist* (New York: McGraw-Hill, 2014).

47. David Chambers, Elroy Dimson, and Justin Foo, "Keynes the Stock Market Investor: A Quantitative Analysis," *Journal of Financial and Quantitative Analysis* 50, 2015.

48. John F. Wasik, *Keynes's Way to Wealth: Timeless Investment Lessons from the Great Economist* (New York: McGraw-Hill, 2014).

49~51. David Chambers, Elroy Dimson, and Justin Foo, "Keynes the Stock Market Investor: A Quantitative Analysis," *Journal of Financial and Quantitative Analysis* 50, 2015.

52. Paul Samuelson, "The Keynes Centenary," *The Economist* 287 (1983).

53, 54. David Chambers, Elroy Dimson, and Justin Foo, "Keynes the Stock Market Investor: A Quantitative Analysis," *Journal of Financial and Quantitative Analysis* 50, 2015.

55. Jess H. Chua and Richard S. Woodward, "J. M. Keynes's Investment Performance: A Note," *Journal of Finance* XXXVIII, no. 1, March, 1983.

56. David Chambers, Elroy Dimson, and Justin Foo, "Keynes the Stock Market Investor: A Quantitative Analysis," *Journal of Financial and Quantitative Analysis* 50, 2015.

57~59. R. F. Harrod, *The Life of John Maynard Keynes* (London: Macmillan, 1951).

60, 61. Jess H. Chua and Richard S. Woodward, "J. M. Keynes's Investment Performance: A Note," *Journal of Finance* XXXVIII, no. 1, March, 1983.

62~64. David Chambers, Elroy Dimson, and Justin Foo, "Keynes the Stock Market Investor: A Quantitative Analysis," *Journal of Financial and Quantitative Analysis* 50, 2015.

65. Howard Gold, "What Keynes Can Teach Us about Investing," *MarketWatch*, December 6, 2013.

66. John F. Wasik, *Keynes's Way to Wealth: Timeless Investment Lessons from the Great Economist* (New York: McGraw-Hill, 2014).

67. Jason Zweig, "The Intelligent Investor: Keynes: One Mean Money Manager," *Wall Street Journal*, April 2, 2012.

68~70. David Chambers, Elroy Dimson, and Justin Foo, "Keynes the Stock Market Investor: A Quantitative Analysis," *Journal of Financial and Quantitative Analysis* 50, 2015.

71. Jason Zweig, "The Intelligent Investor: Keynes: One Mean Money Manager," *Wall Street Journal*, April 2, 2012.

72~80. David Chambers, Elroy Dimson, and Justin Foo, "Keynes the Stock Market Investor: A Quantitative Analysis," *Journal of Financial and Quantitative Analysis* 50, 2015.

81. John Maynard Keynes, *The General Theory of Employment, Interest, and Money* (London: Palgrave Macmillan, 1936).

82. John F. Wasik, *Keynes's Way to Wealth: Timeless Investment Lessons from the Great Economist* (New York: McGraw-Hill, 2014).

83. John Maynard Keynes, *The General Theory of Employment, Interest, and Money* (London: Palgrave Macmillan, 1936).

84. Jason Zweig, "The Intelligent Investor: Keynes: One Mean Money Manager," *Wall Street Journal*, April 2, 2012.

85~89. David Chambers, Elroy Dimson, and Justin Foo, "Keynes the Stock Market Investor: A Quantitative Analysis," *Journal of Financial and Quantitative Analysis* 50, 2015.

90. Jess H. Chua and Richard S. Woodward, "J. M. Keynes's Investment Performance: A Note," *Journal of Finance*, XXXVIII, no. 1, March, 1983.

91. Howard Gold, "What Keynes Can Teach Us about Investing," *MarketWatch*, December 6, 2013.

92~100. David Chambers, Elroy Dimson, and Justin Foo, "Keynes the Stock Market Investor: A Quantitative Analysis," *Journal of Financial and Quantitative Analysis* 50, 2015.

101. John F. Wasik, *Keynes's Way to Wealth: Timeless Investment Lessons from the Great Economist* (New York: McGraw-Hill, 2014).

102, 103. John Maynard Keynes, *The General Theory of Employment, Interest, and Money*

(London: Palgrave Macmillan, 1936).

104. David Chambers, Elroy Dimson, and Justin Foo, "Keynes the Stock Market Investor: A Quantitative Analysis," *Journal of Financial and Quantitative Analysis* 50, 2015.

105. John Maynard Keynes, *The General Theory of Employment, Interest, and Money* (London: Palgrave Macmillan, 1936).

106. Howard Gold, "What Keynes Can Teach Us about Investing," *MarketWatch*, December 6, 2013.

107. John F. Wasik, *Keynes's Way to Wealth: Timeless Investment Lessons from the Great Economist* (New York: McGraw-Hill, 2014).

108. David Chambers, Elroy Dimson, and Justin Foo, "Keynes the Stock Market Investor: A Quantitative Analysis," *Journal of Financial and Quantitative Analysis* 50, 2015.

109~111. John F. Wasik, *Keynes's Way to Wealth: Timeless Investment Lessons from the Great Economist* (New York: McGraw-Hill, 2014).

112. Barton Biggs, *Hedgehogging* (Hoboken, NJ: John Wiley & Sons, 2008), as discussed in John F. Wasik, *Keynes's Way to Wealth: Timeless Investment Lessons from the Great Economist* (New York: McGraw-Hill, 2014).

113~117. John F. Wasik, *Keynes's Way to Wealth: Timeless Investment Lessons from the Great Economist* (New York: McGraw-Hill, 2014).

118. Jess H. Chua and Richard S. Woodward, "J. M. Keynes's Investment Performance: A Note," *Journal of Finance* XXXVIII, no. 1, March, 1983.

119. David Chambers, Elroy Dimson, and Justin Foo, "Keynes the Stock Market Investor: A Quantitative Analysis," *Journal of Financial and Quantitative Analysis* 50, 2015.

120. Jess H. Chua and Richard S. Woodward, "J. M. Keynes's Investment Performance: A Note," *Journal of Finance* XXXVIII, no. 1, March, 1983.

121. John F. Wasik, *Keynes's Way to Wealth: Timeless Investment Lessons from the Great Economist* (New York: McGraw-Hill, 2014).

122. David Chambers, Elroy Dimson, and Justin Foo, "Keynes the Stock Market Investor: A Quantitative Analysis," *Journal of Financial and Quantitative Analysis* 50, 2015.

3장. 켈리, 섀넌, 소프_ 수학자 출신 투자자들의 집중 계량투자

1. Ken Kurson, "What a Card!," *Worth*, September 1999.

2~4. Edward O. Thorp, "The Legacy of Beat the Dealer," *Wilmott.com*, September 24, 2002.

5. Howard Gardner, *The Mind's New Science: A History of the Cognitive Revolution* (New York:

Basic Books, 1987).

6. William Poundstone, *Fortune's Formula: The Untold Story of the Scientific Betting System That Beat the Casinos and Wall Street* (New York: Hill and Wang, 2006).

7~9. http://home.williampoundstone.net/Kelly.htm.

10. Edward O. Thorp, "The Legacy of Beat the Dealer," *Wilmott.com*, September 24, 2002.

11. Elwyn Berlkamp, "Bettor Math," *The American Scientist*, November–December, 2005.

12~14. William Poundstone, *Fortune's Formula: The Untold Story of the Scientific Betting System That Beat the Casinos and Wall Street* (New York: Hill and Wang, 2006).

15. 워런 버핏, 버크셔 해서웨이 주주 서한, 1982년.

16. John Train, *The Money Masters* (New York: HarperBusiness, 1994).

17~32. William Poundstone, *Fortune's Formula: The Untold Story of the Scientific Betting System That Beat the Casinos and Wall Street* (New York: Hill and Wang, 2006).

33. Edward Thorp, "A Mathematician on Wall Street: What I Knew and When I Knew It - Part 2," *Wilmott Magazine*, August 3, 2013.

34. Ken Kurson, "What a Card!," *Worth*, September 1999.

35. Paul A. Samuelson, "Why We Should Not Make Mean Log of Wealth Big though Years to Act Are Long," *Journal of Banking and Finance* 3, 1979.

36. http://home.williampoundstone.net/Kelly.htm.

37~39. Leonard MacLean, Edward O. Thorp, and William T. Ziemba, "Good and Bad Properties of the Kelly Criterion," Unpublished, January 1, 2010.

40. John Maynard Keynes, *The General Theory of Employment, Interest and Money* (London: Palgrave Macmillan, 1936).

41, 42. Edward O. Thorp and Sheen T. Kassouf, *Beat the Market: A Scientific Stock Market System*, First Edition (New York: Random House, 1967).

4장. 워런 버핏_ 켈리 베팅 집중 가치투자

1. 워런 버핏, 버크셔 해서웨이 주주 서한, 1993년.

2. Alice Schroeder, *The Snowball* (New York: Bantam Books, 2008).

3. Norman C. Miller, *The Great Salad Oil Swindle* (New York: Coward McCann, 1965).

4. Alice Schroeder, *The Snowball* (New York: Bantam Books, 2008).

5. 워런 버핏, 버크셔 해서웨이 주주 서한, 1980년.

6. Alice Schroeder, *The Snowball* (New York: Bantam Books, 2008).

7. 워런 버핏, 버크셔 해서웨이 주주 서한, 1989년.

8, 9. 워런 버핏, "투자조합 서한: 1967년", Buffett Associates Limited, October 9, 1967.

10. Leonard MacLean, Edward O. Thorp, and William T. Ziemba, "Good and Bad Properties of the Kelly Criterion," Unpublished, January 1, 2010.

11. E. J. Elton and M. J. Gruber, "Risk Reduction and Portfolio Size: An Analytic Solution," *Journal of Business* 50, October, 1977.

12. Meir Statman, "How Many Stocks Make a Diversifi ed Portfolio?" *Journal of Financial and Quantitative Analysis* 22, 1987.

13. Dang Le, "Notes from Buffett Meeting 2/15/2008," *Underground Value*, February 23, 2008.

14. 워런 버핏, 버크셔 해서웨이 주주 서한, 1988년.

15. Charles Munger, "A Lesson on Elementary, Worldly Wisdom as It Relates to Investment Management and Business," transcript of talk to University of Southern California Business School, 1994.

16. Steven Goldberg, "The World According to 'Poor Charlie,'" *Kiplinger Magazine*, December 2005.

17. Allen's quote from the "Daily Journal Company Annual Meeting 2013."

18. Robert G. Hagstrom, *The Warren Buffett Portfolio* (New York: John Wiley & Sons, 1999).

19. Patrick O'Shaughnessy, "How Concentrated Should You Make Your Value Portfolio?" *The Investor's Field Guide*, November 2014.

20. Dang Le, "Notes from Buffett Meeting 2/15/2008," *Underground Value*, February 23, 2008.

21~25. Leonard C. MacLean, Edward O. Thorp, and William T. Ziemba, "The Kelly Capital Growth Investment Criterion: Theory and Practice," *World Scientific Publishing Company*, 2011.

26. Seth A. Klarman, *Margin of Safety: Risk-Averse Value Investing Strategies for the Thoughtful Investor* (New York: HarperCollins, 1991).

5장. 찰리 멍거_ 가격보다 질을 중시한, 사색하는 집중투자자

1. 찰리 멍거, 2012년 2월 23일 인터뷰.

2~27. Janet Lowe, *Damn Right! Behind the Scenes with Birkshire Hathaway Billionaire Charie Munger* (Hoboken, NJ: John Wiley & Sons, 2000).

28. 워런 버핏, 버크셔 해서웨이 주주 서한, 2007년.

29. Janet Lowe, *Damn Right! Behind the Scenes with Birkshire Hathaway Billionaire Charie Munger*

(Hoboken, NJ: John Wiley & Sons, 2000).

30, 31. Philip Fisher, *Common Stocks and Uncommon Profits* (New York: John Wiley & Sons, 1996).

32, 33. 워런 버핏, 버크셔 해서웨이 주주 서한, 1989년.

34. Charlie Munger speaking at the 2013 Daily Journal Company Annual Meeting. Allen Benello's personal archive.

35~44. Janet Lowe, *Damn Right! Behind the Scenes with Birkshire Hathaway Billionaire Charie Munger* (Hoboken, NJ: John Wiley & Sons, 2000).

45~50. 워런 버핏, 버크셔 해서웨이 주주 서한, 1983년.

51, 52. Janet Lowe, *Damn Right! Behind the Scenes with Birkshire Hathaway Billionaire Charie Munger* (Hoboken, NJ: John Wiley & Sons, 2000).

53, 54. 워런 버핏, 버크셔 해서웨이 주주 서한, 2010년.

55. 워런 버핏, 버크셔 해서웨이 주주 서한, 2012년.

56~59. 워런 버핏, 버크셔 해서웨이 주주 서한, 2010년.

60. 워런 버핏, 버크셔 해서웨이 주주 서한, 2011년.

61. 워런 버핏, 버크셔 해서웨이 주주 서한, 2014년.

6장. 크리스티안 시엠_ 영구 자본으로 장기 투자한 산업 전문가

1. 크리스티안 시엠, 2012년 7월 인터뷰.

2. Shawn Tully, "The Crazy, True-Life Adventures of Norway's Most Radical Billionaire," *Fortune magazine*, March 7, 2015.

3~6. Financial Summary of Siem Industries, Siem Industries internal papers.

7장. 그리넬대학_ 집중 장기 투자로 기금 조성

1. 짐 고든, 2015년 10월 인터뷰.

2. "U.S. and Canadian Institutions Listed by Fiscal Year(FY) 2014 Endowment Market Value and Change in Endowment Market Value from FY2013 to FY2014(Revised February 2015)," National Association of College and University Business Officers and Commonfund Institute, 2015.

3~6. Joe Engleman, "Buffett Ends Term as College Trustee," *The Scarlet and Black*, Grinnell College Newspaper, November 4, 2011.

7~38. Jason Zweig, "The Best Investor You've Never Heard Of," *Money magazine*, June 2000.

39~41. Saijel Kishan, "Lawrence Pidgeon, Investor Taught by Buffett Protege, Dies at 49," *Bloomberg*, November 15, 2012.

42, 43. Grinnell College, "Careers in Education Program," https://www.grinnell.edu/academics/offices/careers-in-education/about

44~47. Jason Zweig, "The Best Investor You've Never Heard Of," *Money magazine*, June 2000.

48~56. Silvia Ascarelli, "How Tiny Grinnell College's Endowment Outperformed the Ivy League," *MarketWatch*, May 20, 2015.

8장. 글렌 그린버그_ 관습을 타파한 단순한 투자와 '테니스 슈즈'

1. 글렌 그린버그, 2015년 1월 인터뷰.

2, 3. Yinka Adegoke, "Comcast CEO Under Fire from Investor," *Reuters*, January 17, 2008.

4~6. Andrew Bary, "Institutional Shareholder Seeks Ouster of Comcast CEO," *Barron's*, January 17, 2008.

7. Yinka Adegoke, "Comcast CEO Under Fire from Investor," *Reuters*, January 17, 2008.

8. Todd Shields, "Comcast Investors Seek Buyback, Payout as Shares Drop," *Bloomberg*, February 13, 2008.

9, 10. Andrew Bary, "Institutional Shareholder Seeks Ouster of Comcast CEO," *Barron's*, January 17, 2008.

11. Peter Lauria, "Investor Rips Comcast CEO," *New York Post*, January 18, 2008.

12, 13. Jonathan Kandell, "Laurence A. Tisch, Investor Known for Saving CBS Inc. from Takeover, Dies at 80," *New York Times*, November 16, 2013.

14. Shira Ovide and Gregory Zuckerman, "Investment Firm Splits in Two Over Internal Rifts," *Wall Street Journal*, November 23, 2009.

9장. 결론_ 집중투자자의 기질

1. Janet Lowe, *Damn Right! Behind the Scenes with Birkshire Hathaway Billionaire Charie Munger* (Hoboken, NJ: John Wiley & Sons, 2000).

2. "A Class Apart: Warren Buffett and B-School Students," NDTV, May 24, 2011, http://www.youtube.com/watch?v-4xinbuOPt7c, as discussed in Shane Parrish, "What Makes Warren Buffett a Great Investor? Intelligence or Discipline?" *Farnam*

Street Blog, April 19, 2014.

3. 그린버그, 2015년 1월 인터뷰.

4~7. Alice Schroeder, *The Snowball* (New York: Bantam Books, 2008).

8. Steve Jordan, "Warren Buffett and Charlie Munger: Billion-Dollar Partnership," *Omaha World-Herald*, May 2, 2015.

9. 워런 버핏, 버크셔 해서웨이 주주 서한, 1984년.

10~12. David Barboza, "GEICO Chief May Be Heir to an Legend," *New York Times*, April 29, 1997.

13. 워런 버핏, 버크셔 해서웨이 주주 서한, 1991년.

14, 15. John Maynard Keynes, *The General Theory of Employment, Interest, and Money* (London: Palgrave Macmillan, 1936).

16. 워런 버핏, 버크셔 해서웨이 주주 서한, 1988년.

17. 그린버그, 2015년 1월 인터뷰.

18. John F. Wasik, *Keynes's Way to Wealth: Timeless Investment Lessons from the Great Economist* (New York: McGraw-Hill, 2014).

19. 그린버그, 2015년 1월 인터뷰.

20. 워런 버핏, 버크셔 해서웨이 주주 서한, 1991년.

21. David Chambers, Elroy Dimson, and Justin Foo, "Keynes the Stock Market Investor: A Quantitative Analysis," *Journal of Financial and Quantitative Analysis* 50, 2015

22. 워런 버핏, 버크셔 해서웨이 주주 서한, 1993년.

23. E. J. Elton and M. J. Gruber, "Risk Reduction and Portfolio Size: An Analytic Solution," *Journal of Business* 50, October, 1977.

24, 25. 그린버그, 2015년 1월 인터뷰.

26. Dang Le, "Notes from Buffett Meeting 2/15/2008," *Underground Value*, February 23, 2008.

27. 워런 버핏, 버크셔 해서웨이 주주 서한, 1988년.

28. 워런 버핏, 버크셔 해서웨이 주주 서한, 1993년.

29. David Chambers, Elroy Dimson, and Justin Foo, "Keynes the Stock Market Investor: A Quantitative Analysis," *Journal of Financial and Quantitative Analysis* 50, 2015.

30. Charles Munger, "A Lesson on Elementary, Worldly Wisdom as it Relates to Investment Management and Business," transcript of talk to University of Southern California Business School, 1994.

31~33. Leonard C. MacLean. Edward O. Thorp, and William T. Ziemba, *The Kelly Capital Growth Investment Criterion: Theory and Practice* (Singapore: World Scientific Publishing Company, 2011).

34. Leonard C. MacLean. Edward O. Thorp, and William T. Ziemba, "Good and Bad Properties of the Kelly Criterion," Unpublished, January 1, 2010.

35. John Maynard Keynes, *The General Theory of Employment, Interest, and Money* (London: Palgrave Macmillan, 1936).

36. Seth A. Klarman, *Margin of Safety: Risk-Averse Value Investing Strategies for the Thoughtful Investor* (New York: HarperCollins, 1991).

37. Howard Gold, "What Keynes Can Teach Us about Investing," *MarketWatch*, December 6, 2013.

38. David Chambers, Elroy Dimson, and Justin Foo, "Keynes the Stock Market Investor: A Quantitative Analysis," Journal of Financial and Quantitative Analysis 50, 2015.

39, 40. John F. Wasik, *Keynes's Way to Wealth: Timeless Investment Lessons from the Great Economist* (New York: McGraw-Hill, 2014).

41. John Wasik, 2013, quoting from Barton Biggs, *Hedgehogging* (Hoboken, NJ: John Wiley& Sons, Inc., 2008).

42. Jess H. Chua and Richard S. Woodward, "J. M. Keynes's Investment Performance: A Note," *Journal of Finance* XXXVIII, no. 1, March, 1983.

43. Janet Lowe, *Damn Right! Behind the Scenes with Birkshire Hathaway Billionaire Charie Munger* (Hoboken, NJ: John Wiley & Sons, 2000).

44. 그린버그, 2015년 1월 인터뷰.

45. Janet Lowe, *Damn Right! Behind the Scenes with Birkshire Hathaway Billionaire Charie Munger* (Hoboken, NJ: John Wiley & Sons, 2000).

46. 워런 버핏, 버크셔 해서웨이 주주 서한, 2007년.

47. Janet Lowe, *Damn Right! Behind the Scenes with Birkshire Hathaway Billionaire Charie Munger* (Hoboken, NJ: John Wiley & Sons, 2000).

48, 49. Phillip A. Fisher, *Common Stocks and Uncommon Profits* (New York: John Wiley & Sons, 1996).

50, 51. 워런 버핏, 버크셔 해서웨이 주주 서한, 1989년.

52, 53. 그린버그, 2015년 1월 인터뷰.

54. 워런 버핏, 버크셔 해서웨이 주주 서한, 1993년.

찾아보기

가이코(Government Employee Insurance Company, GEICO) ··· 26~31, 36~45, 47~50, 52~54, 57~60, 62, 177, 179, 244, 315, 317
개닛(Gannett) ··· 268
검은 목요일(Black Thursday) ··· 64
검은 월요일(Black Monday) ··· 65
검은 화요일(Black Tuesday) ··· 65
게츠, 리(Lee Getz) ··· 26, 27
고든, 짐(Jim Gordon) ··· 238~256
고든푸즈(Gordon Foods) ··· 239, 240, 245
고타스라센시핑(Gottas Larsen Shipping) ··· 277, 279
골드만삭스(Goldman Sachs) ··· 244, 248
골드파브, 로버트(Robert Goldfarb) ··· 243
구글(Google) ··· 276, 286~289, 293, 320
굿윈, 리오(Leo Goodwin) ··· 28~30
굿윈, 릴리언(Lilian Goodwin) ··· 28, 30
그레이엄, 벤저민(Benjamin Graham) ··· 27, 28, 67, 68, 78, 84, 99, 110, 135, 155, 159, 166, 168, 175, 279, 312, 316, 317, 319
그루버, 마틴(Martin Gruber) ··· 139, 306
그린버그, 글렌(Glenn Greenberg) ··· 15, 46, 47, 260, 262~292, 294~297, 303, 305, 315, 316, 319~321
글로벌머린(Global Marine) ··· 198, 209~211, 217
김벨브러더스(Gimbel Brothers) ··· 265~267
깁슨, 짐(Jim Gibson) ··· 177
나달, 라파엘(Rafael Nadal) ··· 52
나이슬리, 토니(Tony Nicely) ··· 57
나이키(Nike) ··· 50~52
나이트, 필(Phil Knight) ··· 51
내셔널 뮤추얼 라이프 어슈런스 소사이어티(National Mutual Life Assurance Society) ··· 80, 96, 102, 314
내쉬 모터스(Nash Motors) ··· 234
내재가치 ··· 48, 53, 67~69, 78, 80, 84, 96, 99, 119, 128, 135, 155, 168, 169, 175, 184, 308, 312, 315, 319
넷플릭스(Netflix) ··· 50
노던 트러스트(Northern Trust) ··· 243
노렉스(Norex) ··· 208, 214
노렉스아메리카(Norex America) ··· 208~214
노렉스코퍼레이션(Norex Corporation) ··· 203, 214
노르셈(Norcem) ··· 190~192
노르웨이 크루즈라인(Norwegian Cruise Line) ··· 214~225
노이스, 로버트(Robert Noyce) ··· 236
뉴아메리카펀드(New America Fund) ··· 161, 162, 166
닐슨(Nielsen) ··· 268
다우니저축대부조합(Downey Savings & Loan) ··· 247
다이버시파이드 리테일링(Diversified Retailing) ··· 159, 162, 166
다이아몬드 엠 드래건(The Diamond M Dragon) ··· 200~203, 208

담배꽁초 투자 ··· 135, 136, 276
닷지(Dodge) ··· 234
대공황(Great Depression) ··· 28, 67, 80, 88, 100
더빈 수정법안(Durbin Amendment) ··· 284, 285
더치 옥션(Dutch auction tender) ··· 49
더튼, 가드너(Gardiner Dutton) ··· 233
던 앤 브래드스트리트(Dun & Bradstreet) ··· 268
데 안젤리스, 앤서니 '티노'(Anthony 'Tino' De Angelis) ··· 132, 133
데이비드슨, 로리머(Lorimer Davidson) ··· 28~30, 58
데이비스, 도로시(Dorothy Davis) ··· 302
데이비스, 에드워드 '에디'(Edward 'Eddie' Davis) ··· 301, 302
데이터마린 인터내셔널(Datamarine International) ··· 121
데일리저널(Daily Journal Company) ··· 143, 161, 169
덴 노르스크 뱅크(Den Norske Bank, DnB) ··· 201, 214, 215
도드 프랭크 금융개혁법안(Dodd-Frank financial reform legislation) ··· 284
도드, 데이비드(David Dodd) ··· 67, 279
둥그룹(Tung Group) ··· 206, 207
드레이크, 조지(George Drake) ··· 232
드렉셀번햄램버트(Drexel Burnham Lambert) ··· 210
딤슨, 엘로이(Elroy Dimson) ··· 79
라시터, 론(Ron Lassiter) ··· 199
래버러토리 코퍼레이션 오브 아메리카 홀딩스(Laboratory Corporation of America Holdings, LabCorp) ··· 294~296

랜덤워크(random walk) ··· 109, 118, 119, 123
램퍼트, 에디(Eddie Lampert) ··· 252, 253
러셀레이놀즈(Russell Reynolds) ··· 26
레버리지(leverage) ··· 57, 58, 76, 239, 248, 288, 289, 321
레일랜드(Leyland) ··· 83
로버츠, 랠프(Ralph Roberts) ··· 262
로버츠, 브라이언(Brian Roberts) ··· 260~262
로버트슨, 줄리언(Julian Robertson) ··· 211
로스, 아서(Arthur Ross) ··· 271~274, 281
로열더치(Royal Dutch) ··· 176
로우, 재닛(Janet Lowe) ··· 315
로운스램버트(Lowns Lambert) ··· 205
로젠필드, 조(Joe Rosenfield) ··· 31, 232~246, 248~250, 254, 255, 315, 316, 319, 320, 322
루안, 윌리엄(William Ruane) ··· 243
리밸런싱(rebalancing) ··· 118, 119, 123, 149, 152
리복(Reebok) ··· 50, 51
린치, 피터(Peter Lynch) ··· 15, 304
마벨(Ma Bell) ··· 106, 107, 124, 126
마셜, 앨프리드(Alfred Marshall) ··· 71
마스터카드(MasterCard) ··· 276, 284, 285, 293, 296
마이크로소프트(Microsoft) ··· 248
망델브루, 브누아(Benoit Mandelbrot) ··· 110
맨파워 템퍼러리 에이전시(Manpower Temporary Agency) ··· 47
멋진 50종목(Nifty Fifty) ··· 178, 269, 270
멍거, 찰리(Charles Munger) ··· 20, 22, 24, 60, 142, 143, 155, 158~172, 175~181, 183, 185, 300~302, 306, 309, 310, 312, 315~320
메이시스(Macy's) ··· 265

모건개런티(Morgan Guaranty) ··· 268~271, 274

모건스탠리(Morgan Stanley) ··· 247

모토로라(Motorola) ··· 117, 121, 122

몬테카를로 시뮬레이션(Monte Carlo Simulation) ··· 144~147

미등록 주식(letter stock) ··· 34, 161

밀러, 노먼(Norman Miller) ··· 133

밀러, 빌(Bill Miller) ··· 158

바루크, 버나드(Bernard Baruch) ··· 74

바슐리에, 루이(Louis Bachelier) ··· 110

바식, 존(John Wasik) ··· 64, 71, 77, 97

바우어리 저축은행(Bowery Savings Bank) ··· 54

바이킹 오프쇼어(Viking Offsore) ··· 190, 191

바하마 크루즈라인(Bahamas Cruise Line) ··· 205, 206

밸류 인베스팅 콩그레스(Value Investing Congress) ··· 153

밸리언트(Valeant) ··· 276

버뮤다 스타 라인(Bermuda Star Line) ··· 206~208

버크셔 해서웨이(Berkshire Hathaway) ··· 27, 28, 32, 38, 39, 42, 43, 45, 49, 54, 136, 138, 143, 155, 161~164, 167, 170, 171, 179~184, 235, 242, 246, 315, 318, 320

버펄로뉴스(Buffalo News) ··· 163, 171~174

버핏투자조합(Buffett Partnership) ··· 137, 158, 184, 301

버핏, 워런(Warren Buffett) ··· 20, 21, 23, 24, 26~32, 37, 38, 41~45, 48, 49, 51, 53, 54, 57~61, 68, 69, 117, 129, 132~138, 141, 142, 144, 152~155, 158, 159, 161~175, 177~184, 232~238, 242, 243, 245, 246, 253, 289~291, 293, 297, 300~308, 312, 315~320, 322

번, 잭(John 'Jack' Byrne Jr.) ··· 26, 27, 30, 36, 37, 42

벌리캠프, 얼윈(Elwyn Berlekamp) ··· 116

벌링턴노던산타페(BNSF) ··· 181~183, 185

베리포스(Veripos) ··· 225

베슬리헴(Bethlehem) ··· 196, 197

베이비벨(Baby Bell) ··· 39, 106, 107

벨, 알렉산더 그레이엄(Alexander Graham Bell) ··· 107

벨연구소(Bell Labs) ··· 107, 109, 111, 116, 122

변동성(volatility) ··· 20~23, 95, 96, 99, 101, 102, 125, 127, 175, 176, 180, 295, 310, 312, 313, 315

보그스텐 돌핀(Borgsten Dolphin) ··· 195

보글, 존(John Bogle) ··· 60

부시, 조지(Goerge H.W. Bush) ··· 199

불 대수(Boolean algebra) ··· 109

브라운 앤 윌리엄슨(Brown & Williamson) ··· 267

브란트, 헨리(Henry Brandt) ··· 133

브레이브워리어 어드바이저(Brave Warrior Advisors) ··· 275

브레이브워리어 캐피털 매니지먼트(Brave Warrior Capital Management) ··· 45

블랙 스완(black swan) ··· 154

블루칩스탬프(Blue Chip Stamps) ··· 159, 161~166, 169~172, 179, 315

블룸버그(Bloomberg) ··· 46

블룸즈버리그룹(Bloomsbury Set) ··· 73

비스타프린트(Vistaprint) ··· 276

비자(Visa) ··· 285, 296

빈 탈랄, 알왈리드(Alwaleed bin Talal) ··· 217

빙(Bing) ··· 287

삭스 앤 컴퍼니(Saks & Co.) ··· 265

삭스 피프스 애비뉴(Saks Fifth Avenue) ⋯ 265
살로몬브러더스(Salomon Brothers) ⋯ 53, 212
상장지수펀드(ETF) ⋯ 60, 61
새뮤얼슨, 폴(Paul Samuelson) ⋯ 110, 125
샌본맵(Sanborn Map) ⋯ 134~137, 153
생존편향 ⋯ 59
샤프지수(Sharpe ratio) ⋯ 89, 90, 151, 152
샤피로, 존(John Shapiro) ⋯ 260, 273, 275,
　280
섀넌, 클로드(Claude Shannon) ⋯ 107,
　109~111, 115~123
섀넌의 도깨비(Shannon's Demon) ⋯ 118, 119,
　123
선량한 관리자 원칙(prudent man rule) ⋯ 57
세쿼이아펀드(Sequoia Fund) ⋯ 237, 238,
　243, 248, 255
센트럴 내셔널 가츠먼(Central-National
　Gottesman) ⋯ 271
셀프리지, 존(John Selfridge) ⋯ 108
셔먼 반독점법(Sherman Antitrust Act) ⋯ 107
셰어홀더스 매니지먼트(Shareholders
　Management) ⋯ 33~35
소나트 오프쇼어 드릴링(Sonat Offshore
　Drilling) ⋯ 213
소로스, 조지(George Soros) ⋯ 68
소스캐피털(Source Capital) ⋯ 165
소시에테제네랄(Société Générale) ⋯ 220
소프, 에드워드(Edward Thorp) ⋯ 106~109,
　115~117, 123~128, 138, 153, 154, 310,
　311
쇼커뮤니케이션(Shaw Communications) ⋯
　289, 291
쉐드, 프레드(Fred Schwed Jr.) ⋯ 110
쉐브론오일(Chevron Oil) ⋯ 163
슐로스, 월터(Walter Schloss) ⋯ 175

스리프티드러그(Thrifty Drugs) ⋯ 163
스미스, 애덤(Adam Smith) ⋯ 109
스미스, 에드거(Edgar Smith) ⋯ 79
스웬슨, 데이비드(David Swensen) ⋯ 68, 274,
　275
스콧, 프랜시스(Francis Scott) ⋯ 68, 78, 84,
　94, 97, 305, 314
스타 크루즈(Star Cruises) ⋯ 221, 222
스타인로앤드파넘(Stein Roe & Farnham) ⋯
　33, 34
스턴, 토머스(Thomas Stern) ⋯ 260
스튜드베이커(Studebaker) ⋯ 234
스튜어트, 새뮤얼(Samuel Stewart) ⋯ 267
스트레이치, 리튼(Lytton Strachey) ⋯ 70, 73
스페셜리스트(specialist) ⋯ 158
스펙트럼랩(Spectrum Lab) ⋯ 295
시, 해리(Harry See) ⋯ 165
시엠 오프쇼어(Siem Offshore) ⋯ 225
시엠, 이바르(Ivar Siem) ⋯ 196, 197
시엠, 크리스티안(Kristian Siem) ⋯ 15,
　188~229, 304, 315, 316, 319, 320
시엠인더스트리(Siem Industries) ⋯ 212~216,
　224~226, 228~230
시점 선택 ⋯ 66, 69, 73, 79, 80, 86, 87, 91, 98,
　99, 102, 117, 314
신용순환 투자 이론(credit cycle investment
　theory) ⋯ 73, 78, 80, 98, 99
실러, 로버트(Robert Shiller) ⋯ 68
심프슨, 루(Louis A. Simpson) ⋯ 15, 20, 24, 26,
　27, 31~55, 57, 59~61, 82, 119, 162, 165,
　176~179, 244, 289, 302, 303, 315~317,
　319, 320
싱글턴, 헨리(Henry Singleton) ⋯ 116, 117
씨즈캔디(See's Candies) ⋯ 163, 165~168,
　182, 183, 290, 317~319

씨티은행(Citibank) ··· 211, 268

아디다스(Adidas) ··· 51

아마존(Amazon) ··· 50

아메리칸모터스(American Motors) ··· 123

아메리칸익스프레스(American Express) ··· 49,
50, 133~138, 140, 153, 307

안전마진(margin of safety) ··· 23, 100, 155,
167, 168, 308, 312, 318, 319

안젤라키스, 마이클(Michael Angelakis) ··· 264

애리슨, 미키(Micky Arison) ··· 217, 218, 221,
222

애플(Apple) ··· 50, 120

야후(Yahoo!) ··· 287

얼라이드크루드 베지터블 오일 컴퍼니(The
Allied Crude Vegetable Oil Company) ···
132~134

에지워터(Edgewater) ··· 239, 240

에프존(Effjohn) ··· 208

엑슨(Exxon) ··· 176

엔터프라이즈펀드(Enterprise Fund) ··· 34

엘튼, 에드윈(Edwin. J. Elton) ··· 139, 306

연방주택기업감독청(Federal Housing Finance
Agency, OFHEO) ··· 40

영구 자본 ··· 179, 228, 313, 315, 322

오데가르, 얀 토르(Jan Tore Odegard) ··· 190

오쇼너시 에셋 매니지먼트(O'Shaughnessy
Asset Management) ··· 151

오쇼너시, 패트릭(Patrick O'Shaughnessy) ···
151, 312

오스틴모터스(Austin Motors) ··· 83, 84

오이안, 앤(Anne Oian) ··· 215

오크밸류 캐피털 매니지먼트(Oak Value
Capital Management) ··· 45

오토존(AutoZone) ··· 252, 253

올센, 프레드(Fred Olsen) ··· 189, 195~198

올센그룹(Olsen Group) ··· 189, 195~198

융커스(Younkers) ··· 233

우드워드, 리처드(Richard Woodward) ··· 88

울프, 버지니아(Virginia Woolf) ··· 73

워새치 어드바이저(Wasatch Advisors) ··· 267

워싱턴포스트(Washington Post) ··· 290

웨스코파이낸셜(Wesco Financial) ··· 163, 169

웨스턴 에셋 매니지먼트(Western Asset
Management) ··· 26, 35, 36

웨스턴 일렉트릭(Western Electric) ··· 107

웨스턴뱅크(Western Bank Corporation) ··· 35

웨스트, 메이(Mae West) ··· 309

웰스파고(Wells Fargo) ··· 242, 246, 247

위험 상쇄(opposed risks) ··· 66, 75

윌리엄스, 테드(Ted Williams) ··· 41

윌슨, 스콧(Scott Wilson) ··· 255, 256

윌헴센 그룹 드릴링 컴퍼니(Willhelmsen Group
Drilling Company) ··· 211~213

유나이티드 서비스 오토모빌 어소시에이션
(USAA) ··· 28, 29

유나이티드 캘리포니아 뱅크(United California
Bank) ··· 35

유니언(Union Corporation) ··· 84

유사 인덱스펀드(closet indexer) ···60, 178,
179

유형자기자본이익률 ··· 58

이소룡(李小龍) ··· 15, 16

이익수익률 ··· 56, 84

인덱스펀드 ··· 15, 59, 60, 101, 141, 143, 178,
306~308

인디펜던트 인베스트먼트 컴퍼니(Independent
Investment Company) ··· 73

인베스터즈 필드 가이드(The Investor's Field
Guide) ··· 151

인터내셔널 하베스터(International Harvester)

··· 168

인텔(Intel) ··· 236, 237

잉여현금흐름 ··· 48, 52, 55, 149, 261, 264, 282, 283, 286, 290, 291, 294, 319

잉여현금흐름수익률(FCF/P) ··· 52, 295

자기자본이익률(ROE) ··· 55, 167, 318

자사주 매입 ··· 48, 49, 56, 177, 261, 264

자인, 아지트(Ajit Jain) ··· 180

자파타 코퍼레이션(Zapata Corporation) ··· 199

장부가치 ··· 317

재간접 펀드(fund of fund) ··· 13

재무 식인종(financial cannibals) ··· 177

전환사채 ··· 106, 107, 123, 124

정보 이론(information theory) ··· 109~111, 113, 116

정액 매수 적립식(dollar cost averaging) ··· 87, 119

제너럴모터스(General Motors) ··· 84

제록스(Xerox) ··· 117

조던, 마이클(Michael Jordan) ··· 51

존디어(John Deere) ··· 293

주가매출액배수(PSR) ··· 151, 276

주가순자산배수(PBR) ··· 149, 150, 276

주가이익배수(PER) ··· 39, 52, 56, 84, 151, 178, 284, 287, 294

주가잉여현금흐름배수(P/FCF) ··· 47

주당 순자산가치(BPS) ··· 229

주택저당증권(mortgate-backed securities) ··· 39, 278

증권거래위원회(SEC) ··· 34, 169, 170

짐바, 빌(Bill Ziemba) ··· 126, 127

차익거래 ··· 40, 41, 106, 107, 123, 124, 128, 153, 311

처칠, 윈스턴(Winston Churchill) ··· 181

처클스캔디(Chuckles candy) ··· 240

청산가치 ··· 136, 276, 317

체스트펀드(Chest Fund) ··· 81, 88, 89, 91, 96, 98

체임버스, 데이비드(David Chambers) ··· 79, 83, 86~88, 90 92, 94, 95, 102, 103

총주주수익률(TSR) ··· 151

추아, 제스(Jess Chua) ··· 88, 90

추적오차(tracking error) ··· 94, 101~103, 178, 312, 313

츠바이크, 제이슨(Jason Zweig) ··· 86, 233, 234, 237, 254

치프턴캐피털 매니지먼트(Cheiftain Capital Management) ··· 260~263, 273~275, 279, 292

카, 데이비드(David Carr Jr.) ··· 45

카, 프레드(Fred Carr) ··· 34, 165

카니발코퍼레이션(Carnival Corporation) ··· 214, 217~219, 221, 222

카셀, 어니스트(Ernest Cassel) ··· 74

칸, 리처드(Richard Kahn) ··· 99

칼 다이브(Cal Dive) ··· 224, 225

캐피털시티 커뮤니케이션즈(Capital Cities Communications) ··· 161, 268

캔자스시티서던(Kansas City.Southern) ··· 247

커머스 클리어링 하우스(Commerce Clearing House) ··· 268

커먼브러더스(Common Brothers) ··· 200, 203~206, 208, 209

커즌, F.N.(F.N. Curzon) ··· 96, 98, 314

컨버터블 헤지 어소시에이츠(Convertible Hedge Associate) ··· 123

컴캐스트(Comcast) ··· 53, 260~265, 292

컴퓨스태트(Compustat) ··· 144

케미컬은행(Chemical Bank) ··· 190, 191

케이블원(Cable One) … 290

케인스 경제학(Keynesian economics) … 66

케인스, 존 네빌(John Neville Keynes) … 70

케인스, 존 메이너드(John Maynard Keynes)
 21, 61, 64, 66~88, 90, 92~103, 117, 127,
 303~306, 309, 311, 313, 314, 316, 319,
 320

케인스, 플로렌스 에이다(Florence Ada Keynes)
 … 70

켄터키 프라이드 치킨(Kentucky Fried Chicken,
 KFC) … 120

켈리 공식(Kelly Formula) … 15, 20~23

켈리 기준(Kelly Criterion) … 22, 107, 110,
 113~116, 119, 124~129, 138, 141,
 153~155, 310, 311

켈리 베팅 … 127, 153, 154, 311

켈리, 존(John Kelly) … 111~113, 115, 128,
 154, 310~312

코덱스(Codex Corporation) … 117

코스터 크루즈라인(Koster Cruise Line) … 218

코카콜라(Coca-Cola) … 51, 53, 176, 244, 278

콕스(Cox) … 291

콜버그크라비스로버츠(Kohlberg Kravis
 Roberts) … 205

쿠리어-익스프레스(Courier-Express) … 171,
 172

쿡, 마이클(Michael J. Cook) … 260

클라만, 세스(Seth Klarman) … 155, 312

키플링, 러디어드(Rudyard Kipling) … 185

타이거펀드(Tiger Fund) … 211

타임워너케이블(Time Warner Cable) … 264

텔레다인(Teledyne) … 117, 121, 122

톨즈, 로이(Roy Tolles) … 159

투하자본이익률(ROIC) … 261

트랜스오션 노르웨이(Transocean Norway) …

211, 213

트랜스오션 오프쇼어(Transocean Offshore) …
 213, 228

트랜스월드항공(Trans World Airline) … 268

트웨인, 마크(Mark Twain) … 171

티쉬, 로렌스 '래리'(Lawrence 'Larry' Tisch) …
 266, 267

파운드스톤, 윌리엄(William Poundstone) …
 108, 115, 117, 118, 120

파이낸셜코퍼레이션(Financial Corporation) …
 169

파이어먼, 폴(Paul Fireman) … 50

파인브러더스 코프 드롭스(Pine Brothers
 Cough Drops) … 240

패니메이(Federal National Mortgate
 Association, Fannie Mae) … 39, 40, 278,
 287

패리 뮤추얼 시스템(pari-mutuel system) …
 142, 309

퍼스트 시티 내셔널 뱅크(First City National
 Bank) … 197

퍼포먼스 펀드(performance fund) … 34

펀드오브레터스(Fund of Letters) … 161

페더러, 로저(Roger Federer) … 52

펜더기타(Fender Guitar) … 240

포스터, E. M.(E. M. Forster) … 73

포크, 오스왈드 토인비 '폭시'(Falk, Oswald
 Toynbee 'Foxy') … 73, 77

표본오차(sampling error) … 144

표준편차(standard deviation) … 88, 89, 91,
 140, 146, 149, 150, 160

푸, 저스틴(Justin Foo) … 79

프랭클린, 벤저민(Benjamin Franklin) … 183

프레디맥(Federal Home Loan Mortgage, Freddie
 Mac) … 39, 40, 246, 247, 255, 278, 279,

283, 287, 296, 320

프렌치, 케네스(Kenneth R. French) ··· 149

프로빈셜 인슈런스(Provincial Insurance
Company) ··· 80, 97, 305, 314

프록터앤드갬블(Procter & Gamble) ··· 176

프린스턴-뉴포트 파트너즈(Princeton-
Newport Partners) ··· 123

플래허티, 로버트(Robert Flaherty) ··· 165

플레밍스컴퍼니(Flemings Company) ··· 247

플로어 트레이더(floor trader) ··· 158

플로트(float) ··· 57, 58, 164, 165, 179, 180,
315

피구, 아서(Arthur Pigou) ··· 70

피셔, 필립(Philip Fisher) ··· 168, 318, 319

피전, 래리(Larry Pidgeon) ··· 244, 245

피터스, 베티(Betty Peters) ··· 169

필립스페트롤리엄(Philips Petroleum) ···
201~203

하콘 마그누스(Haakon Magnus) ··· 188, 190,
191, 193, 195, 227, 229

하프 켈리 베팅(half-Kelly bet) ··· 125, 310

할리버튼(Halliburton) ··· 293

해그스트롬, 로버트(Robert Hagstrom) ··· 144,
145

해리슨 래버러토리(Harrison Laboratories) ···
116

해리슨, 그웬(Gwen Harrison) ··· 116

해리슨, 찰스 윌리엄 '빌'(Charles William 'Bill'
Harrison) ··· 116

허긴스, 척(Chuck Huggins) ··· 165, 166

허쉬버그, 필립(Phillip Hershberg) ··· 120~122

허스트코퍼레이션(Hearst Corporation) ··· 237

헤지펀드(hedgefund) ··· 73, 78, 123, 252

현대 포트폴리오 이론 ··· 22, 76, 100, 102

호크실드콘(Hochschild, Kohn) ··· 166, 317

효율적 시장 이론(efficient market theory) ···
22, 175, 307

휠러, 멍거 앤드 컴퍼니(Wheeler, Munger &
Company) ··· 158, 160~162

휠러, 잭(Jack Wheeler) ··· 158

휴렛팩커드(Hewlett-Packard) ··· 116, 121,
122

히스앤드윌리스(Heath and Willis) ··· 205

ABC ··· 268

AD 인베스트먼트 트러스트(A. D. Investment
Trust Limited) ··· 75~77

AT&T ··· 39, 53, 107, 112, 292

CBM캐피털(CBM Capita) ··· 244, 245

CBS ··· 267, 268

DSND서브시(DSND Subsea) ··· 223~225,
228

EBITDA ··· 227, 228, 264

ESL인베스트먼트(ESL Investment) ··· 252

EV/EBITDA ··· 151

EV/FCF ··· 151

IBM ··· 271

IIAPCO ··· 197

JP모간(JP Morgan) ··· 178, 179

NM 일렉트로닉스(NM Electronics) ··· 236

PR 파이낸스(P.R. Finance Company) ··· 77, 78,
98

S&H 그린스탬프(S&H Green Stamps) ··· 164

TCA 케이블(TCA Cable) ··· 289, 291

US 웨스트 미디어 그룹(US West Media Group)
··· 289, 291

집중투자의 정석

개정판 1쇄 발행 | 2023년 8월 30일
(초판 1쇄 발행 | 2016년 10월 5일)

지은이 | 앨런 베넬로, 마이클 밴 비머, 토비아스 칼라일
옮긴이 | 이건, 오인석

펴낸곳 | 에프엔미디어
펴낸이 | 김기호
편집 | 오경희, 양은희
기획관리 | 문성조
마케팅 | 조현정
디자인 | 디자인 유니드

신고 | 2016년 1월 26일 제2018-000082호
주소 | 서울시 용산구 한강대로 295, 503호
전화 | 02-322-9792
팩스 | 0303-3445-3030
이메일 | fnmedia@fnmedia.co.kr
홈페이지 | http://www.fnmedia.co.kr

ISBN | 979-11-88754-85-4 (03320)
값 | 18,000원